興亡の世界史

大英帝国という経験

井野瀬久美恵

講談社学術文庫

目次

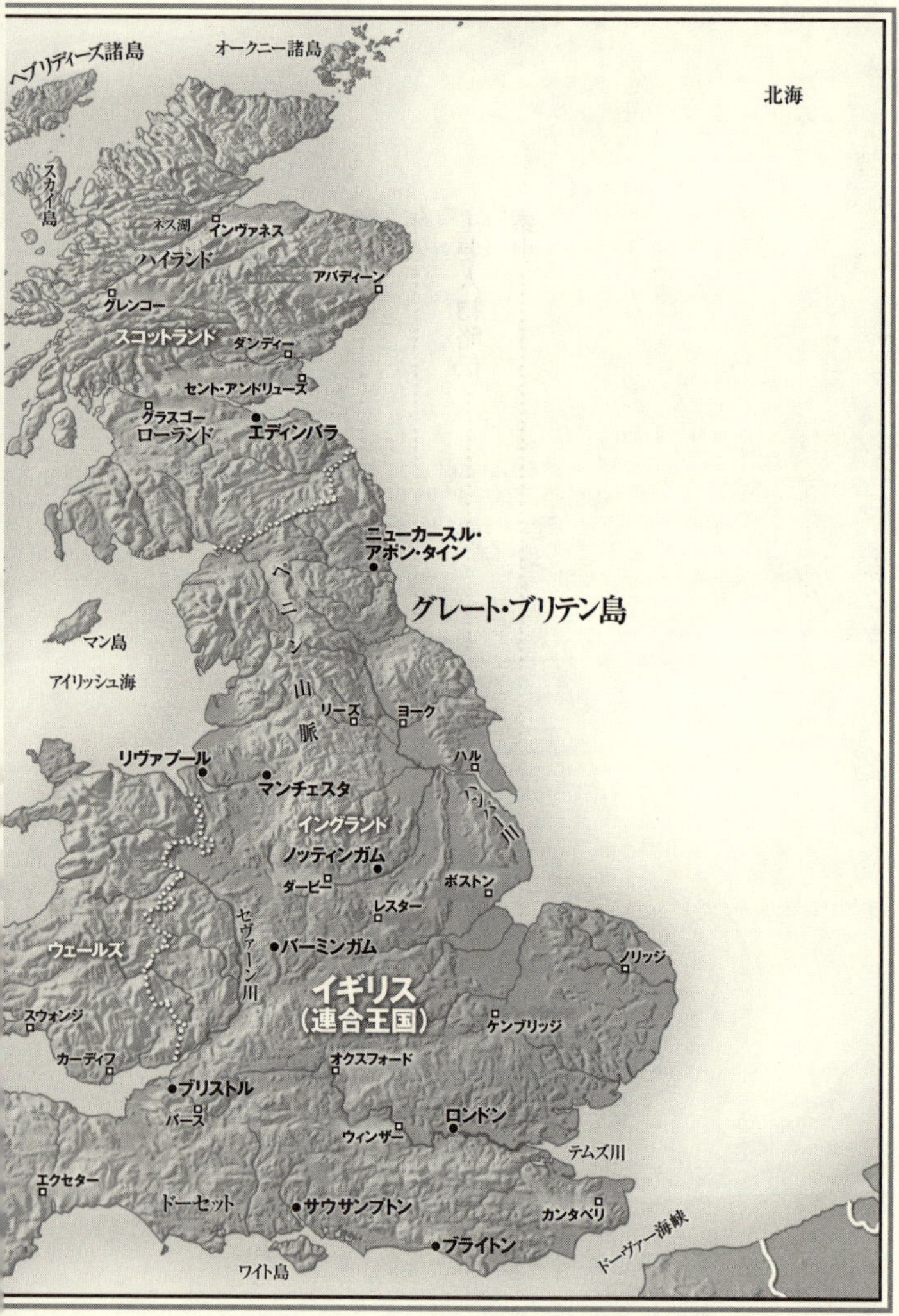

ヘブリディーズ諸島
オークニー諸島
北海
スカイ島
ネス湖
インヴァネス
ハイランド
アバディーン
グレンコー
スコットランド
ダンディー
セント・アンドリューズ
グラスゴー
ローランド
エディンバラ
ニューカースル・アポン・タイン
ペニン山脈
グレート・ブリテン島
マン島
アイリッシュ海
リーズ
ヨーク
リヴァプール
マンチェスタ
ハル
イングランド
ノッティンガム
ダービー
ボストン
レスター
セヴァーン川
バーミンガム
ウェールズ
ノリッジ
イギリス
(連合王国)
スウォンジ
ケンブリッジ
カーディフ
オクスフォード
ブリストル
バース
ロンドン
ウィンザー
テムズ川
エクセター
ドーセット
サウサンプトン
カンタベリ
ブライトン
ドーヴァー海峡
ワイト島

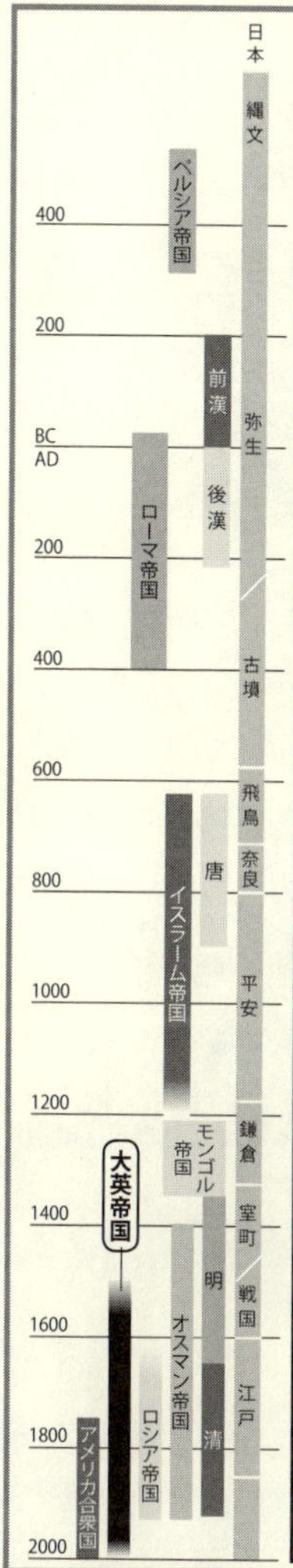

大英帝国の中枢
連合王国とアイルランド

1497年、カボットのニューファンドランド島「発見」をきっかけに、イングランドは海の彼方の可能性へ目を向けはじめる。1607年の北米大陸への入植を画期とする大英帝国の拡大は、この小さな島国からはじまった。1801年の統合以前からこの島国の「植民地状態」にあったアイルランドもまた、1949年に英連邦を脱退するまで、この帝国とともに歴史を刻むことになる。

地図・図版作成
ジェイ・マップ
さくら工芸社

興亡の世界史

大英帝国という経験

はじめに

一枚の絵画

イングランド西部、ドーセット州南部の入り江を背景に、三人の人物が描かれた一枚の絵画がある。ヴィクトリア朝を代表する画家、ジョン・エヴァレット・ミレイが一八七〇年に発表した絵だ。まずは、ロンドン、テート・ギャラリー（テート・ブリテン）所蔵のこの絵をながめてみたい（一五頁参照）。

絵のなかで、男は海を指さしながら、二人の少年に何か語りかけている。男の顔は見えないが、帽子の下からのぞいている黒っぽい髪、赤銅色《しやくどう》に焼けた肌、無造作にのばしたであろう髭《ひげ》、たくましい腕と素足、あまり立派とはいえないその身なりなどから、水夫か漁師であることは容易に推察されよう。彼が少年たちに何を語っているかはその指先が物語る。この海のはるか向こうの新大陸、スパニッシュ・メインとよばれるスペイン領に何があるのか――。男が目にし、耳にした話に聞き入る二人の少年の表情からは、あからさまな好奇心が鮮やかに伝わってくる。

少年たちは、二人とも七、八歳くらいだろうか。立派な衣服を身につけており、かなり裕福な家庭の出身、おそらくは地元の名望家、地主ジェントルマンの子どもたちであることが知れる。首のまわりを彩るラフとよばれるひだ襟から、時代は一六、一七世紀ごろだとわかる。

画家の目が、中央の黒い衣服の少年ではなく、向かって左側のもうひとりの少年――深いモス・グリーンに金糸の入った（おそらくは）ビロードの衣服を身につけ、膝を抱えながら男をまっすぐに見すえる少年に注がれていることは、この少年の表情がより明るく、より鮮明に描かれていることから読みとれよう。そのまなざしは実に印象的である。

少年のその後は、今なお、多くのイギリス人がよく知っている。

成人した少年は、親戚縁者のつてをたぐり寄せて、時の君主、エリザベス一世（在位一五五八〜一六〇三）の宮廷に向かい、数多くのライバルたちと女王の寵愛《ちょうあい》を競いながら、一五八〇年代のイングランドで頭角を現わしていった。ちょうど、極東の島国、日本では、織田信長や豊臣秀吉、徳川家康らが天下取りの夢を追いかけていたころのこと。かたや、北西ヨーロッパの片隅に浮かぶこの小さな島国では、遅まきながらルネサンス文化の開花を迎える一方で、君主を頂点とするイギリス国教会（プロテスタント）が、国内のカトリック勢力と対立を続けていた。デヴォン州というイングランド西部地方の「田舎」育ちながら、ダンスと詩を得意とする三〇代の彼は、軍人、そして宮廷人への道を歩みつつあった。

時代は、世界史上、大航海時代と呼ばれるヨーロッパの膨張と拡大の時代である。この西の島国もまた、行き詰まった経済の活路を海の彼方《かなた》に見いだそうと、試行錯誤を繰り返していた。北海からロシアへ向かう北東航路、大西洋から北極海を抜ける北西航路など、豊かな東洋へ向かういくつかのルートが検討されていた当時、彼に、北米植民の可能性を論じた『西方植民論』（一五八四）を献呈したのは、同郷の地理学者リチャード・ハクルートであった。ただちに女王に進言した彼は自ら出資者となり、二年後、大西洋の彼方のかの地に故郷デヴォンの人びとを入植させる計画を実行に移した。イングランド人の新しい社会が期待されたその入植地は、「国家と結婚した」独身の女王にちなんで「ヴァージニア」と命名された。

「ローリーの少年時代」　ジョン・エヴァレット・ミレイ、1870年。テート・ギャラリー（テート・ブリテン）

　この植民は、一五八八年、スペイン無敵艦隊の来襲という非常事態のなかで挫折する。その後、彼は、当時の世界帝国スペイン打倒の可能性を黄金郷《エル・ドラド》伝説に求めて、南米北部、当時スペイン領だったギアナの奥地に分け入るが、黄金を発見することはできなかった。一六〇三年、スコットランドからやってきた新イングランド王ジェイムズ一世（スコットランド王としてはジェイムズ六世）によりロンドン塔に投獄。一六年、ギアナの黄金郷の夢に再起を賭けるが失敗。大逆罪により帰国と同時に逮捕された彼は、まもなくロンドン塔の露と消えた。

画家ミレイがこの絵につけたタイトルは「ローリーの少年時代」。イギリス近代史にその名をしっかりと刻んだ彼――サー・ウォルター・ローリー（一五五二?〜一六一八）。あの絵のひたむきなまなざしの先にあったのは、北米ヴァージニアなのか。それとも、黄金郷伝説の地ギアナだったのか。

ヴィクトリア朝人の想像力

一八四八年、美術革新をめざす若者集団、ラファエル前派の旗揚げに加わったミレイは、五二年、ロイヤル・アカデミー展に出品した絵画「オフィーリア」で日本でもよく知られている。作品を通じて夏目漱石や尾崎紅葉ら明治の文人の想像力を大いにくすぐったミレイは、その後、ラファエル前派に思想的な影響を与えた美術批評家ジョン・ラスキンの妻と恋におちて結婚したことで、ラスキンとは絶縁状態になり、他の仲間との関係もこじれた。さらには、芸術の殿堂、ロイヤル・アカデミーの準会員になったことをきっかけにラファエル前派と訣別《けつべつ》した彼は、ルネサンスや大航海時代のヨーロッパをモチーフとする歴史画を得意ジャンルのひとつに加えた。「ローリーの少年時代」はその代表作といえる。

ミレイにこの絵の構図を想像／創造させたのは、当時オクスフォード大学教授であったJ・A・フルードが『ウェストミンスタ・ガゼット』に発表した歴史エッセイ、「イングランドの忘れられた名士たち」（一八五二）であった。このエッセイは、当時復刻されたエリザベス一世時代の三冊の航海記に対する書評として書かれたもので、スペイン帝国全盛の一六世紀後半におけるこの島国の試行錯誤と奮闘を称《たた》えている。海賊として知られたジョン・ホーキンズの南海航海（一五九三）、同時期に進められた北西航路発見の諸探検、そしてもう一冊、サー・ウォルター・ローリーの『広大にして資源に富む美しきギアナ帝国の発見』（一五九六）は、一八四〇年代、王立地理学協会の後援でギアナ奥地を探検したサー・ロバート・ションバーグが自らの経験を交えて再編集したものだった。それゆえに、ミレイがこのエッセイに刺激されたとなれば、あの絵画のなかの少年ローリーのまなざしは、ギアナに向けられていたことになる。スペイン帝国を裏側から突き崩す戦略と絡む黄金郷への旅は、「ロスト・コロニー」として記憶されるローリーの北米植民地建設とともに、島国の未来を拓く壮大な夢であった。エッセイのなかで、フルードは、ローリーのこんな言葉を引いている。「海を制する者は交易を制し、世界の交易を制する者は世界の富を制し、その結果、世界そのものを制する」。

海を制する者が世界を制する――これこそ、画家ミレイの想像力をかきたて、彼が少年ローリーのまなざしに込めたものではなかったか。ロンドンの中心、ピカデリーのとあるギャラリーに展示されたこの絵は、大人気を博した。依然として帝国拡大の途上にあった一八七〇年、人びとは、少年ローリーのひたむきなまなざしに「大英帝国のはじまり」を見ていたのであった。

帝国史の見取り図

植民地アメリカに第一歩を印《しる》したローリーの時代である一六世紀後半から、ミレイが「ローリーの少年時代」を描く一九世紀後半までには、三〇〇年余りに及ぶ時間的、空間的な広がりが存在する。そのなかで、中心に位置するイギリスという国家のありようも、西ヨーロッパ、広くは世界におけるこの島国の地政的な位置づけも、人びとの生活感覚や価値観、海外拡大に対する考え方も、大きく様変わりした。それらに呼応して、大英帝国は幾度となくその形と中身を変えた。この柔軟性こそが、大英帝国を延命させてきたといっていい。

従来、大英帝国の歴史は、植民地アメリカの独立――イギリスからすれば植民地アメリカの喪失――という出来事を画期として、大きく前後二つに分けて考えられ、叙述されてきた。もっとも、「二つの帝国」は時代的に重なる部分もあり、単純に二分することはできない。それでも「二つの帝国」にこだわるのは、アメリカ独立が正式承認された一七八三年までの（いわゆる）第一次帝国と、その後に再編されて一九世紀初頭、遅くとも一八三〇年代にその姿を現わしはじめる第二次帝国とでは、地理的にも民族的にも、統治の手法や施行された諸制度、現地社会やそこで暮らす人びとを見る目など、帝国という空間のあり方がまったく変わってしまったからである。簡単な見取り図を描くと次のようになろう。

第一次帝国が「ローリーの少年時代」で水夫が指さす大西洋の彼方にそのかたちを見せたのは、一八世紀初頭だとされる。このとき、北米の一三植民地、カリブ海域に浮かぶ英領西インド諸島が、イングランド、ウェールズ、スコットランド、そしてアイルランドの一部から成る連合王国とともに、「イギリス帝国」を形成した。大西洋上には、ヨーロッパ、アフリカ、南北アメリカという三つの大陸を貿易でつなぐ環大西洋経済圏が築かれ、イギリス第一次帝国がその主《あるじ》となった。取引をイングランド船籍の船に限る航海法と王立海軍に守られた第一次帝国は、プロテスタントの帝国でもあった。

これに加えて、ミレイのあの絵で水夫が指さす方向とは逆、中国やインドなどとの間にも貿易関係が存在した。同時期に東洋へ乗り出した他のヨーロッパ諸国との競争に勝ち抜くために、東洋との貿易は、エリザベス一世の特許状に基づいて一六〇〇年に設立された民間会社、イギリス東インド会社の独占にまかされていた。しかしながら、東インド会社がおこなう貿易は、香辛料や絹、茶や陶磁器といった高級品や奢侈《しゃし》品の輸入が中心であり、これらと交換するイギリス製品が当時ほとんどなかったことから、取引のバランスをひどく欠いていた。その意味でも、イギリス第一次帝国の重心は、圧倒的に西、大西洋世界にあったといえる。

これに対して、一九世紀初頭から輪郭を現わす第二次帝国では、領土が拡大しただけでなく、帝国内部における東西の中身とそのバランスも大きく変化した。西では植民地アメリカを失い、砂糖貿易の衰退によって西インド諸島の役割も変わった。第二次帝国で重心が置かれるのは東――すなわち、プラッシーの戦い（一七五七）とインド大反乱（セポイの反乱ともいう。一八五七～五九）の間の一〇〇年間にイギリスとの関係が大きく変質したインドである。東インド会社の対インド貿易独占廃止（一八一三）の後、イギリス政府による介入が

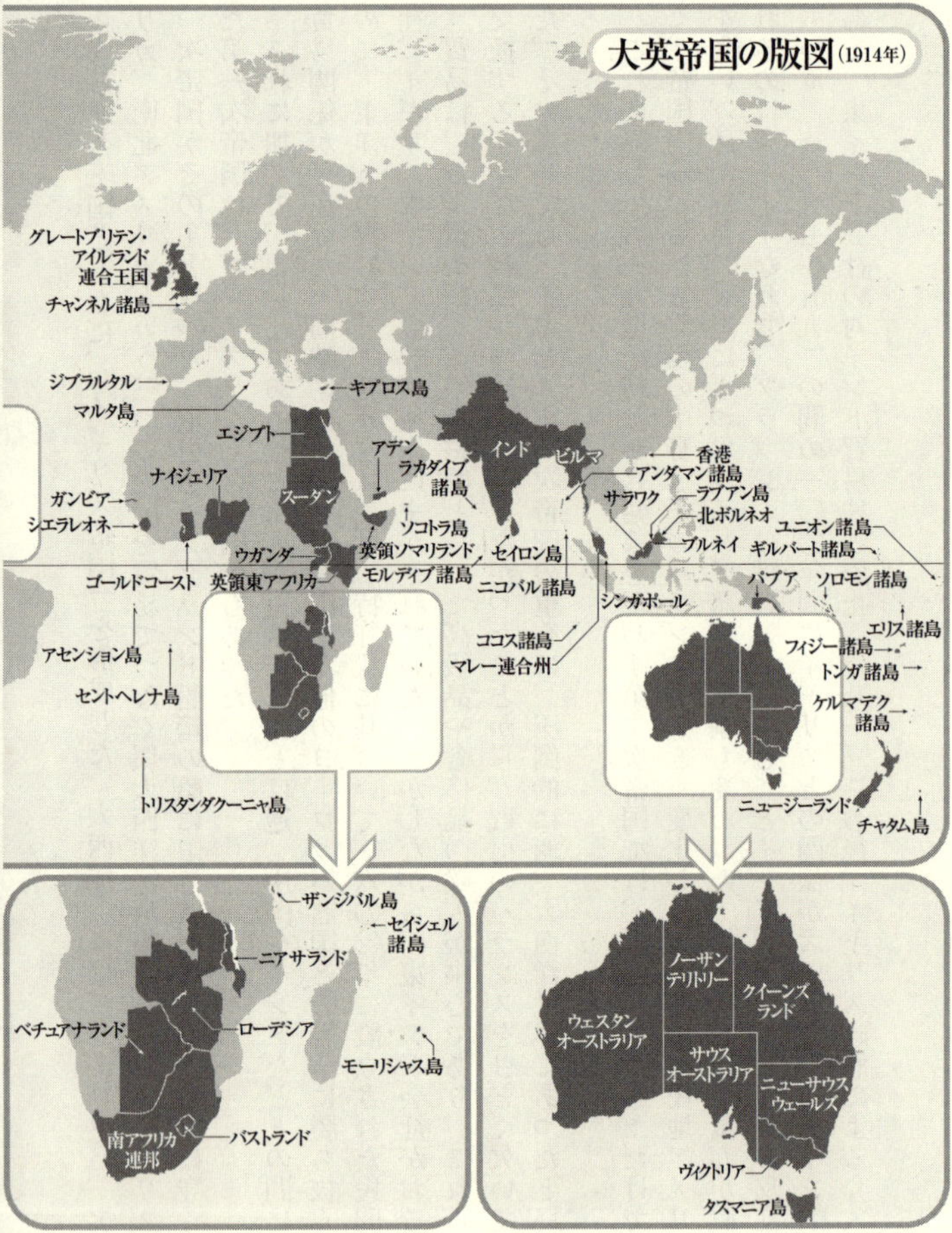
大英帝国の版図（1914年）
グレートブリテン・アイルランド連合王国
チャンネル諸島
ジブラルタル
マルタ島
キプロス島
エジプト
アデン
ラカダイブ諸島
インド
ビルマ
香港
アンダマン諸島
ラブアン島
サラワク
北ボルネオ
ユニオン諸島
ナイジェリア
ガンビア
シエラレオネ
スーダン
ソコトラ島
英領ソマリランド
セイロン島
ブルネイ
ギルバート諸島
ウガンダ
ゴールドコースト
英領東アフリカ
モルディブ諸島
ニコバル諸島
シンガポール
パプア
ソロモン諸島
エリス諸島
フィジー諸島
トンガ諸島
ケルマデク諸島
ココス諸島
マレー連合州
アセンション島
セントヘレナ島
トリスタンダクーニャ島
ニュージーランド
チャタム島
ザンジバル島
セイシェル諸島
ニアサランド
ベチュアナランド
ローデシア
モーリシャス島
南アフリカ連邦
バストランド
ノーザンテリトリー
クイーンズランド
ウェスタンオーストラリア
サウスオーストラリア
ニューサウスウェールズ
ヴィクトリア
タスマニア島

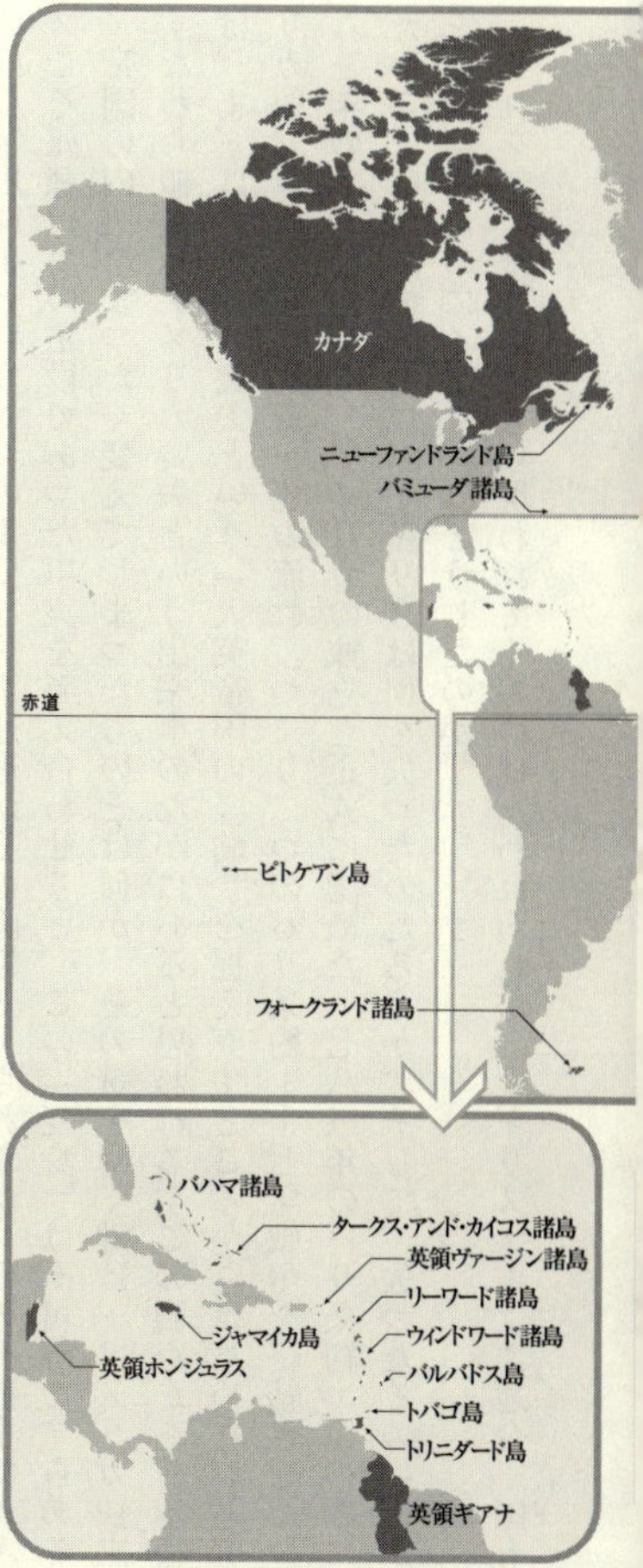

本格化し、やがて一八七七年、ヴィクトリア女王のインド女帝宣言によって、大英帝国は世界に冠たる一大帝国であることが強調された。そしてさらに、アジアやアフリカ、オセアニアといった地域を胎内に収めながら、一九世紀末から二〇世紀初頭にかけて全盛期を迎える。われわれが「大英帝国」という言葉で思い浮かべるのは、この時の帝国である。

再編成された第二次帝国の経済的な基調が自由貿易にあることは、東インド会社の独占廃止が物語る。一八四九年の航海法廃止とともに、一九世紀後半、全盛期に向けて領土を拡大した大英帝国は「自由貿易の帝国」であった。しかも、帝国再編とともに、イギリス、連合王国のヨーロッパにおける立場も世界に占める位置も、大きく変化していったのである。

アメリカ喪失

第一次帝国と第二次帝国の相違についてもっとも興味深いのは、「自分たちは何者か」というイギリス人のアイデンティティがまるっきり変わってしまったことだろう。

第二次帝国は、その領土的、地理的な拡大から、大西洋上を中心とした第一次帝国のような「プロテスタントの帝国」を称することはもはや不可能になった。代わって浮上したのが、先にも述べた「自由貿易の帝国」であり、奴隷をはじめ、苦境に陥った現地人を救出する「慈悲深き博愛主義の帝国」だった。帝国内における一八〇七年の奴隷貿易廃止、三三年の奴隷制度廃止という二つの重要な法案通過がその画期と目されるが、その直前までイギリスこそ奴隷貿易の主役であった事実を考え合わせると、この「変身」は不可解ですらある。

帝国の内実をまったく変えてしまったものとは何か。その謎を解く鍵は、アメリカ独立、すなわち植民地アメリカ喪失という出来事のなかにあると思われる。この観点から、本書では、まずはアメリカ喪失という「大英帝国の経験」を捉え直すところからはじめたい。アメリカ独立革命と呼ばれる一連の流れ、つまり二つのパリ条約——七年戦争を終結させた一七六三年のパリ条約から、アメリカの独立を正式に認めた一七八三年のパリ条約——の間に横たわる二〇年間のうちに、イギリスは何を失ったのだろうか。そして、失ったその「何か」を取り戻すためにイギリスはどうしたのか。

それを考えたときに立ち現われてくるのは、われわれが「イギリス」とよぶ連合王国もまた、帝国再編とともに創られてきたという事実である。連合王国と帝国とはどのように絡みあっていたのか。それを解きほぐす作業から本書の幕を開けることにしよう。なお、スコットランドとの合同で連合王国が成立する一七〇七年以前については、イギリスではなくイングランドという呼称を主に用いることにする。

ひとつだけ、付け加えておきたいことがある。それは、大英帝国が、植民地の実態や統治の現状とは別に、想像やイメージの問題でもあったことである。考えてみれば、七つの海、五つの大陸に広がった帝国の全体像をひとつの視野に収めることなど、できるはずもないだろう。それでも、いやだからこそ、イギリス社会のあちこちに、帝国という空間を意識させ、記憶させ、想像させるものが存在したのである。たとえば、イギリス領土が赤く塗られた地図。「ローリーの少年時代」のような絵画。あるいは、タバコやコーヒー、茶、砂糖など、イギリス人の生活習慣を大きく変えた非ヨーロッパ産品が入ったパッケージ。そこに描かれた色鮮やかなイラストは、その産地への想像を誘ったことだろう。さらには、植物園や動物園、博物館、劇場やミュージック・ホール、博覧会のなかにも「帝国」があった。これらすべてが、イギリス社会とイギリス人にとっての「帝国経験」だったのである。

第一章　アメリカ喪失

ローマ帝国の衰亡とアメリカ喪失

ギボンの『ローマ帝国衰亡史』

大西洋の彼方《かなた》、植民地アメリカで独立宣言が採択（一七七六）される半年ほど前に出版されたその本の第一巻は、著者の予測を大きく上回る売れ行きを示した。初版は数日にして売り切れ、すぐさま増刷された第二刷もまたたくまに完売した。五年後には第二、三巻が続いて出版され、最終巻となる第六巻が出たのは、第一巻刊行から一二年後の一七八八年五月のことであった。アメリカ独立宣言とともに世に出たその本は、独立を承認するパリ講和条約締結の一七八三年まで、アメリカ独立戦争をすっぽりとおおうだけの時間をかけて、言い換えればイギリス第一次帝国の崩壊過程と併行して、執筆されたことになる。

その本、エドワード・ギボンの『ローマ帝国衰亡史』は、哲人皇帝マルクス・アウレリウスが亡くなる西暦一八〇年からビザンツ（東ローマ）帝国が滅亡する一四五三年まで、北はシベリア平原から南はナイル川まで、東は中国辺境から西は「ヘラクレスの柱」（ジブラルタル海峡）まで広がった巨大帝国ローマの衰退を綴った歴史物語である。「一八世紀イギリス歴史叙述の最高傑作」と謳《うた》われたこの本は、とにかくよく売れた。著者ギボン自身、「各家庭の食卓、いや、ほとんどすべての化粧台にまでも置かれた」ことに驚きを隠さない。それはこの時代にとどまらなかった。一九世紀半ばには『学生のためのギボン』という要約本が作られ、オクスフォード大学はじめ、英米の大学で五〇年以上にわたって版を重ねた。なるほど、二〇世紀初頭にもなると、『ローマ帝国衰亡史』はもはや時代遅れと見る向きもできたが、それでもなお、この本はイギリスの政治家や経済人、知識人らに愛読され続けた。ウィンストン・チャーチルは、インド勤務にあった若き日々、少しでも教養をつけたいと願ってこの本を手にとり、むさぼるように読んだと回想している。

1782年、講和条約の委員たち　左からジョン・ジェイ、ジョン・アダムズ、ベンジャミン・フランクリン、ヘンリ・ローレンズ、テンプル・フランクリン。英代表がモデルになることを拒絶したため、絵画は未完に終わった。ベンジャミン・ウェスト、1783年。ヴィンタートゥール博物館

『ローマ帝国衰亡史』がイギリス第一次帝国解体のなかで書かれたというのはあまりにできすぎた話なのだが、遺稿集とともに死後出版された彼の『自伝』からも、この本の誕生自体にアメリカ喪失への道筋が絡みついていたことが確認され

る。

ギボンがローマ帝国衰退というテーマの着想を得たのは、七年戦争（一七五六～六三）終結の翌年、イタリア滞在中の一七六四年一〇月一五日のことだったと『自伝』に明記されている。この年、イギリス政府は、いわゆる「砂糖法」（本国イギリス経由で植民地アメリカに輸入された外国製品に対する関税増加を意図した「アメリカ歳入法」）を成立させた。以後、この種の課税法が、独立戦争勃発まで断続的に出されることになる。ギボンが衰亡史の執筆に着手したのは、それから一〇年ほど後の一七七三年二月。アメリカ独立革命を語るうえで欠かせないボストン茶会事件が起こったのは、その一〇ヵ月ほど後のことだった。その後、イギリスと植民地アメリカの関係が加速度的に悪化するなか、執筆は続けられ、アメリカ独立宣言と軌を一にして第一巻が出たのである。

ギボンは文字通り、「アメリカ独立革命」のプロセスのなかで、ローマ帝国衰退の歴史を描いた。その意味で、この本は、同時代に進行中の「第一次イギリス帝国衰亡史」とみごとに連動していたことになる。実際、この二つの帝国衰退を重ねようとするエピソードは、いくつもころがっている。政治家ロバート・ウォルポールの三男でゴシック小説『オトラント城奇譚《きたん》』で知られるホレス・ウォルポールが一七八二年四月二五日付の手紙のなかで紹介する、ベンジャミン・フランクリンの次の言葉はあまりにも有名だろう。曰く、「ギボン氏に大英帝国衰亡史執筆の素材を提供しよう」——。

国会議員ギボン

実は、「第一次イギリス帝国衰亡史」が進行しつつあったこの時期、とりわけ独立戦争の時代、ギボンその人は、帝国の舵取りにもっとも近い場所でこの出来事を見ていた。一七七四年九月の総選挙で国会議員となった彼は、一七七五年四月にレキシントン、コンコードではじまった独立戦争が、一七八一年一〇月、ヨークタウンにおけるイギリス軍の敗北で終わるまで、首相フレデリック・ノース（ギボンのいう「熟達した論争の達人」）率いる与党、トーリー党の一員として、「雄弁と理性による攻撃や防戦に耳を傾け、時代の第一人者たちの人格や見解、情熱を目《ま》のあたりにする」経験に与《あずか》っていたのである。ギボンは自伝に書いている。

　サーローの堂々たる良識によって、あるいはウェッダーバーンの巧みな雄弁によって擁護されていると、首相はしばしば居眠りをすることもあった。議場の野党席からは、バレの活発な熱弁、ダニングの緻密《ちみつ》な法律論、バークの大仰で哲学的な空想論、フォックスの激烈な議論によって強力で熱烈な反対論が支持される。（中略）主題は、大ブリテンとアメリカとが合同するか分離するかであり、私が議会で議員を務めた八回の会期は、歴史家として第一義的で最も本質的な素養である政治的分別《ふんべつ》心の修養場だった。

大法官エドワード・サーロー、ボストン茶会事件という植民地人の実力行使に怒り心頭に発して対アメリカ強硬姿勢を強めたアレクサンダー・ウェッダーバーン、アメリカ植民地の人びとを「自由の息子たち」と呼び、彼らの主張を支持、代弁して植民地人から英雄視されたイギリス軍人アイザック・バレ、「増大しつづけてきた国王の力を今こそ削減すべし」と迫ったジョン・ダニング、与党のアメリカ課税法案をことごとく否定したホイッグの政治家エドマンド・バークやチャールズ・ジェイムズ・フォックス——いずれも、アメリカ独立戦争期の議会で頻繁《ひんぱん》に発言した著名人たちである。ギボンは、彼らの議論を聞きながら、『ローマ帝国衰亡史』の執筆を続けたのであった。

国会議員としての第一期を終えたギボンが『ローマ帝国衰亡史』の第二、三巻を相次いで刊行したのは、一七八一年三月のことだった。第一巻同様、いずれもよく売れた。その後、首相ノースの推薦を受け、一七八一年の補欠選挙で再び国会議員となったギボンだったが、彼を待っていたのは、同年一〇月、ヨークタウンの戦いでコーンウォリス将軍率いるイギリス軍がジョージ・ワシントン率いる米仏連合軍に降伏したことで確定したイギリスの敗北と、首相ノースの引責辞任であった。それがギボンの議員生活にもピリオドを打った。議会で一度も発言しなかったというギボンは、アメリカ喪失の幕引きにあたっても、無言のうちにノースを支持する一票を投じただけだった。

その後、スイス、ローザンヌに移り住んだギボンが、「西ローマ帝国滅亡まで」という当初の構想をひるがえし、一四五三年の東ローマ帝国滅亡にいたる物語を書こうと決めたのは、この時の政界との訣別《けつべつ》が大きい。新たに付記された一七八二年三月一日付の序文には、ローマ法の知識の補足と並んで、「官職喪失に刺激されて」第四巻に着手し、完成させたことが記されていた。

ギボンの七年戦争経験

なぜギボンは、他でもないこの時期、アメリカ独立革命という第一次帝国解体のプロセスと寄り添うかたちで、『ローマ帝国衰亡史』を書き続けたのだろうか。この問いを考える時、重要になってくるのは、執筆の着想を得たというローマへの旅のタイミングである。

　この時のイタリア旅行は、一七六三年早々に出かけたヨーロッパ大陸周遊の旅（いわゆるジェントルマン教育の仕上げにあたるグランドツアー）の一環であったのだが、この旅を可能にしたのは七年戦争の終結だった。それ以前、七年戦争中のギボンは、父とともに、一七六〇年五月に発令された本土防衛のための国民軍編制の呼びかけに応じ、ハンプシャー南部大隊の大尉（父は少佐）となり、国民軍がそれぞれの地元で解散されるまでの約二年半、イングランド南部各地を移動しながら戦いの訓練に多くの時間を割《さ》いていた。『自伝』によれば、ギボン父子が志願する前年に高まったフランス艦隊への脅威が、イギリスの上流階級、ジェントルマンたちの愛国心を高めたのだという。一八世紀を通じて、ヨーロッパで断続的に続く戦争に駆り出されたのはもっぱら選り抜きの傭兵部隊だったが、ギボンによれば、七年戦争期には議会内外で愛国的感情の高揚が見られ、「ギリシャ人やローマ人のように、ひとりひとりの市民が兵士である実例をよりどころにして」、傭兵ではなく、国民軍の結成が強く叫ばれたという。

重要なことは、七年戦争期に盛りあがったイギリスの愛国心が、共和国ローマの市民のごとく、帝国防衛を傭兵に任せず自ら武装すること、そのための資力を有することに美徳を認めたことである。「徳は共和政体の原理であり、有徳《うとく》であるためには共和国の市民でなければならない」とは啓蒙思想家モンテスキューの主張だが、ギボンもまた、啓蒙時代の人であった。彼にとって国民軍に志願した二年半は、「ローマ市民軍」を追体験する時間だったのかもしれない。彼が歴史書の執筆を思いたったのも、この国民軍における訓練のさなかであった。

ギボンは当初、自分の経験から、歴史上の軍事遠征に関心を寄せ、サー・ウォルター・ローリーに着目した。ローリーにはすでに多くの伝記があったが、それでもまだ正当に扱われていない資料があるかもしれないと考えたからである。ところが、資料を読み直してまもなく、ローリーについて新しい知見を何も得られないことを悟り、ギボンは愕然とする。そんな彼に訪れたのが、国民軍への参加で遅れていたグランドツアーの機会だった。そしてローマ、カピトリーノの丘での運命的な出来事――。一七六四年一〇月一五日、フランシスコ修道会教会の片隅に座り、沈思黙考していたギボンの耳に、カピトリーノの丘にあるユピテル神殿の廃墟から夕刻の祈りを誦《しょう》する声が聞こえてきた。それにうながされるかのように、ギボンは、まずは古代都市ローマの物語を書こうと思い、やがて帝国衰退にその焦点を絞っていった。

ギボンがこのひらめきを得たとき、七年戦争の勝利によって北米大陸におけるイギリスの覇権が確立した。同時に、植民地アメリカ喪失へのカウントダウンもはじまった。

勝利の代償

第一次イギリス帝国の大きな特徴は、ヨーロッパにおける覇権競争と絡まりながら帝国建設が展開されたことにある。言い換えれば、第一次帝国とは、イギリスがヨーロッパの覇権を握るプロセスそのものであった。とりわけ、名誉革命直後の一六八九年から、ナポレオン戦争終結後、ウィーン条約締結の一八一五年までの間――すなわち一八世紀をすっぽりとおおう時期のイギリスは、フランスと「第二次英仏百年戦争」と呼ばれる断続的な戦闘状態にあり、この緊張関係が両国の海外発展とも密接に関わっていた。

イギリスは七年戦争で前代未聞の劇的な勝利を収めた。『ブリトンズ（イギリス人）』（邦題『イギリス国民の誕生』）の著者、歴史家リンダ・コリーは、この大勝利こそがイギリスに新たな不安を煽《あお》ることになったと分析する。どういうことか。

七年戦争、すなわちアメリカでのフレンチ・インディアン戦争に、イギリスは二万もの大軍を派遣し、植民地アメリカの民兵と協力しながら、フランス・インディアン連合軍を撃破した。その結果、フランスがアメリカ中部に持っていた植民地（ミシシッピ川以東のルイジアナ）を獲得し、カナダ、ケベックの割譲とともに、北米大陸におけるイギリスの優位が確立する。さらには、インドや西アフリカ、西インド諸島の多くからもフランス人を追放し、

「ウルフ将軍の死」　ケベック陥落時のイギリス軍司令官ジェイムズ・ウルフは、戦闘で傷を負い、勝報を聞いた後に息絶えた。彼の死は、ネルソン提督の死と並んで、「英雄の死」の構図の原型となった。ベンジャミン・ウェスト、1770年。カナダ国立美術館

スペインからハバナを割譲されたイギリスの海外領土は一気に拡大した。イギリスはつかのま、自らを「よくやった」と誉めたことだろう。

しかしながら、その反動は、二〇万人にものぼった引き揚げ兵とともにやってきた。戦費調達のために発行された膨大な国債、国の借金をどうやって返せばいいのか。

そもそも、七年戦争にいたるイギリスの勝利は、王立海軍の勝利であるとともに、莫大な陸海軍の維持費を含み、多額の戦費を確保する財政能力の勝利であった。この莫大な戦費調達を実現させたのが、一八世紀のイギリスを「財政軍事国家」に変えた財政革命である。

それはひとつに、国民への課税によって実現した。フランスの二倍という課税に苦しむイギリス人の姿は当時の諷刺画でおなじみだが、それは当時のイギリスのすぐれた徴税能力を物語る。もっとも、それだけで一世紀以上もつづいた戦費が賄《まかな》えるはずもない。

そこで注目されたのが、長期国債による借り換え制度だった。名誉革命によってイングラ

ンド国王となったオランダ貴族オレンジ公（オラニエ公）、すなわちウィリアム三世のもと、オランダ財政に学んだイギリスは、イングランド銀行設立や証券市場の成立といった財政革命を次々と実行した。議会が元利を保証することで国際的信用を高めたイギリス政府発行の国債は、当時の世界金融の中心であるオランダ資本の大量動員に成功。それを戦費や王立陸海軍の充実にあてることでイギリスは対仏戦争を勝ち抜き、ヨーロッパの覇者へとのしあがっていった。

しかしながら、七年戦争が終わった段階で、イギリスの負債は一億三〇〇〇万ポンドを超えた。一八世紀初めの負債の約一〇倍、当時の歳入の二倍弱だというから、半端ではない。国債の信用下落を覚悟で利率の引き下げもおこなわれたが、それも焼け石に水。国債の利率確保のため、この一〇〇年余りで国民への税負担は二〇倍近くに膨れあがった。財政軍事国家イギリスは、まこと、ヨーロッパで類を見ない重税国家だったのである。

当初、徴税の中心は土地への課税だったが、七年戦争以降は商品やサービスにかけられる間接税へと重心が移行し、その種類もどんどん増えていった（所得税の導入は一八世紀末である）。砂糖、茶、塩、石炭、ろうそく、レンガ、木材、石鹸、ビール、ワイン、タバコ、あるいは新聞などの日常品から窓や召使いにいたるまで、課税は及んだ。当然、イギリス国内には政府への不満が充満した。

独立戦争後なお、小ピット内閣の重税に苦しむ国民　ウィリアム・デント、1786年。大英博物館

政治言語化した「腐敗」

重税負担への不満だけではなかった。財政軍事革命は官職保有者と金融業者、御用商人らとの癒着をもたらしたからである。七年戦争を終わらせたパリ条約締結の一七六三年、国王ジョージ三世の寵臣《ちょうしん》、ビュート政権は崩壊し、「王の友《キングズ・フレンズ》」を称したビュートの側近らによる腐敗の数々が暴かれた。そのなかで、政治言語化した「腐敗（corruption）」という言葉が大流行する。政治改革、行財政改革を望む声は高まるが、「改革」は、いつの時代もすんなりとは進まない。イギリス議会は莫大な借金を解消するため、植民地アメリカにもその一部を担わせようとした。一七六四年の砂糖法である。時にギボンがローマ帝国衰退という執筆の着想を得た年のこと。有徳であるためには共和国の市民でなければならない。だが、共和国自体は腐敗しやすい——ギボンは、共和国から帝国への移行とその運命を、「徳」という言葉とともに、「腐敗」という当時の政治言語で語りはじめた。そんなかたちで、彼は、自分の時代をはるかに遠くのローマ帝国衰亡の物語に織り込んでいったのであった。

「イギリス人」だったアメリカ人

アメリカ喪失は一八世紀イギリス史の例外か？

すでに触れたように、一六八八年の名誉革命以後、ウィーン会議でナポレオン戦争に決着がつく一八一五年まで、イギリスはフランスと慢性的な戦闘状態にあった。いわゆる「第二次英仏百年戦争」のなかで、この島国に「イギリス人（ブリティッシュ）」という新しい国民意識が誕生し、成長したと論じるのが、先述の『ブリトンズ（イギリス人）』という本である。二〇世紀末のアイデンティティ論争のなかで頻繁に引用されたこの本は、フランス、カトリックを「他者」として作られたプロテスタントという「イギリス人」の自己イメージが、スコットランド人、イングランド人、ウェールズ人といった内部の差異を隠蔽《いんぺい》ないし忘却させ、一体感を創出していたと語る。一七〇七年、イングランドとスコットランドの合同によって成立した連合王国（グレートブリテン）は、第二次英仏百年戦争の経験をつうじて、「ブリティッシュ」というアイデンティティを鍛えられたわけである。

この連帯のアイデンティティが生まれた一八世紀という時代を、統合やつながりで理解しようとする視点は、大西洋上に成立した経済圏、環大西洋世界という考え方にも表われている。ここにヨーロッパ、アフリカ、南北アメリカという三つの大陸を結ぶ三角貿易が展開し、一八世紀初頭、イギリスがその主役となった時、イングランド、ウェールズ、スコットランド、そしてアイルランドの一部から構成される連合王国に、アメリカ一三植民地と西インド諸島を加えた第一次イギリス帝国が姿を現わした。つまり、帝国こそ、この島国内外で確認された統合（つながり）深化の集大成だったのである。

それゆえに、一八世紀のイギリスを統合が深まった時代として描こうとする歴史家たちは、一七七六年の出来事に困惑を隠さない。アメリカ独立宣言、すなわち植民地アメリカの帝国からの離脱は、ヨーロッパ大陸との関係を基軸としつつ、海の彼方に未来を求めた連合王国の歴史にとって、「例外」と見られることも少なくない。事実、多くの歴史家が、アメリカ独立を、イギリス史に限定的な意味しか持たないエピソード、ないしはごく一時的な後退、と位置づけている。

こうした解釈を裏付けるのが、アメリカ独立以後のいくつかの事情だ。

第一に、アメリカの離脱という「一時的な帝国後退」からの回復には、さほど時間がかからなかった。フランス革命とそれに続くナポレオン戦争が終結して、ヨーロッパに安定が戻った一八一五年のウィーン会議終了以降、イギリスからアメリカへの移民活動は本格的な展開の時を迎え、一九世紀末まで、イギリスからの移民の約七割（一九世紀前半ではほぼ九割）がアメリカをめざした。そのなかで、植民地アメリカに対する敗北という第一次帝国解体の記憶もすぐに薄れていったと分析されている。

第二に、アメリカを失ったという事実は、すでに七年戦争終結時点で明らかだったヨーロッパにおけるイギリスの覇権を揺さぶるような性質のものではなかった。七年戦争の勝利とともに確定したイギリスの海上覇権は、その後も王立海軍によって守られたし、アメリカ独立戦争が、産業革命の名で知られるイギリスの経済発展を阻むこともなかった。それになにより、アメリカ喪失によって、帝国は消滅しなかったのである。

では、植民地アメリカの独立は、イギリス史のなかで例外的なエピソード、イギリス人の経験としてほとんど意味をなさないものだったのか。

そうでなかったことは、本書「はじめに」で記した事実――植民地アメリカ喪失後の大英帝国（いわゆる第二次帝国）が、第一次帝国とはまったく異なる性格の空間となったことが何よりも雄弁に物語るだろう。第二次帝国は、地理的な拡大にともなう民族的、文化的な多様性、帝国統治の複雑化といったこと以上に、海外への拡大と向き合うイギリス人の意識変革をともなって形成された。保護貿易から自由貿易へ、奴隷貿易の主人から奴隷を解放する救世主へ――アメリカ喪失直後からはじまる帝国再編を経て、一八三〇年代に輪郭を現わす大英帝国の内実を考えれば、アメリカ独立がイギリスにとっていかに大きな出来事だったかが推察される。いったいこの出来事によってイギリスは何を失ったのだろうか。

代表なくして課税なし

ヨーロッパの覇権争いに決着をつけた七年戦争終結からまもなく、この戦いに劇的な勝利を収めたイギリスは、勝利の喜びからわれに返った。膨大な借金の山――これに、七年戦争で一気に拡大した領土の防衛費や運営費が加わった。しかも、北米大陸やカリブ海域のみならず、インドやアフリカにも拡大した領土の広さと異質さが、イギリス政府を不安にさせた。(リンダ・コリーの表現を借りれば)イギリスは、「牡牛と張り合おうとして破裂してしまったイソップ物語のカエルのように、膨張しすぎたのではないか」と心配になったのである。

この不安と緊張がイギリス政府の帝国政策を大きく転換させた。植民地アメリカに対して、それまで実質的な課税の施行を見送ってきた「有益なる怠慢」の姿勢を一変させ、戦費回収と植民地運営・防衛費の一部を負担させようとしたのである。一七六四年のアメリカ歳入法、通称砂糖法を皮切りに、毎年のように発令される課税要求。この政策転換に対してアメリカの不満と抵抗が蓄積され、やがて独立戦争という武力衝突へと発展した——。アメリカ独立への道はこう説明されることが多いが、話はそれほど単純ではない。

たしかに、イギリス議会からの課税要求に対して、アメリカ一三植民地は激しく抵抗した。合い言葉は「代表なくして課税なし」だ。

たとえば、一七六五年三月に出された印紙税の法令は、植民地のあらゆる公文書、証書、売買契約書、新聞、パンフレット、トランプなどに政府発行の印紙貼付《ちょうふ》を義務づけたものだが、その影響は砂糖法以上に日常生活に広くおよび、しかも言論の自由の侵害につながることが懸念されたため、法案段階からアメリカ各地で反対運動が起こっていた。ヴァージニア植民地議会では、新人議員のパトリック・ヘンリーの提案に基づき、次のことが確認された。すなわち、アメリカの植民地人はイギリス人に認められている権利すべてを有しており、「代表なくして課税なし」というイギリス人の基本的な権利はアメリカ植民地人にも適用される。それゆえに、ヴァージニア植民地の人間は、自分たちが選んだ代表のいる議会によってしか課税されない――。この「代表なくして課税なし」の原則は、一七六五年一〇月、ニューヨークに九つの植民地代表が集まり、印紙税反対の共同決議をおこなった際にも確認された。

予想外のアメリカの反発に、翌年早々、イギリス議会は印紙税をめぐる再審議をおこなった。この時、野党ホイッグの党首ピットは、アメリカの主張を支持してこう発言した。曰く、アメリカ植民地の人びとは、本国人と同じイギリス人である。それゆえに、自らが代表を送る議会以外から課税されるべきではない――。このピットの演説が印紙法撤廃の流れを作り、結局、同年三月、イギリス政府は不本意ながらも印紙税を撤廃した。と同時に、イギリス政府が、アメリカに対するイギリス議会の課税権を確認する宣言を出していることも見過ごしてはならない。イギリス側もまた、問題の本質を理解していた。

かといって、課税への不満がイコール帝国からの離脱だったわけではない。「代表なくして課税なし」というスローガンが象徴するイギリス議会の立法権への反発は、植民地間の連帯を促しこそすれ、イギリスとの武力衝突や独立を誘発するたぐいのものではなかった。印紙法発令の一七六五年から、現実に英米両軍が衝突し、戦闘態勢に突入する一七七五年の間に一〇年もの時間があることを忘れてはならない。こうした時間の流れを加味すれば、武力衝突はアメリカ独立、すなわち第一次帝国の解体という問題の核心ですらないのである。

では核心はどこにあるのか。

発展する一三植民地

問題の核心を捉えるために、まずはアメリカ植民地の歴史を簡単にふり返っておきたい。サー・ウォルター・ローリーのロアノーク島（現ノースカロライナ）への植民がロスト・コロニーに終わって以後、しばらくとだえていた新大陸アメリカへの植民を再開したのは、スコットランドからやってきたステュアート朝の国王ジェイムズ一世であった。植民地アメリカの原型はこの王朝のもとで基礎固めされていく。

その際に採られた植民の手法は、国王からの特許状を確保するために事業参入者を募る共同出資会社という形式であった。植民の主体は、多くの場合こうした会社だったが、それ以外にも、国王が形式的に土地を所有する王領植民地、国王が貴族や功績のあった者に土地を与える領主植民地という形があった。この三つの形式を中心に、時に宗教色を帯びながら、イギリス国内の政治状況と呼応しつつ、植民地アメリカが築かれていったのである。一七世紀の政治的大事件――内乱（いわゆるピューリタン革命、一六四二〜四九）、王政復古（一六六〇）、名誉革命（一六八八〜八九）が、発展の緒についた植民地アメリカのありかたに深く関わったことは、植民地名に刻印されている（左頁参照）。その意味でも、植民地アメリカの歴史は文字通り、イギリスの歴史であった。

大西洋岸に形成されてくる一三植民地は、七年戦争が終わる一八世紀半ば過ぎまで、境界

■南部植民地■

①ヴァージニア植民地　ジェイムズ１世の勅許を得てヴァージニア会社が送った移民が、1607年に初の拠点ジェイムズタウンを建設した。ジョン・ロルフと先住民の娘ポカホンタスとの恋愛は有名。初の植民地議会はここに作られた(1619)。1624年に王領植民地となった。

②メリーランド植民地　カトリック保護を目的に、ボルティモア卿が国王に申請し、1634年に入植が開始された領主植民地。チャールズ１世の王妃（英名メアリ）にちなんで命名された。

③ノースカロライナ植民地

④サウスカロライナ植民地　1663年、王政復古に功績のあった８人の貴族に与えられた土地が起源。チャールズ１世のラテン語読み「カルロス」に由来する。18世紀初頭、事実上南北に分かれ、その後、別々に王領植民地化された。

⑤ジョージア植民地　1732年、本国の貧民・債務者救済の場として開かれた。国王ジョージ２世の名に由来する。

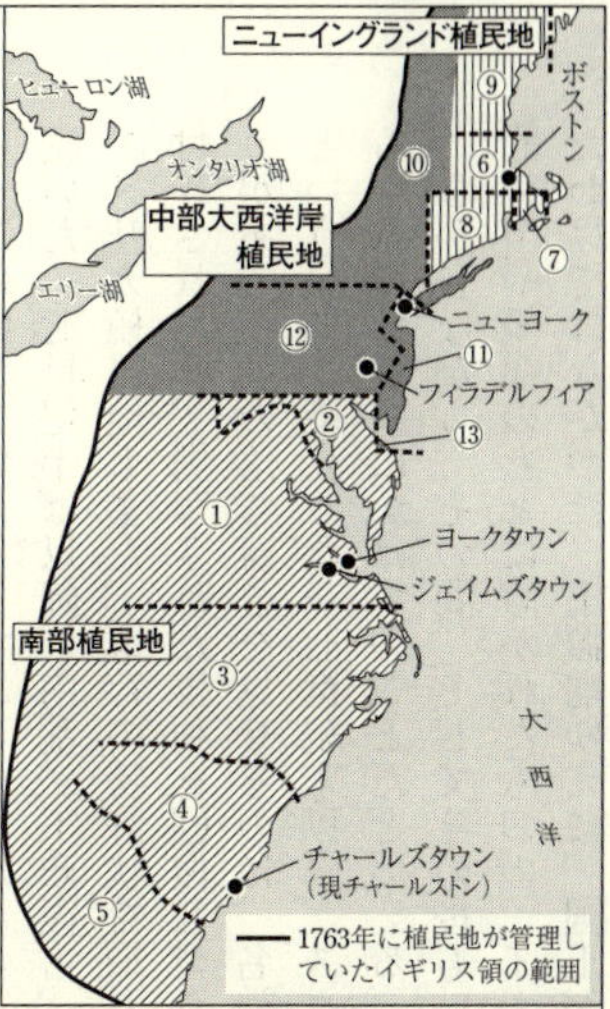

■ニューイングランド植民地■

⑥マサチューセッツ植民地　1620年、新天地を求めてメイフラワー号に乗ったピューリタンたち（ピルグリム・ファーザーズ）がプリマス植民地を建設。その10年後、マサチューセッツ湾株式会社がボストンを中心にマサチューセッツ湾植民地を立ち上げ、91年に前者を併合。強い自治意識で知られる。

⑦ロードアイランド植民地　国教会に留まるマサチューセッツ総会議に異を唱えて追放されたロジャー・ウィリアムズは、1636年、プロヴィデンス(神の摂理)植民地を設立。44年、類似の入植地を統合して発足した。

⑧コネティカット植民地　1636年にピューリタンのトマス・フッカーらが入植、62年に特許状が付与された。

⑨ニューハンプシャー植民地　マサチューセッツの現状に不満を持つ人びとが移住。17世紀末、マサチューセッツから分離され、王領植民地となった。

■中部大西洋岸植民地■

⑩ニューヨーク植民地　オランダの入植以来、民族的な多様性を特徴とする。第二次英蘭戦争後にニューネーデルランドをニューヨークと改称。1674年、正式に英領化され、入植が進んだ。

⑪ニュージャージー植民地　1664年、チャールズ２世が二人の廷臣に譲渡した土地に、ジャージー島出身者が多く入植した。1702年に王領植民地となる。

⑫ペンシルヴァニア植民地「ペンの森」の意。廷臣ウィリアム・ペンがチャールズ２世に対する父の債権代わりに領主権を得て、1681年、クェイカーの避難所として開設。信仰の自由を保障して他宗派の入植も広く受け入れた。

⑬デラウェア植民地　英蘭戦争の講和を経て英領化。一時ウィリアム・ペンに付与されるが、1704年に分離した。ヴァージニア初代総督の名に由来。

植民地アメリカ（1763年）　Christopher Bayly(ed.), *Atlas of the British Empire*, 1989より

をめぐる争いを除けば互いにほとんど干渉することもなく、独自の発展を遂げてきた。通常、地理的に南部、北部ニューイングランド、中部の三つに区分される、七年戦争終結までの植民地の様子については、四一頁を参照いただきたい。

「有益なる怠慢」という帝国政策

植民地アメリカのなりたちと発展の様子からは、ある事実が再確認できる。それは、特許状付与にせよ、土地を下賜されるにせよ、あるいは信仰に基づいて自治組織を展開しようと、植民地アメリカが究極的にイギリス国王（スコットランドとの合同以前はイングランド国王）に属していたことである。だからこそ、国王の権限と権力をめぐって議会との対立が続いた一七世紀半ば以降、内乱、王政復古、名誉革命という国内政治体制の変化に応じて、アメリカ植民地もまた、既存の特許状を取り消されたり、新たに土地（あるいは特許状）を付与されたり、剝奪された権利を回復したりなどと、不安定な状況にあった。植民地アメリカがある程度の落ち着きを見せるのは、名誉革命によって「国王は君臨すれども統治せず」という原則が確立した一七世紀末以降、スコットランドとの合同によって連合王国が成立する一八世紀初頭にかけてのことだといえる。

しかしながら、その間、そしてその後も一八世紀半ばまで、入植者たちは、入植者同士の約束事や規律のもとに置かれたものの、イギリス国王や本国政府から搾取されたり抑圧されたわけではなかった。王領地ゆえに、国王が任命する総督がイギリスから送り込まれたが、それでも多くの場合、各植民地には大幅な自治が認められ、立法機関として独自の議会を持ち、実質的な財政運営も各植民地に任されていた。言い換えるならば、先に見たような発展が各植民地に可能になったのは、入植の瞬間から、入植者たちが、イギリス君主の（程度の差はあっても）寛容な監督下で、独自の植民地経営を許されてきたからなのである。

たしかに、国債発行によって軍事費を確保する財政軍事国家であった当時のイギリスは、国内での徴税に加えて、植民地との貿易への課税によって国家の借金を回収することを基本としていたし、七年戦争終結以前から、植民地産業の発達を阻害する通商上の規制を課してきた。植民地産の羊毛とその加工品の輸出入を禁止した羊毛品法（一六九六）、国王ないしイギリス議会の許可のない株式の発行を禁じるバブル法（一七二〇）、植民地で帽子製造を禁止した帽子法（一七三二）、植民地での溶鉱炉建設を規制する鉄法（一七五〇）などがそうである。ただし、その大半は実施されていない。イギリス政府は植民地に対して、基本的に不干渉の姿勢を貫き、自由裁量を大幅に認めていたのである。植民地人はそれを「有益なる怠慢」と呼んで歓迎した。イギリスにしてみれば北米大陸に及んだ対仏戦への植民地の協力を意識したであろうし、アメリカもまた、北にケベックというカトリック・フランスの植民地を脅威に感じていたからである。航海法の下にある植民地の貿易活動がイギリス海軍の保護下でおこなわれたこと、つまり防衛負担の必要性がなかったこともまた、アメリカの経済発展にはプラスに作用した。

かくして、「有益なる怠慢」という帝国政策のもと、アメリカ植民地人は、一八世紀世界で「実に穏やかに支配され、きわめてわずかしか課税されず、ほとんど抑圧を受けない人びと」だった。七年戦争が終わった一七六三年時点で、彼らにはバラ色の未来が開けていたはずだ。

イギリス化する植民地生活

一七世紀後半から一八世紀前半にかけて、イギリス国内の政治変化と呼応して植民地アメリカが再編成された時期は、イギリス史上、商業革命の時代といわれる。コーヒーや紅茶、タバコや木綿といった非ヨーロッパ産品が大量にイギリスに流入し、それまでヨーロッパ中心だったイギリスの貿易が急速に非ヨーロッパ化した時期である。一七世紀末の貿易統計はすでに、イギリス貿易の総輸出量の五七パーセント（輸入量の場合は三二パーセント）が北米、西インド対象だったことを示していたが、この比率はその後ますます高くなり、北米植民地や西インド諸島からは、砂糖やタバコなどを中心に、年間一〇〇万ポンドを超える植民地物産がロンドンに運び込まれた。独立戦争勃発直前、一七七〇年代に入っても、イギリスの貿易輸出価額の約二〇パーセント（輸入価額の場合は約三〇パーセント）がアメリカとの貿易で占められていた。イギリス経済史の専門家は、この現象を、イギリス貿易の「アメリカ化」と呼んでいる。

この商業革命にともなったのが、生活革命であった。植民地物産の大量流入によって、イギリス国内の消費生活、人びとのライフスタイルが大きく変わったのである。紅茶を飲むという新しい習慣の成立はその好例だ。

同じことが、大西洋経済圏をつうじて、植民地アメリカでも起こった。すなわち、航海法によって独占的に運ばれたイギリス製品がアメリカ植民地人の日常生活にあふれることで、イギリスで起こった生活革命が海を越えたのである。イギリスにしてみれば、アメリカは、タバコや木綿、藍などの生産地であっただけではなく、イギリス製品の一大消費地でもあったのだ。言い換えれば、イギリス貿易の「アメリカ化」は、アメリカ植民地人のライフスタイルの「イギリス化」と表裏一体の関係にあった。

リネンや木綿を使った衣料、鍋や食器などの生活・家庭用品の大半を、アメリカはイギリスからの輸入に頼っていた。日用品のみならず、絵画や装飾品――たとえばイングランドの田舎の風景が描かれた飾り皿やカレンダー、そして詩や演劇など、植民地人があとにした祖国への思いを駆り立てるモノもまた、植民地アメリカにあふれていたのである。ウェッジウッドはじめ、イギリス製のカップで紅茶を飲む習慣がアメリカの生活に浸透していなければ、一七七三年、茶への課税を求める茶法が制定されることもなく、それに反対するボストン茶会事件が起こることもなかっただろう。ボストン茶会事件は、アメリカ植民地人の「イギリス化」を示す好例でもある。

ナポレオンは、イギリスのことを「店主（ショップキーパー）の国」と皮肉ったが、この時代の環大西洋的な性格は、モノの共有においてもっともはっきりしていた。物質的な意味において、アメリカの植民地人は、「イギリス人」であった。だからこそ、砂糖や茶、そしてイギリス製品の不買運動は、イギリスに対する抵抗の象徴となりえたのである。

モノだけではない。思想や考え方、価値観についても、アメリカの植民地人は、同時代のイギリス人とさほど変わらなかった。それを端的に示すのが、一七七六年七月四日に出されたアメリカ独立宣言だろう。「人間は生まれながらに自由かつ平等の権利をもっている」という自然権、「国家の最高権力は人民にあり、国家はその受託者にすぎない」という社会契約説、「国家の代表がこの信託に反して自然権を侵した場合、人民には抵抗する権利がある」という革命権などを盛り込んだ独立宣言は、文字通り、イギリスの知の集大成だったのである。

植民地人は「イギリス人」か？

こうした事実は、アメリカ独立革命について重要な事実を言い当てている。それは、植民地アメリカの人びとは、イギリス本国の考え方や思想、価値観を否定したわけではないということ、むしろ逆に、彼らはイギリスの価値観や考え方を受け入れ、それを支持していたということである。だからこそ彼らは、「代表なくして課税なし」をはじめ、イギリス人が主張するどんな権利も享受したいと思ったのだろう。

そして、多くのイギリス人もまた、植民地アメリカの人びとを大西洋の彼方の「イギリス人」とみなし、それゆえに発生する政治上の権利意識を植民地人にも認めていた。このことは看過されてはならない。アメリカ独立の大義を強く支持したジョン・ウィルクスら、イギリス人の団体「アメリカの友」は声高にこう叫んだ。「(イングランド東部の)リンカーン州ボストンの住民と、ニューイングランドのボストンの住民との間になんら差はない」——。

　こうしたイギリス人の植民地人理解と擁護の背景には、財政軍事国家というイギリスのシステムに対する批判、ならびにコネと利権まみれの政権批判があった。いうなれば、七年戦争終結直後からアメリカ独立承認にいたる二〇年間、大西洋を挟む英米は、当時のイギリス政府に対する批判をも共有していたのである。いや、重税への苦しみと反発は、アメリカの二五倍という課税を押しつけられていたイギリスの方が強かったにちがいない。アメリカ独立革命の時代、イギリスでは、重税を課す政府の失政、失策に不満を募らせた世論を背景に、急進派たちが政治言語化した「腐敗」を口々に叫びながら、政治と社会の「徹底的《ラジ》・根本的《カル》な」改革を求める運動を活発化させつつあった。彼らイギリスの政治的急進派こそ、植民地アメリカの無関心派よりもずっと、「代表なくして課税なし」という植民地人の抵抗を理解していたことだろう。

　しかしながら、「腐敗」を改革する手法において、イギリス人とアメリカ植民地人とは根本的に違っていた。イギリス人はあくまで、議会改革という手法で政治の民主化を進めようとした。イギリスの急進派は、ごく一部の特権階級による選挙権の独占を問題にはしても、議会の権威を否定するようなことはいっさいしていない。彼らは、社会問題の解決には議会の立法権こそが鍵を握っていると確信していた。また、名誉革命で確認された「議会のなかの国王」という原則を守る限り、国王打倒という発想もまた、イギリスにはなかった。イギリスではむしろ、国王との関係をより親しみ深いものへと変質させることで、君主制の民主化もまた実現されることになる。それに対してアメリカ植民地人がとった行動は、イギリスの議会と国王をともに否定する暴力的な革命であった。この違いは何を物語るのだろうか。

アメリカ喪失の教訓

自由の愛し方

一七七三年一二月一六日、植民地アメリカにおける急進派の拠点、ボストン。サミュエル・アダムズ（独立宣言の起草者のひとりで、独立後、初代副大統領となるジョン・アダムズの従兄）ら、羽毛や顔ペイントなどでモホーク・インディアンに変装した五〇人ほどの植民地人は、港に停泊中の東インド会社の船三隻を襲撃し、三四二箱、重量合計一万五〇〇〇ポンド（総額一〇〇万ドル以上）もの茶を海中に投げ捨てた。いわゆるボストン茶会事件である。

事件の首謀者は、一七六五年の印紙法に反対してボストンで結成された組織、「自由の息子たち」。タウンゼンド諸法や茶法など、イギリス議会が「代表なき課税」を求めるたびに蜂起を繰り返した。メンバーには、サミュエル・アダムズはじめ、パトリック・ヘンリー、ジョン・ハンコック、ジェイムズ・オーツといった当時の活動家たちがいる。すでに触れたように、「自由の息子たち」という名称は、アメリカを肌で知るイギリスの軍人、国会議員のアイザック・バレが、印紙法見直しの審議に際し、植民地人を「自由の息子たち」と呼んで彼らの主張を支持したことに由来している。

彼らの最初の活動は、ボストンで印紙税徴収の責任者に指名された裕福な商人、アンドリュー・オリヴァーを模した人形を吊るし、首を切断することだった。イギリス各地で広くおこなわれてきた民衆の制裁儀礼「シャリヴァリ」は、ここボストンでも健在だった。人形の周囲に群がり、はやしたてる人びとの姿は、まさしくイギリスの民衆世界そのものであっただろう。オリヴァー所有の建物に火をつけ、自宅に投石する民衆を、不穏な動きを察知してボストンに移動していたイギリス軍は制止できなかったという。が、それはイギリス軍が「海の向こうのイギリス人」を暴力でねじ伏せるつもりがなかったからでもあろう。

ボストン茶会事件　C. Bayly(ed.), 1989

印紙税反対のこの活動で世間の耳目を集めた「自由の息子たち」は、ボストンを核にしつつ、一三植民地すべてに拡大した。メンバーの多くが、商人や店主といった中間層の人たちであった。

とはいえ、この段階では、「自由の息子たち」はまだイギリス国王に対する忠誠自体を拒否してはいない。彼らの批判は国王の側近による不正や腐敗に向けられており、イギリスの国制——制度的、慣習的な枠組み——にまで踏み込んだ批判はしていないのである。また、ボストン茶会事件をめぐっては、アメリカ植民地人の間でも意見は分かれた。たとえば、ベンジャミン・フランクリンは、東インド会社の賠償請求に対して、私財をもってでも「茶税分を除く茶の代金」を賠償しようとしている(けっきょく、賠償はしなかった)。さらに、このボストン茶会事件は、夜陰にまぎれて先住民や黒人を装った、「白人がおこした事件」として読み直すことができる。事件からまもなく、植民地人が出した独立宣言には「人は生まれながらに自由で平等である」ことが謳《うた》われたが、そこから先住民や黒人は除外されていた。それを考えると、ボストン茶会事件を「イギリス支配との訣別」とだけ見ていては、本質を見失うことになる。

エドマンド・バークとパトリック・ヘンリー

エドマンド・バークは、イギリス滞在中のベンジャミン・フランクリンを訪問した三日後の一七七五年三月二二日、「アメリカとの和解」と題する演説を議会でおこなった。彼の演説は、アメリカ植民地人を「イギリス人」として捉える論調に貫かれていた。とりわけバークが強調したのは、アメリカ植民地人が自由を愛する人びとであること、そして彼らが愛する自由が「イギリスの考え方、イギリスの原理に従う」ものであるということであった。バークは、「イギリスにおいて古来より繰り広げられてきた自由を求める抗争もまた、課税問題をめぐるものだった」と語り、その点でもアメリカ植民地人は「イングランド的自由」の忠実な実践者であると主張する。バークはこう高らかに謳いあげた。

> 同じ名をもち、同じ血が流れ、共通の権益をもち、同じ帝国の保護を受けることからくる親密な情愛――この結びつきこそ、空気のように軽くても、鉄の鎖のごとく強力なのです。

　だがはたして、バークが言うように、アメリカ植民地人は「イングランド的自由」の忠実なる実践者だったのか。アメリカとの和解を「ともに共有する自由」に求めたこと、そこにバークの、そしてアメリカ人を「イギリス人」とみなしたイギリス側の誤解があるのではないか――。奇《く》しくもバークの演説の翌日、一七七五年三月二三日、ヴァージニア植民地議会で「自由の息子たち」のメンバーであるパトリック・ヘンリーがおこなった演説を聴いていると、そんな疑問が浮かんできてならない。ヴァージニア総督の妨害を恐れ、首都ウィリアムズバーグではなく、内陸部の町リッチモンドで開かれた議会で、義勇部隊結成を提案した彼は、独立戦争への実質的な引き金となるあまりにも有名な言葉で演説を終えた。「自由を与えよ、さもなくば死を！」――。

　その一〇年前、一七六五年五月、当選したばかりのヴァージニア植民地議会で印紙法反対の論陣を張った若きパトリック・ヘンリーは、次のように主張してぎりぎりのところで王権への介入を踏みとどまっていた。「三〇〇〇マイル彼方のイギリス国王に、植民地の内政に干渉する権利があろうか。カエサルにはブルータスが、チャールズ一世にはオリバー・クロムウェルがいた。そして、(中略)現国王ジョージ三世は、彼らの例から教訓を学ぶことができる」。

そんな彼に「自由か死か!」と叫ばせたものとは何だったのか。それを「自由を求めるアメリカの闘い」のシンボルとした植民地人とは、はたして「イギリス人」だったのか。

懐疑と無関心の存在

たしかに、事態は切迫しつつあった。ボストン茶会事件の翌一七七四年、イギリスは事件への制裁として、ボストン港の閉鎖、マサチューセッツの自治剝奪、兵士宿営用の民家の徴発などの強硬な「強圧的諸法」を出してボストンを軍政下に置いた。これに対して、同年九月、それまでばらばらだった一三の植民地のうち、ジョージアを除く一二の植民地代表がフィラデルフィアに集まり、第一回大陸会議を開催し、イギリス議会が求めた課税、「耐え難き法」への投票自体を拒否した。アメリカは、植民地に対する本国議会の立法権を明確に拒絶したのである。

しかしながら、「帝国というつながりを謳歌していたアメリカ人がなぜその絆を暴力的に断ち切ろうとしたのか」という疑問を考えた時、次の事実は重要である。すなわち、アメリカの世論が盛り上がったのはわずか三回――印紙法（一七六五）と強圧的諸法（一七七四）の成立時、そして戦闘開始初期（一七七五～七六）でしかなく、それ以外、二〇年間にわたる独立革命の大半において、アメリカの世論は、独立に対して懐疑的か、無関心だったのである。

実際、「自由か死か！」という言葉がもてはやされたにせよ、独立を求めた植民地人は少数派であった。パトリック・ヘンリーの演説の翌月、一七七五年四月、レキシントン、コンコードで本国イギリスからの派遣軍と植民地民兵が武力衝突し、独立戦争がはじまるが、この段階でも、二五〇〇万人ほどを数えたアメリカ植民地人口のうち、独立をめざす愛国派（パトリオット）は八〇万人ほどでしかなく、イギリス国王に忠誠を示したいわゆる王党派（ロイヤリスト）が五分の一ほど（多く見積もれば四分の一）いたのである。その他、一〇〇万人を超える人びとが中立の立場、すなわち疑念を差し挟むか無関心の態度をとっていた。

アメリカ植民地人はぎりぎりまで帝国からの分離を迷っていた。まだ何かが、彼らを「イギリス人」意識につなぎとめていた。その一方で、彼らの「気づき」は確実にはじまっていた。

誤解への気づき

イギリス人は、政治腐敗や重税といった厳しい現実を、あくまで議会改革の枠内で解決しようとしてきた。名誉革命で確認された「議会のなかの国王」という原則にイギリス人の諸権利が発しているからである。だから、政治改革の必要性が叫ばれても、イギリスは国王を中心とする政治体制を破壊して主権を人民の手に移管するという、フランス革命のような手法をとらなかった。イギリスは、国王の権限を政治体制の枠組みとして維持しつつ、国王と議会の関係を民主化させながら、何よりも議会の民主化を通じて、政治改革を成就させていったのである。当初支持したフランス革命が国王の処刑に及んだとたん、革命反対に回ったのも同じ理由からだった。

この「国王と議会」というイギリス主権の所在を、植民地アメリカも十分に認識し、認めていた。そのうえで、その主権のあり方は植民地アメリカには及ばないと主張したのである。

七年戦争後、イギリスが帝国維持のために求めた度重《たび》なる課税は、植民地アメリカに、それまであまり意識しなかったイギリスとの関係を再考させた。そのなかで彼らは、イギリス第一次帝国の内部で、アメリカ植民地の位置づけが曖昧《あいまい》なまま放置されてきたことに気づく。だからこそ、彼らは、イギリスに倣《なら》って設置した植民地議会で、帝国における自分たちの位置づけに独自の解釈を施した。それは、それぞれに発展してきたアメリカの各植民地はイギリス国王との間に対等な関係を結んでいる、というものであった。戦争に突入するまでの一〇年ほどの時間は、アメリカにしてみれば、この関係を正常化するための交渉の時間だったことになろう。

この「関係」に、議会の介入する余地は認められなかった。たとえば、ジョン・アダムズは、スコットランド議会の権限を停止させ、ロンドンのウェストミンスタ議会に一本化した一七〇七年の合同法に対して、「植民地アメリカがそこに統合されるという言及はまったくない」と語り、連合王国と植民地アメリカはまったく異なるという見解を示している。「有益なる怠慢」という優遇策のなかで独自の植民地議会を発展させ、その決定に従って物事を解決してきたアメリカ植民地人にとって、重要なのは、自分たちの土地を究極的に所有しているイギリス国王との関係であった。イギリス議会の権限が中央集権的に大西洋の彼方にまで押しつけられたわけではない、というのが彼らの理解であったが、実際、イギリス議会のもとに置かれていなかったがゆえに、アメリカ人への課税はイギリス人の二五分の一に抑えられていた。その意味では、アメリカ人はけっして「イギリス人」ではなかった。

しかしながら、イギリス政府の見解は違った。だからこそ、印紙法撤廃時、政府はイギリス議会の立法権を確認する宣言法を出したのだろう。そのうえで、こう繰り返した。植民地人が「イギリス人」同様の権利を主張できるのは、植民地議会がウェストミンスタ議会のミニチュア版だからだということを納得せよ、と。「イギリス人」であることがいったい何によって保証されているか、理解せよと。それを繰り返す以外に、イギリスにどんな反論があっただろうか。しかしながら、「イギリス人ならばウェストミンスタ議会の意味もわかるはずだ」という期待は、いつも裏切られた。課税のたびに繰り返される植民地の反発——植民地アメリカの人びとは、国王と議会の関係を民主化させながら、議会主権を確立してきた「イギリス人」ではなかったのである。

それに最初に気づいたのは、アメリカだった。自分が「イギリス人」ではないことを知ってしまった植民地人は、イギリス国王との関係調整をも放棄する。一七七六年七月四日、独立宣言——事態が動きはじめるなか、イギリス政府と議会に、海の向こうにいるのは「イギリス人」ではないことを確信させたのは、宿敵、フランスの参戦であった。

フランス参戦の衝撃

武力闘争という独立革命の最終局面で植民地アメリカに勝利をもたらしたのは、アメリカ人の不屈の精神ではなく、ヨーロッパ諸国の軍事介入だった。とりわけ、一七七八年二月のフランスの参戦が画期となった。なぜならそれは、プロテスタントの信仰と価値観という第一次帝国の絆を断ち切る出来事だったからである。

一八世紀初頭、スコットランドとの併合によって誕生したイギリス人（ブリティッシュ）というナショナル・アイデンティティは、「第二次英仏百年戦争」を通じて、カトリック・フランスとのライバル関係によって鍛えられ、成長した。そのなかでプロテスタントのアメリカがフランスと連合関係を結んだことは、イギリスにとって信じられないショックを与えた。

フランスに続いて同じカトリックのスペインがアメリカ側で参戦したとき、イギリスは多少がっかりしたかもしれない。しかしそのショックは、翌年、プロテスタント国であり、オレンジ公ウィリアムのイングランド国王就任以来、親密な関係を保ってきたオランダがアメリカを支持して参戦したときほどではなかっただろう。アメリカ独立は、文字通り、カトリックvs.プロテスタントというヨーロッパの対立構図を大きく変える「革命」だったのである。

そのなかで一七八一年一〇月、チャールズ・コーンウォリス率いるイギリス軍がヨークタウンで降伏し、実質的な戦闘は終了した。強硬派だった首相ノースの引責辞任を受けてアメリカとの間にはじまった和平交渉の結果、八三年九月、パリ講和条約の調印により、一三植民地の独立が正式に承認された。イギリスはアメリカを失った。

アメリカ喪失の教訓

しかしながら、アメリカ喪失は、帝国喪失を意味しなかった。それどころか、イギリスは、アメリカ独立にともなう「一瞬の後退」の後、再び、海の彼方への拡大を開始する。それに何より、アメリカを失ったことで、イギリス国内のありようは何も変わらなかった。「議会のなかの国王」という主権の枠組みも、連合王国という政治体制も、まったく動揺していない。七年戦争の勝利によって確立したヨーロッパにおけるイギリスの覇権も、それを支える王立海軍の海上覇権も、アメリカ喪失によって揺らがなかった。アメリカ喪失は、連合王国の主権を脅かすような性質のものではなかったのである。

その一方で、アメリカ喪失は、イギリスから確実にある部分を奪い去っていった。それはひとつに、帝国という空間をイギリス社会と同じように捉えようとする理解力と想像力だ。

この理解と想像のなかで、同じプロテスタントの信仰と価値観をもつ「イギリス人」との戦いは、イギリス国民の多くをひるませ、次章で見るようにイギリスのナショナル・アイデンティティを動揺させた。しかも、「アメリカ人」は、いともたやすくカトリック・フランスと手を結んでしまった。このときの苦いショックは、イギリス人に「自分たちは何のために戦ったのか」という愛国心の所在を自問させ、さらに彼らを苦しめたのである。

それゆえに、アメリカ喪失の経験は、帝国という空間統治についていくつかの教訓を残すことになった。第一に、「イギリス人」としての共感を植民地に求めないこと。第二に、ウエストミンスタ議会を核とする枠組みに植民地を組み込むことは賢明ではないということ。そして第三に、アメリカ喪失は、本国が植民地を抑圧した結果ではなく、むしろその逆、植民地に勝手な統治を許してきた「有益なる怠慢」の顚末《てんまつ》だったこと。この三つ目の教訓から、イギリスは、アメリカ独立を承認したパリ条約締結の翌一七八四年にはインド統治法、一七九一年にはカナダ法（憲法法、立憲条例）を、そして一八〇〇年にはアイルランド合同法を成立させて、帝国への介入姿勢を示したのである。

イギリス議会の権限を拡大せず、植民地に直接課税を求めず、しかもしっかり介入する――そのためにイギリスが編み出した統治方法が、できるかぎり領域支配を抑える非公式の支配、すなわち「自由貿易の帝国」であり、それは、資本投下や技術移転などをつうじて南米や中国などで実行されることになる。そしてもうひとつが、アジアやアフリカで展開される、現地社会にできるかぎり手をつけない間接統治だ。いうなれば、アメリカ喪失の経験は、帝国の中心が周縁を支配するには限界があることを教えたのであった。

前述したリンダ・コリーはこう書いている。本国のイギリス人にとって、アメリカ人は、「物理的には離れているが文化的には近く、うれしいほど似ているがいらだつほど異質であるという、謎めいた逆説的な人びとであったし、今もそうなのだ」と……。本国のイギリス人に「同じ」だと錯覚させた彼らが革命に走った衝撃は、実は予想以上に大英帝国を悩ませたのである。

第二章　連合王国と帝国再編

問い直される愛国心

見失ったアイデンティティ

「外なる敵」の姿が見えにくくなった時、人間は「内なる敵」を探し出そうと、いや作り上げようとする。

一七世紀末の名誉革命直後から、一八世紀初頭の連合王国成立以降も、イギリスは、カトリックであるフランスとの戦争――世に言う第二次英仏百年戦争――を通じて、プロテスタントという宗教意識を媒介にしながら、国民としてのアイデンティティを想像／創造してきた。そんなイギリスにとって、同じプロテスタントであるアメリカとの戦いは、当初から大義名分を欠いており、戦争の是非をめぐって世論は複雑に割れた。一七七八年、宿敵フランスがアメリカ支持で参戦したことは、続くスペイン、オランダ参戦の呼び水となってイギリスの軍事的な敗北を決定づけるとともに、長期化する戦争に対するイギリス人の姿勢をいっそう複雑なものにしていった。

イギリス第一次帝国がアメリカ独立によって解体した一七八〇年代以降、一八三〇年代までの時期は、産業革命と呼ばれる経済発展の時代であるとともに、政治改革の時代として知られている。戦時の重税と経済状態の悪化に苦しむ国民の声を背景に、社会全体にモラルへの関心が高まったのである。たとえば、一七八〇年代初頭、首都ロンドンやイングランド北部のヨークシャーでは、公金の無駄遣いや腐敗選挙区での政治不正に対する憤りから、税制改革を求める請願書が議会に提出された。政治腐敗への非難が相次ぐなかで、財政軍事システムの破綻《はたん》もまた、明らかにされていく。その先に、一八三二年、地主ジェントルマンの名望家支配を基盤とした名誉革命体制を変質させる選挙法改正が実現するのである。

政治に関わるモラルの問題——それこそ、植民地アメリカとの戦争がイギリスにどのような混乱をひき起こし、その対策として何が求められたかを端的に物語る。その根底に何があるのか。

それがはっきりと見えたのは、長期化する戦争に備えようと、イギリス政府が、連合王国に移民してきたアイルランド人を徴募した時のことだ。政府は、戦争協力の見返りとしてカトリック解放を約束したのである。イングランドにおけるカトリックは、一六七三年の審査律による公職追放はじめ、いくつかの差別的な法律の対象とされてきたが、それらの法を、徴兵と引き換えに廃止しようというのだ。一七七八年、議会でカトリック救済法案が可決されると、庶民院議員ジョージ・ゴードンはこれに反対する法案を議会に提出。彼を支持する民衆は、一七八〇年、ロンドンで大暴動をひき起こした。一八世紀最大の民衆反乱といわれるゴードン暴動である。

当初は、対フランス、対カトリックで鍛えられたプロテスタント的価値観の捌け口を求めるかのごとく、カトリックの礼拝堂や居住区、アイルランド人労働者や商人らが攻撃の的だったが、やがて対象はかぎりなく広がり、ニューゲート監獄やフリート監獄などが暴徒らの破壊と放火によって灰燼《かいじん》に帰《き》した。逃亡した囚人らは、銀行や民家を襲った。国王ジョージ三世の要請で軍隊が出動し、ロンドンが秩序を取り戻した時には、二八五人ものロンドン市民が射殺され、被害総額はフランス革命でパリが被ったそれの一〇倍にものぼったという。

ゴードン暴動が暴露したこと——それは、重税負担に耐えながら「敵」であるフランス打倒をめざして連合王国全体がまとまりを見せた七年戦争時とはあまりに対照的なイギリス社会の状況だろう。このコントラストから、アメリカ喪失によってイギリスが失いつつあったものがはっきりと見えてくる。愛国心の崩壊だ。それまで民族や地域に宿る内部的な差異を覆い隠し、連合王国全体に緩慢ながらもそれなりのまとまりの感覚を与えてきた明確な「外なる敵」——宿敵フランスと彼らの宗教であるカトリック——の曖昧《あいまい》化と、同じ「イギリス人」であったはずの植民地アメリカとの戦い。そのなかで、イギリスの人びとは、自分たちはいったい何に対してなぜ戦っているのかという根本を見失ってしまったのである。

アメリカ喪失とともに、彼らは問い直しはじめた。自分たちは何に対して忠実であるべきか。守らねばならないものは何か。自分たちは何に対して戦うべきなのか。そして何より、自分たちはいったい何者なのか、どういう国民なのか。

道徳改善運動

このアイデンティティの危機を前にして重い腰をあげざるをえなくなったのが、イギリス国教会の聖職者たちだった。開戦当初、同じプロテスタント同士の戦いに戸惑い、なかば傍観してきた彼らだったが、サラトガの敗戦（一七七七）以降の戦況悪化のなか、国民の戦争動員に積極的に乗り出していった。聖職者たちが繰り返したのは、アメリカ独立戦争におけるイギリスの苦戦、戦況悪化の原因は国民の道徳的な堕落にある、ということであった。

たとえば、バーミンガムのある聖職者は、フランス参戦後の一七七九年、プロテスタントとカトリックの協力というこの戦争の不自然な構図について、その責任は国民の不信心にあると説教した。説教では、本来祈りの時間であるはずの安息日が別のことに使われ、それが神を冒瀆《ぼうとく》する行為、国民としての堕落だと語られた。上流階級は旅行や宗教以外のおしゃべりにかまけ、貧民たちはパブに入りびたる。階級を問わず、若者は怠惰に遊びまわる。かくして神の心はこの国から遠ざかり、イギリスは苦戦を強《し》いられている――当時のイギリス国教会では、似たような論調と言説で、フランスという「外なる敵」を補完すべく、不信心な国民という「内なる敵」を作り出し、それを克服する国民道徳改善運動が展開された。

その主導的役割を担ったのが、聖書に基づく信仰生活の実践を志す、福音主義とよばれる一派である。アメリカ独立革命に先立ち、一七三〇年代のニューイングランド植民地でおこった信仰への新たな目覚め（アメリカ史で第一次大覚醒運動とよばれる動き）で知られるこの宗教運動は、独立革命前夜までに植民地アメリカ各地を巻き込んでいった。ボヘミアからのドイツ系移民を通じてアメリカに伝わった福音主義の再生は、大西洋のこちらとあちらでほぼ同時代的に起こった。大西洋世界で鍛えあげられた福音主義は、イギリス人の目を大きく覚まさせ、アメリカ喪失の危機感と相まって、「内なる敵」の打倒をめざす道徳改善運動を開花させていく。

とりわけこの時期、大きな役割を果たしたのが日曜学校運動である。もともと学校に行けない就労児童を教育する目的で作られ、宗派ごとにバラバラだった日曜学校は、国民の道徳向上という大きな目標の下、一致団結した。グロスターで印刷業を営むロバート・レイクスによってテコ入れされた日曜学校運動は、一七八〇年代前半のうちに全国に拡大していき、信仰の復活や伝道といった目的を押し広げることになった。

そしてさらに、福音主義は、帝国再編の強力な推進力とも微妙に絡むことになる。

クラッパム派

福音主義は、イギリス国教会内部にひとつの改革派集団をもたらした。クラッパム派と呼ばれるゆるやかな人間関係がそうである。多くが平信徒というこの集団は、一七八〇年代から一八三〇年代にかけての帝国再編期、この再編と関わる社会改良運動の多くとつながっていた。

ロンドン南西部、クラッパム・コモンの牧師ヘンリ・ヴェンと、バルト海貿易で富を築いたジョン・ソーントンとの出会いと交流がクラッパム派のはじまりだった。イングランド銀行総裁を務めたソーントンは慈善家としても知られ、彼の息子ヘンリとサミュエルは、父と同じ銀行家である一方、庶民院議員として奴隷貿易廃止法案成立に尽力するとともに、他の社会改良運動にも惜しみない援助の手をさしのべた。銀行家や貿易商人ら、ビジネスマンとして成功した人たちが頻繁《ひんぱん》にここを訪れたことで、彼らの活動は上・中流階級に浸透していった。

彼らソーントン家とともに、ここに居を構えたクラッパム派の中心人物が、イングランド北部キングストン・アポン・ハル選出の国会議員で、奴隷貿易廃止運動のリーダーとして有名なウィリアム・ウィルバーフォースである。クラッパム派が奴隷貿易廃止と同義語のように語られるのは、一七九二年以来、ウィルバーフォースがここをロンドンにおける活動拠点としたからだ。実際ここには、トマス・クラークソンやグランヴィル・シャープ、ザカリ・マコーレイら、一八世紀末から一九世紀初頭にかけて全国に拡大していく奴隷反対運動の主役たちが集《つど》った。

もっとも、奴隷反対運動そのものが、同時期に展開された道徳改善、社会改良をめざすさまざまな運動と結びついていたことを見過ごしてはならない。クラッパム派は、救貧院改革、監獄改革、安息日遵守、動物愛護などと接点をもつ超宗派の活動を手がけていた。

ウィリアム・ウィルバーフォース
ジョン・ライジング、1788年

さらに、クラッパム派が中心となった奴隷労働批判は、同時期のイギリス労働者の労働環境や労働条件をめぐる運動とも、「モラル」をキーワードに共鳴していた。

それゆえに、クラッパム派と呼ばれた人たちの活動範囲はきわめて広かった。たとえば、ブリストルのハナ・モアは日曜学校運動のリーダーであるとともに、奴隷貿易廃止にも尽くした。さらには、ウィルバーフォースの後継者となったトマス・バクストンと監獄改善運動で知られるエリザベス・フライの妹との結婚はじめ、婚姻関係はクラッパム派の結合を強くし、社会改良のネットワークを幾重にも広げたのである。

東インド会社のモラルをただす

クラッパム派が道徳改善の矛先を東インド会社に向けたのは、その主要メンバーに、東インド会社幹部チャールズ・グラントやインド総督を務めたジョン・ショアらがいたせいだろう。グラントは福音主義の活動に感銘を受け、インドにおけるキリスト教伝道の解禁に尽力した。

実際、東インド会社は、帝国再編のこの時期、腐敗の象徴と目されていた。

東洋貿易の独占を許されたイギリス東インド会社は、政府代理としてインドとその周辺の統治権限や通貨発行権、軍隊保有権を認められた特殊法人的存在であった。プラッシーの戦い（一七五七）以後、奇《く》しくもアメリカ独立革命の時期、インドにおけるフランスの反撃の芽をことごとく摘みとり、領域支配に手をのばした東インド会社は、イギリス政府そのものといえた。インド各地の商館には商館長と幹部社員から構成されるカウンシルが置かれて商館運営にあたり、それを束ねるロンドン本部の役員会は、インドに領土を有するようになる一八世紀半ば以降、内閣にも似た役割を果たすようになった。

プラッシーの戦いの後、現地社員は会社の特権を利用してさまざまな蓄財に手を出すようになった。当時、インドをめざした人びとには、破産した債務者やギャンブラー、貴族の家系でありながらやっかい者扱いされた人物などが多く、一財を成して帰国することを強く望んでいた。とりわけ、ベンガル駐在の社員は、帰国後に地主ジェントルマンとなるべく蓄財を重ね、会社の利益を顧《かえり》みず、職権乱用や収賄、プライベートな取引などで私腹を肥やしたといわれる。イギリスに帰国後、土地を買って豪邸を建て、その財力をバックに国会議員にまでなったインド成金、いわゆるネイボッブは、東インド会社を舞台におこなわれた不正な蓄財のシンボルであった。

そこにメスを入れ、綱紀粛正と腐敗防止に努めたのが、プラッシーの戦いを勝利に導き、ベンガル領事に任ぜられたロバート・クライヴである。しかしながら、東インド会社の腐敗の病根は深く、不正行為をした社員を罰すればすむ問題ではなかった。社内改革で多くの敵を作ったクライヴには、帰国後、自身の資産形成を職権乱用によるものとする議会調査報告がつきつけられ、ショックから心身を病んだクライヴは自殺した。東インド会社自体に、現地の不正を取り締まる自浄能力がないことは明らかだった。

すでに一七七〇年、東インド会社から出された特許更新の申請に対し、イギリス議会は、会社組織で統治するにはインドが大きくなりすぎたことを問題視していた。会社に対する規制は年々強化されたが、アメリカ独立戦争によって抜本的な改革は先延ばしにされていた。アメリカの独立が正式に承認された翌一七八四年、インド統治法によってインドは東インド会社とイギリス政府との二重統治下に置かれるようになり、後の政府介入のきっかけが与えられた。イギリス政府は、同時期に進行中の社会改良運動を取り込みながら、ゆっくりと、そして確実に、東インド会社の独占体制を切り崩していくことになる。

コーンウォリス総督の活躍

インド統治法通過後の一七八六年、チャールズ・コーンウォリスが総督として着任した。伯爵家の長男として近衛歩兵連隊に任官し、チューリン士官学校で学び、七年戦争に従軍した彼は、一七七六年初頭、アメリカに渡って独立戦争を戦った。しかしながら八一年、彼が率いる部隊がヨークタウンの戦いで米仏連合軍に敗北、これがアメリカの勝利を決定づけた。三ヵ月の捕虜生活を経て帰国した敗軍の将、コーンウォリスに向ける周囲の目は実に冷ややかだったという。

そんな彼にインド行きを命じたのは、インド統治法を成立させた首相ピット(小ピット)、そして同法によって設置されたインド庁の長官ダンダスだった。両者は、陸軍将校である彼に、社員出身の総督には不可能と思われる軍事・行政両面の立て直し、とりわけ社員の不正行為や腐敗の病巣にメスを入れる大胆な改革を期待したのであろう。

コーンウォリスは、現地社員、とりわけ不正が公然の秘密となっていた商務部の社員に関する独自調査に乗り出し、不正をおこなった社員を次々と処分した。役職の統廃合、コネに依存しない人事、そして社員のプライベートな取引禁止などを実践する一方、不正取引を誘発していた社員給与の見直しもおこなった。コーンウォリスのこうした改革を、クラッパム派のチャールズ・グラント、そして彼の後任総督となる社員出身のジョン・ショアらが支援したと思われる。

一七九三年、コーンウォリスはベンガルに永代地税（ザミンダーリー）制度を導入して、政府と農民の間を仲介する徴税請負人（ザミンダール）に土地に関わるいっさいの権限を与え、彼らを土地所有者にした。社員がザミンダールにつきものの賄賂に手を染めることを恐れたからだと思われるが、現地の伝統的な土地所有関係を無視したこの制度は、すぐさま現地の猛反発を食らった。さらには、刑事法廷のインド人裁判官をイギリス人に入れ替え、高給ポストをイギリス人に限定し、インド人が会社の要職につけないように幹部任用制度を改定するなど、会社業務のヨーロッパ化、インド行政のイギリス化を進めたのも彼である。

アメリカ独立革命の危機感のなかで高まった道徳改善運動は、インドに対するイギリス政府の干渉を正当化する方向に作用した。一八一三年には東インド会社の貿易独占が撤廃され、やがてインドは大反乱を経て、正式に帝国に組み込まれていく。ヴィクトリア女王がインド女帝に即《つ》く道は、政治に求められたモラルのなかに構築されていったのであった。

「コーンウォリス卿、人質として二人の王子を受けとる」　ロバート・ホーム、1793年。国立陸軍博物館

ティプ・スルタンの息子たち

コーンウォリスがイギリスに帰国した一七九三年、ロンドンの画廊に一枚の絵画が展示された。第三次マイソール戦争（一七九〇〜九二）の公式従軍画家であったロバート・ホームの作品である。その絵画は、イギリスが二度にわたって屈辱的な惨敗を喫してきたマイソール王国に対して、ようやく勝利を収めた総督コーンウォリスが、スルタンの領土ほぼ半分とともに、三回分割による莫大な補償金の支払い完済までの人質として、太守ティプ・スルタンの二人の息子を確保した場面を描いたものだった。

マイソール王国とは、インド南部、デカン高原の山岳部に位置するイスラム教の王国である。もともとヒンドゥー教であったが、一八世紀のハイダル・アリーの時代にムスリムとなった。まとまりに欠けたムガール帝国に対して、イギリスは、各地のヒンドゥー王族（マハラジャ）に彼らの利権を認めながら、さほど武力を行使することもなく、間接的に支配と領土を拡大してきた。そのなかで、南インドのヒンドゥー王国連合であるマラータ同盟と並んで、ハイダル・アリーとその息子ティプ・スルタンが支配したマイソール王国は、四次にわたる激しい反英闘争を繰り返したことで知られている。この絵画に描かれた第三次マイソール戦争は、一七八二年の父の死後、太守となったティプ・スルタンにとって初の反英戦争であった。

現場に居合わせたスコットランド人少佐ディロムの記録によれば、父ティプ・スルタンと別れを交わした二人の皇子は、美しく飾り立てられた象に乗り、二〇〇人のインド人兵士（セポイ）に護衛されながら、コーンウォリス総督の前に現われたという。

ディロム少佐は二人の皇子についても詳細を記録している。それによれば、「肌が浅黒く、小さな平ぺったい鼻、面長で思慮深げな兄より、小さなまん丸顔で目がぱっちりと大きく、生き生きした表情の見目麗《みめうるわ》しい弟の皇子に、一同うっとりさせられた」とある。その状況は、ホームの絵にも鮮明に写しとられている。絵のなかで、皇子の従者、護衛の兵士、そして彼らを迎えるイギリスの行政・軍関係者、さらにそれを見守る傍観者らのまなざしの多くが、総督コーンウォリスと握手を交わす弟皇子に向けられている。画廊を訪れた人びともまた、総督を見あげる無邪気な少年の顔つきに注がれ、そこから、親子にも似た関係をイギリスとインドの間に想像したのではなかっただろうか。

ロバート・ホームのこの絵は、当時のイギリス人に大いにもてはやされた。それは、その後、インドを訪れたことのない画家や版画家たちが、（おそらくはこの絵とディロム少佐の記録から想像力をふくらませて）それぞれのイメージで同じ場面を描いたことからもわかる

「母と別れるティプ・スルタンの息子たち」　マザー・ブラウンがロバート・ホームの絵から構図を得た連作の１枚（複製）。1792年。大英図書館

だろう。たとえば、アメリカ出身の画家マザー・ブラウンの連作にはこんなタイトルがつけられている。「母と別れるティプ・スルタンの息子たち」「和平条約をコーンウォリス卿のもとへ届ける人質の皇子たち」――。ブラウンのようにこの構図をとりあげた画家たちにとって、そして彼らの絵画に熱狂した多くのイギリス人にとっても、公式戦争画家であったホームの絵画こそ、彼らの「インド経験」だったといえよう。

一八世紀末から一九世紀初頭にかけてのイギリス社会に続々と出現したこの絵画の構図は、インド経験のない多くのイギリス人に、広くインドについてのイメージを、そして大英帝国に組み込まれていくインドの未来ビジョンを与えたと思われる。それは、アメリカ喪失にともなうアイデンティティ・クライシス――自分たちはいったいどういう国民なのか、という問いに対するひとつの答えともなったのではないだろうか。スコットランドの文豪、サー・ウォルター・スコットが執筆したインド物三部作がすべて、第三次マイソール戦争を時代背景としたのにも、ロバート・ホームが提示したこの構図が大きく影響していたにちがいない。

それでもまだ、この時期、連合王国の人びとのインドを見る目には、好奇とともに、スルタンの息子たち、とくに年下の皇子に注いだであろう憧憬にも似たまなざしがあったのである。

スコットランド帝国という幻想

ジャコバイトの反乱

一七四五年七月、スコットランド北部、ハイランドの一角を成すアウター・ヘブリディーズ諸島南部のバラ島。亡命先のフランスから密かに上陸したボニー・プリンス・チャーリーこと、チャールズ・エドワード・ステュアートは、約五〇〇〇人のハイランダーを率いて南下を開始した。ジャコバイト最後の反乱のはじまりである。

反カトリック感情を媒介にナショナル・アイデンティティを育《はぐく》んできたイングランドで、カトリックを公言してはばからなかった国王ジェイムズ二世（スコットランド王としてはジェイムズ七世）は、再婚した王妃、モデナ公（北イタリア）の娘メアリとの間に男子、すなわち皇太子が生まれた一六八八年、議会によって退位させられた。ボニー・プリンス・チャーリーは、この皇太子の長男、つまりジェイムズ二世の孫である。退位したジェイムズ二世に代わり、プロテスタント国家オランダ貴族に嫁いでいた彼の娘、長女メアリを夫オレンジ公ウィリアムとともに王位に即《つ》けることで、無血のうちに国王交替を達成し、「議会のなかの国王」「国王は君臨すれども統治せず」というフレーズで知られる議会主権を確立した政治上の事件は、イングランド史上、名誉革命とよばれる。共同統治となったウィリアム三世、メアリ二世の即位式では、イングランド史上初めて、欽定訳聖書に片手をおいて宣誓する形式がとられ、以来、それが国王戴冠の伝統となっている。

しかしながら、イングランドにおける「名誉革命」も、目をスコットランド（そしてアイルランド）に転じれば、「無血」「名誉」という言葉は一気に吹き飛び、革命の構図も大きく変わる。

一六八八年一一月、オランダから妻メアリとともにウィリアムが上陸した直後に挙兵したジェイムズ二世だったが、軍幹部のジョン・チャーチル（二〇世紀の政治家ウィンストン・チャーチルの祖先）の裏切りで兵は離散し、彼は、幼子とともにフランス、ルイ一四世の宮廷に亡命した。翌年にもジェイムズは王位回復をめざしてアイルランドに上陸するが、再び敗北。その後は遺児ジェイムズ・フランシス・エドワード・ステュアート（ボニー・プリンス・チャーリーの父）が、「名誉革命」に対する不満の核となった。彼らジャコバイトの反乱は、国王と議会にとって大きな脅威となっていく。

ジャコバイト――ジェイムズのラテン名（Jacobus）に由来するこの言葉は、ジェイムズ二世とその男子後継者を、スコットランドならびにイングランドの正式な君主とみなす人びとをいう。彼らは、新しい国王、メアリ二世とウィリアム三世、その後を継いだメアリの実妹アンに対して公然と反旗を翻《ひるがえ》した。彼らの拠点が、スコットランド、とりわけ北部のハイランドだった。

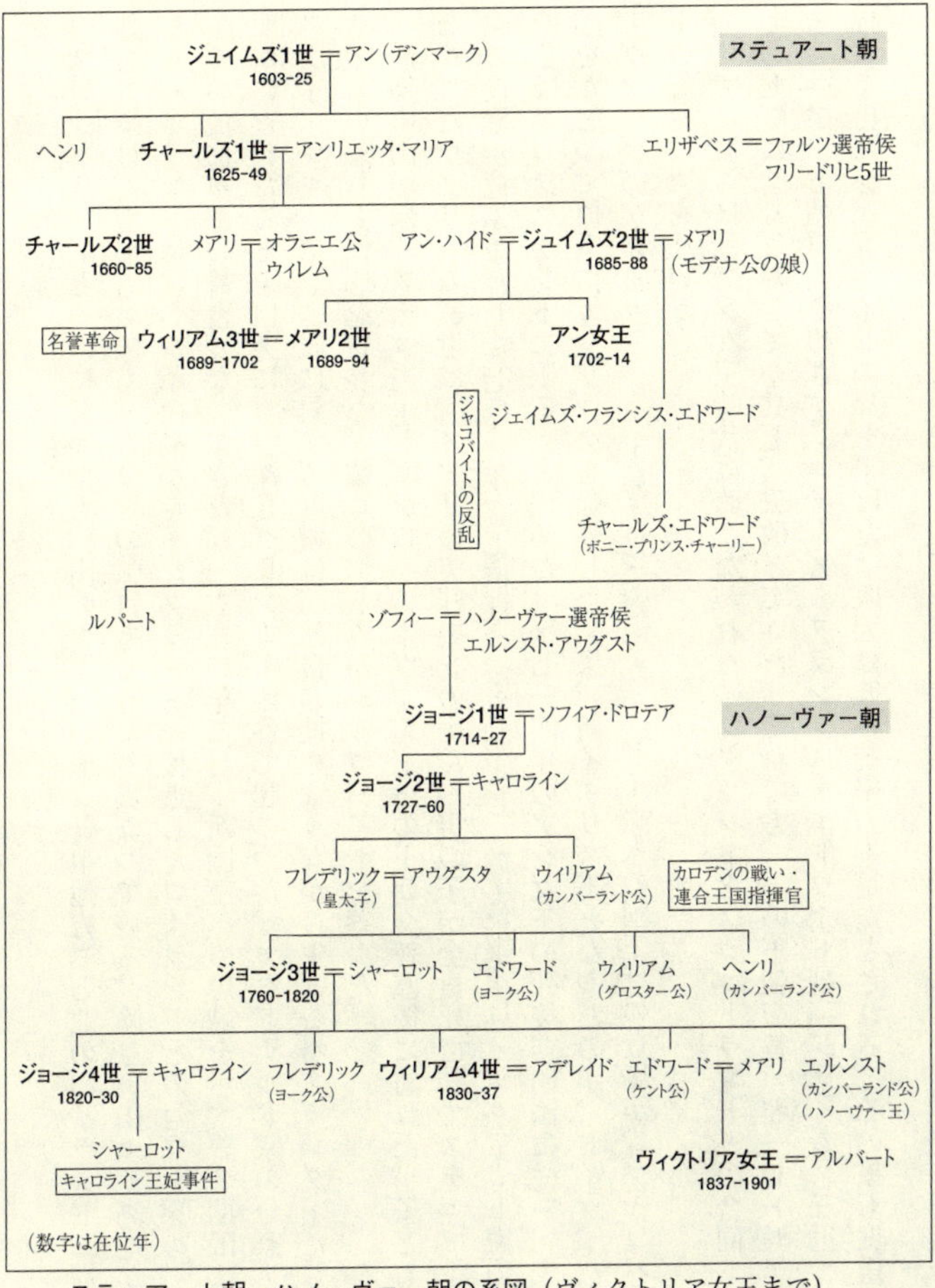

ステュアート朝～ハノーヴァー朝の系図（ヴィクトリア女王まで）

スコットランドと一口に言っても、南のローランド（低地地方）と北のハイランド（高地地方）では、地形も気候も、人びとの気質もまったく異なっている。険しい山々や高地が広がるハイランドは、名誉革命後からイングランドに接近したローランドとの対立を深め、数多くの流血事件の舞台となってきた。一六九二年二月、新国王への忠誠を示す署名期限にわずかに遅れたことを口実に、雪深きグレンコー渓谷で起こった、マクドナルド家の分家アラスター・マキーアン一族に対する虐殺は、独自の掟を守りながら生きるハイランダーたちから激しい怒りと憎悪を買った。彼らの憎しみがジャコバイトを養った。

最初の山場は、ステュアート家からハノーヴァー家への王朝交替直後に訪れた。子どもがなかったウィリアム三世は、メアリの実妹アンの生んだ男の子が全員死亡してステュアート家の後継が危ぶまれた一七〇一年、王位継承法を制定し、「王位継承はステュアート家の血を引くプロテスタントに限る」と決めた。一七一四年のアン女王の死後、同法に従い、家系図をたどって慎重にカトリックを除外した結果、新イギリス王となったのが、ドイツ、ハノーヴァー家のゲオルク（ジョージ一世）だった。「ドイツ人の国王」の登場が、ジャコバイトの怒りに火を注いだ。

すでに彼らは、アン女王時代におこなわれたイングランドとスコットランドとの合同（一七〇七）に強く反対して挙兵し、失敗していた。それでも、この王朝交替の翌一七一五年、ステュアート朝再興をめざすジェイムズ・フランシス・エドワードは「ジェイムズ三世」を称して再度ジャコバイトの兵を挙げた。敗因は彼の統率力不足だとされる。その後も度《たび》重なる反乱（とその失敗）に対して、連合王国となったイギリス、ウェストミンスタの議会は、ジャコバイトが拠点とするハイランドを切り崩すため、ハイランダーの生活基盤である氏族《クラン》制度を解体する諸政策をとりながら、軍事力強化を通じて彼らへの監視をつづけた。こうした苦しい状況のなかから、またしてもジャコバイトが挙兵したのである。

一七四五年七月、バラ島に上陸したボニー・プリンス・チャーリーは、祖父と父の屈辱を晴らすべく、屈強なハイランダーを主力とするジャコバイト軍を従え、イングランド中部の町、ダービーにまで迫った。ロンドンまでわずか二〇〇キロ、迫りくるジャコバイトの恐怖に、ロンドンはパニックに陥ったという。だが、フランスからの援軍がうまく得られなかったこともあって、以後、ジャコバイト軍は攻勢から守勢に転じ、北への撤退を余儀なくされた。そして四六年四月一六日、ネス湖近く、インヴァネスの東に広がるカロデン荒野《ムーア》で、最後の決戦の時を迎えた。

カロデンの戦いの華

戦いはわずか一時間ほど、ジャコバイト軍の大敗であっけなく幕を閉じた。この短時間にハイランダーの大半が殺され、カロデンの荒野には無数の死体が散らばったと伝えられる。BBCは、二〇〇五年度の「最悪のイギリス人（ワースト・ブリトン）」の一八世紀部門に、カロデンの戦いで連合王国軍の指揮官を務めた国王ジョージ二世の三男、カンバーランド公ウィリアム・オーガスタスを選んだ。彼は、ハイランダーの軍勢を粉砕するとともに、ハイ

カロデンの戦い　ジャコバイト軍（左）を攻めたてるカンバーランド公の軍隊。デヴィッド・モーリエ、1746年。Christopher Haigh(ed.), *The Cambridge Historical Encyclopedia of Great Britain and Ireland*, 1990

ランド一帯でジャコバイト掃討作戦を展開したことから、その後も長らくスコットランドの怨嗟《えんさ》の対象であった。

　カンバーランド公による掃討作戦を生きのびたボニー・プリンス・チャーリーは、その後、アウター・ヘブリディーズ諸島のサウス・ユイスト島まで逃亡した。彼にかけられた三万ポンドという当時としては破格の懸賞金が、プリンスの存在に対する連合王国政府の危機感を物語る。追っ手迫るサウス・ユイスト島からフランスへの救助船の待機場所までは、東のスカイ島へと渡らねばならない。

　この緊急事態のなか、スカイ島まで舟を漕ぎ、プリンスの亡命を助けたのは、サウス・ユイスト島出身のフローラ・マクドナルドであった。彼女こそ、その後、ジャコバイト反乱の物語をロマンの対象へと変えたハイランドのヒロインである。

　地元有力者マクドナルド一族の娘で、再婚した母のいるスカイ島で暮らしていたフローラは、一七四六年六月、兄弟を訪ねて故郷サウス・ユイスト島に滞在中、プリンスの逃亡幇助《ほうじょ》を求められた。ジャコバイト掃討作戦が進行中だった当時、彼女がすでにスカイ島への通行証を確保していたからである。失敗すれば一族の責任問題となることを恐れて、当初は申し出を断ったフローラだったが、同族の婚約者アラン・マクドナルドとその父に説得され、プリンス亡命への協力を承諾した。

六月二八日、フローラとアイルランド人召使いベティ・バーク、彼女たちの世話係、そして乗組員三名を乗せた小さな舟は、スカイ島へと漕ぎだした。この「ベティ・バーク」こそ、女装したプリンス・チャーリーだった。厳しい監視の目をかいくぐり、約四五マイルを数日かけて渡り、無事スカイ島に上陸した一行は、夜陰にまぎれて島を南下。島の中心ポートリーでフローラと別れたプリンスは、その後、小さな島の影で待機していた船に乗り込み、フランスへと亡命していった。

フローラ・マクドナルド　彼女の肖像画は４点が現存しているが、このアラン・ラムジーの作品（アシュモレアン博物館）がもっとも有名で、多くの模写が存在する

サウス・ユイスト島からスカイ島への逃避行は、口の軽い船頭の口からすぐに漏れ、フローラはジャコバイトの協力者として逮捕、投獄された。プリンスとの関係に沈黙を守ったフローラは、一七四七年、収監されていたロンドン塔から恩赦で釈放される。現存する彼女の四点の肖像画はすべて、その直後にロンドンで描かれたものだ。ハイランドの女性特有の衣装に身を包

んで頬を紅潮させた彼女は、まさしくヒロインだった。

アメリカ独立戦争とスコットランド人

スカイ島に戻ったフローラは、同族の婚約者アラン・マクドナルドと結婚し、七人の子どもに恵まれた。その彼女が、アメリカ、ノースカロライナへの移民を決めたのは、同時代の多くのハイランダーを苦しめた生活の困窮、そして子どもの教育のためであった。カロデンの戦いの後、連合王国政府は、ジャコバイトの主力であった彼らハイランダーの帰属意識の核であり、生活基盤でもある氏族《クラン》を解体し、彼らをハイランドから追放してその土地を没収する、いわゆるハイランド・クリアランスを展開した。土地の有効利用を目的とする牧羊地への転換により、まさに「羊が人を喰った」のだ。同時に施行された文化政策——氏族《クラン》を示すタータンの着用禁止やバグパイプの使用禁止などによって、ハイランド文化の破壊も絶望的なまでに進んだ。それがアメリカ移民に拍車をかけた。専門家によれば、一七六〇〜七五年の間に北米に移民したスコットランド人は四万人強。その大半が、新天地を求める貧しいハイランダーたちだった。

一七七四年八月、アメリカをめざす移民のなかに、フローラとその夫アラン、二人の息子、そして結婚した長女とその夫と子どもたちの姿があった。「あのフローラ・マクドナルドがやってきた!」——サウスカロライナとの境界にほど近いノースカロライナ内陸部のクロス・クリーク(現フェイエットヴィル)で細々と営まれていたハイランダー入植地で、一家は大歓迎を受ける。それもつかのま、独立戦争が彼らを飲み込むまでにさほど時間はかからなかった。戦争勃発とともに、フローラの夫アランは、ハイランダーの入植地を代表して「ロイヤル・ハイランド移民部隊」という義勇軍を結成し、イギリス国王に忠誠を誓うロイヤリスト、王党派の立場を貫くことになる。この部隊にスコットランド人をリクルートするにあたっては、「カロデンの戦いの華」であるフローラの名声が大きく貢献したといわれる。

カロデンの戦いからアメリカ独立戦争へと向かう時期、一七四六年から七五年までの三〇年――イギリス国王に抵抗しつづけたジャコバイトの支援者だったフローラ・マクドナルド一家を、アメリカの王党派へと変えたものは何だったのだろう。フローラ一家だけではない。多数のスコットランド人将校や兵士が、そしてスコットランド人移民が、この戦争を連合王国軍の一員として戦ったのである。彼らにとってアメリカ独立戦争とはいったい何だったのだろうか。

スコットランド帝国への夢

イングランドがアメリカや西インド諸島に植民活動を展開しながら第一次帝国の地歩を固めた一七世紀を通じて、イングランドとスコットランドという二つの王国は、同君連合という奇妙な関係を保ってきた。スコットランドの王家であるステュアート家をともに君主に戴《いただ》くという状態は、一世紀余り（一六〇三～一七〇七）も続いた。その間、ともにプロテスタント国家であった両王国の間には常に、合同、合併の可能性があった。にもかかわらず、一世紀余りにわたって実現しなかった理由は、両国民間の感情の問題があったからだ。

実際、同じ君主を戴きながらも、両王国は立法機関や宗教のあり方などにおいてまったく異質であった。イングランドにはロンドンのウェストミンスタ議会と国王を頂点とするイングランド国教会があったが、スコットランドのエディンバラには独自のスコットランド議会があり、長老派スコットランド教会が信仰の中心であった。そんな両王国が合併したのは一七〇七年。スコットランドは、スコットランド教会の自立性を保持しつつも、主権と議会、そして貨幣鋳造《ちゅうぞう》権を放棄した。ここに、連合王国、グレートブリテンが成立することになった。

なぜスコットランドはイングランドとの合併に応じたのだろうか。もちろん理由はひとつではない。当時まだジャコバイトへの脅威は強烈だったし、イングランド議会が王位に選んだドイツのハノーヴァー家をめぐるスコットランド内部の亀裂という事情もあった。

しかしながら、スコットランドが合同に応じた決定的な理由は、経済政策の失敗、もっといえば、イングランドのような貿易ネットワークを駆使した商業帝国を築けなかったことにあるといえる。イングランドが海上帝国の形成と拡大の推進力とした「航海法」(植民地との貿易をイングランド人が所有するイングランド製の船に限る法)はスコットランドの海外発展を大きく阻んできたし、海外への貿易拡大に必要な経済・財政改革がスコットランドでは決定的に遅れていた。

一六九〇年代、数年にわたる凶作と飢饉という絶望的な状況に直面したスコットランド議会は、行き詰まった経済を立て直し、ヨーロッパにおける貿易競争の遅れを取り戻すべく、ある構想に賭けた。ダリエン計画——大西洋と太平洋を結ぶパナマ地峡を中心にスコットランド帝国をうち立てようとするこの壮大な構想は、スコットランドの人びとを魅了し、熱狂させた。

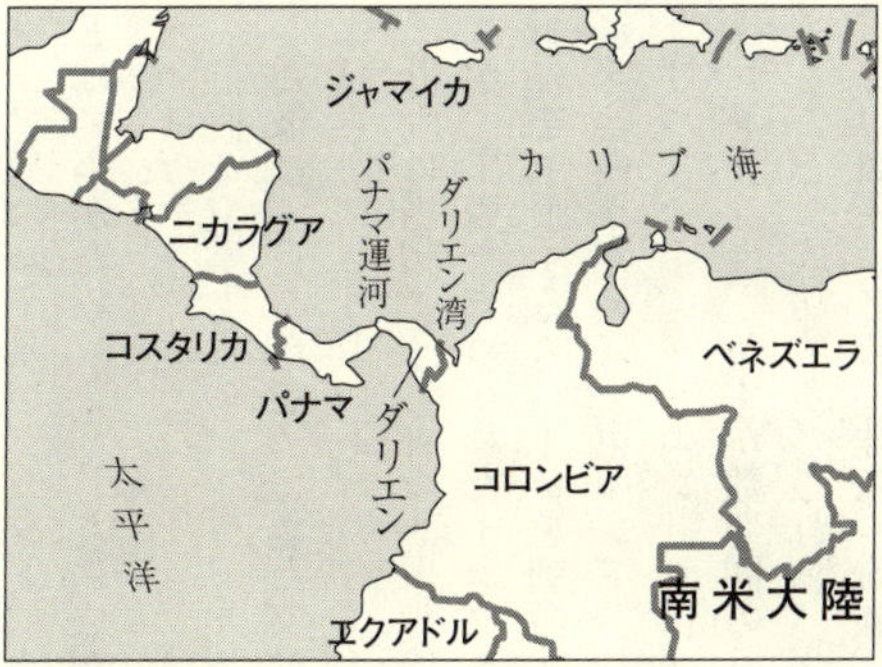

ダリエン周辺

ダリエン計画

ダリエンとは、現在のパナマ付近の地域をいう。大西洋、太平洋という二つの大洋を結ぶ最短距離に位置する（と当時考えられていた）ここにスコットランド人の拠点となる植民地を築き、中国や日本など極東との交易ルートをも確保して、グローバルに貿易活動を展開する——これがダリエン計画の骨子であった。発想自体はパナマ運河建設と似ている。

一六九五年、スコットランド議会は、東インド会社にも似た特許会社として、スコットランド会社（正式名称「アフリカおよび両インドとのスコットランド貿易会社」）の設立を承認し、ダリエン計画への投資を募《つの》った。それまでにも、スコットランドは、ノヴァスコシアやニューイングランド、カロライナなど新大陸に入植を試みていたが、成果をあげたとはいいがたい。こうした過去が、ダリエン計画に賭けるスコットランド人の期待を後押ししていた。

計画を立案したのはウィリアム・パターソン。イングランド銀行設立（一六九四）に貢献した彼は、自らが温めてきたダリエン計画をスコットランド政府に働きかける。パターソンは高らかにこう謳《うた》いあげた。「ダリエンは海の扉、世界の鍵を握る場所」——。

計画は当初、イングランド政府とのジョイント・ベンチャーとして構想されていた。ところが、出資を求められたイングランド政府は、対フランス戦争中でもあり、ダリエン近辺に領有を主張するスペインを刺激することを恐れて計画に反対した。中国や日本との貿易をめざすという方針に、東インド会社が反発したことも大きかった。

けっきょく、ダリエン計画はスコットランド人だけのプロジェクトとなったが、スコットランド会社は、わずか数週間のうちに、スコットランド全土から四〇万ポンドもの資金を集めることに成功する。これは、当時の国富の約三分の一に相当する。投資した人びとは、都市部の商人はじめ、地主や貴族、医者や弁護士、牧師、職人や兵士など、社会各層に広く及び、投資額も一〇〇ポンドから三〇〇〇ポンドまでとさまざまであった。女性も一〇〇人ほどが株主に名を連ねている。政府のみならず、スコットランド社会が広く、この構想に自分たちの未来を託そうとした様子が想像できよう。スコットランド帝国建設への扉はこうして開かれた。

最初の遠征隊が出発したのは一六九八年七月。一二〇〇人の入植者を乗せた五隻の船は、一一月、目的地ダリエンに到着した。入植希望者のうち三〇〇人ほどは地主階級出身で、あとは商人や農民だった。上陸した人びとは、新しい故郷となるこの地を「ニュー・カレドニア」と命名した。「カレドニア」は、ローマ時代のスコットランドの名称である。彼らが築いた軍事要塞は、スコットランドの守護聖人にちなんでセント・アンドリューズと名づけられた。その近くに作られた入植地の名はもちろん、ニュー・エディンバラだった。

しかしながら、彼らがダリエンの現実に気づくまでにさほど時間はかからなかった。あたりはうっそうとした木々が生い茂るジャングルで、開拓には大変な労力を要した。スコットランドで育った彼らにとって、ダリエンの夏の暑さと湿気は想像を超えていた。風土病である黄熱病やマラリアも彼らを苦しめた。「スコットランドとの通商を切望している」はずの先住民は、たしかに親しみ深くはあったが、入植者がはるばる運んできた櫛《くし》や鏡などには見向きもしなかった。そのうえ、スペインとの関係悪化を恐れるイングランド王（そしてスコットランド王でもある）ウィリアム三世は、北米や西インド諸島の各植民地にニュー・カレドニアへの食糧や物資の支援を禁じる布告を発令した。そのために補給は途絶え、それが死者の数をさらに増大させた。ニュー・エディンバラにおける帝国建設への意欲は急激に減退していき、けっきょく、一六九九年七月、植民地を放棄して帰国を決めた時、乗船者はわずか三〇〇人足らずとなっていた。

その後、一六九九年五月には三〇〇人余りの入植者を乗せた二隻の船が、さらに同年九月にも一三〇〇人の入植者と一年分の食糧を積んだ四隻の船が、それぞれダリエンをめざしたが、第一陣同様、すべて壊滅的な失敗に終わった。総計三〇〇〇人余りにのぼった入植者のうち、生きて故郷に戻れたのは三分の一にも満たなかった。この計画のためにスコットランド会社が集めた資金——当時の国富の三分の一——もすべて失われ、多くのスコットランド人が期待を膨らませた「スコットランド帝国」の夢は瓦解《がかい》した。

夢のあと

帰国した入植者を待ち受けていたのが、スコットランド社会の冷たい目だったことは想像に難《かた》くない。第一陣の入植で妻を失った計画立案者のウィリアム・パターソンも、失意のまま、まもなく世を去った。ダリエン計画の失敗は、すでに破綻《はたん》していたスコットランド経済にとってはもちろん、精神的にも大打撃となった。スコットランド会社の役員会は、失敗はイングランド政府とイングランド商人の策略によるものだと主張したが、会社自体に運営能力が欠如していたことは明らかだった。たとえば、資金の多くが造船費にあてられたが、スコットランド会社の船はどれも一隻に約一万五〇〇〇ポンドもかけた豪華なものだった。東インド会社の商船がその一〇分の一ほどで建造されていたことを考えると、会社の経理責任は否めない。

そもそも、スコットランドとは風土も気候もまったく異なるダリエンに、信憑性《しんぴょう》の低い情報を頼みに植民しようとした計画そのものに無理があった。しかも、イングランドの拡大を支えた海軍力がスコットランドにはなかった。人びとがこつこつと貯めたであろう私財を投じたスコットランド帝国の夢が破れ去ったあと、待ち受けていたのは国家としての破産状態だった。

ここに、ウィリアム三世の王位継承法（一七〇一）が追いうちをかけた。「王位継承はステュアート朝の血をひくプロテスタントに限る」とした同法に対して、一七〇三年、スコットランド議会は、「スコットランド王はスコットランド王室の血をひくプロテスタントに限る」としたうえで、「スコットランド王を決めるのはスコットランド議会である」と定めた安全保障法を成立させ、ハノーヴァー家の即位に反対する姿勢を露《あら》わにする。イングランドは、二年後、安全保障法の撤回と合同への協議を求めて、スコットランドの石炭や牛などの輸入禁止措置を発表。これが、ダリエン計画で著しく体力を消耗していたスコットランド経済の命とりになった。

一七〇七年、スコットランドはイングランドとの合同（事実上の合併）に合意した。スコットランドは主権と議会を失う代わりに、借財三九万八〇〇〇ポンドをイングランドに肩代わりさせ、その大半がスコットランド会社の負債返済にあてられた。

合同以後、スコットランドの大学人には、イングランドの海上権や通商ネットワークに与《くみ》しながら、いかにして経済上の利点を引き出し、従来の後進性を払拭《ふっしょく》して繁栄を達成するかという実用的な問題解決が託された。とりわけ彼らに期待されたのは、商業とそこで得た富が人間の徳を損なわないようにするにはどうすればいいのかという問題の解決——平たくいってしまえば、人間の欲望と徳とを両立させる思考であった。そこから、「道徳哲学」という学問が発達してくる。やはりアメリカ独立宣言の年に『国富論』（原題『諸国民の富の性質と原因の研究』）を上梓《じょうし》したアダム・スミスは、グラスゴー大学の道徳哲学教授であった。スミスはじめ、スコットランド啓蒙がいわゆるポリティカル・エコノミー（経済学）の知識人を多く輩出したのは、ダリエン計画破綻の後遺症のなかで経済的思考が鍛えられたことと無関係ではないだろう。

一八世紀後半のうちに、スコットランドの海外貿易は約三〇〇パーセントという急成長を記録した。スコットランド諸都市の発展もめざましく、とりわけ、建築家ジェイムズ・クレイグによるエディンバラのニュータウン建設は、カロデンの戦い後のローランドの繁栄を象徴していた。現在のエディンバラの街並みはこの時に作られたものである。ジョージ三世の息子たちに由来するプリンシズ・ストリート、国王自身からとられたジョージ・ストリート、王妃にちなんだクィーン・ストリートやシャーロット広場などの命名には、かつてスコットランド人が抱いた合同への否定的感情など、みじんもなかった。

陸軍を志願する男たち

カロデンの戦いの後、スコットランド人は、Mではじまる五つの専門職での活躍が顕著だったといわれる。軍隊(military)、海事(maritime)、商業(mercantile)、伝道(missionary)、医学（medical）である。とりわけハイランドの男たちを大量に収容したのは陸軍だった。

第一次世界大戦中の一九一六年に徴兵制が導入されるまで志願兵に頼っていたイギリスで、陸軍兵士は、どんなに貧しくてもなりたくない、男たち最後の選択といわれた。誘拐、あるいは酔わせてごまかして入隊させる徴募宴会などで兵士がリクルートされていた当時、ハイランドの男たちが陸軍に志願せざるをえなかった背景には、先述したハイランド・クリアランスによる物質・精神両面における苦難があった。

ナポレオン戦争の最終局面、民兵や国民軍への動員が最高潮に達した一八一四年、陸軍に徴募された兵士のなかでハイランド出身者の割合は「不釣り合いなまでに高かった」といわれる。それはまさに、ハイランド・クリアランスで故郷を追われた彼らが直面した貧困が半端なものではなかったことを示している。カロデンの惨敗を生きのびたジャコバイトを含め、ハイランド部隊の男たちは、七年戦争、そしてアメリカ独立戦争に数多く投入され、似たような理由で入隊を決めたアイルランド人兵士ともども、最前線で戦い、そして死んでいった。その勇敢さは、同じ戦場にいたローランドやイングランドの将校、兵士らを感動させたと伝えられる。

兵士だけではない。陸軍の将校職には、裕福とはいえないスコットランド貴族の子弟、とりわけジャコバイトの息子たちが居場所を求めて集まってきた。戦争がその後の植民地経営と深く結びついていたことから、植民地行政官となったスコットランド人軍人もたくさんいる。たとえば、貧困貴族の五男で、父と兄弟がジャコバイトであったジェイムズ・マリは、カナダ、ケベックの戦いでジェイムズ・ウルフ将軍に見いだされ、一七六〇年、初代カナダ総督に任命された。また別のマリ家の息子、ヴァージニア総督となるジョン・マリもジャコバイトの父を持つ。この父は、一七四五年夏、ハイランドに上陸したボニー・プリンス・チャーリーとともに戦い、プリンスのエディンバラ滞在時にはその従者を務めたという筋金入りのジャコバイトであった。

帝国建設のパートナー

東インド官僚もまた、ジャコバイトの家系がたどりついた職業のひとつである。一七七三年、東インド会社に対する規制法で新設されたベンガル総督に着任したウォレン・ヘイスティングズは、東インド会社を牽制する行政官にスコットランド人を大量に登用した。ヘイスティングズの伝記によれば、アメリカ独立戦争勃発の一七七五年からの一〇年間、ベンガルの書記官二四九名のうち、約半分がスコットランド人だったという。このことは、同時期、ベンガルに居住許可を得た商人の過半数がスコットランド人だったという事実とも無関係ではないだろう。さらにヘイスティングズは、一〇年余りの奉職中、南インドの反英勢力——マイソールのハイダル・アリー（ティプ・スルタンの父）、ハイデラバードのニザーム、そしてマラータ同盟——の連合への動きを切り崩し、カルカッタとマドラスを守ったことが高く評価されているが、そこにも、スコットランド人将校と兵士の軍事的貢献があった。

貿易、軍隊、植民地行政——帝国建設の不可欠な部分に登場しはじめたスコットランド人にとって、アメリカ独立戦争は、連合王国への忠誠を示す絶好の機会となったと思われる。

アメリカとの戦争をめぐって世論が分かれたイングランドとは異なり、スコットランドは当初から「戦争賛成」の姿勢に終始した。ここに、連合王国における自分たちの存在をアピールしようとするスコットランド人の思惑を読みとる研究者もいる。その意味からは、アメリカ喪失と同時期、インド（カルカッタとマドラス）を反英勢力から死守したスコットランド人総督ヘイスティングズは、再編されるべき帝国の方向性とともに、スコットランド人こそ帝国の頼もしいパートナーであることを立証したといえるかもしれない。

1788年２月、ウェストミンスタ・ホールではじまったヘイスティングズ裁判の様子　彼のスコットランド人びいきを激しく糾弾したのはエドマンド・バークである。７年余りをかけた裁判はヘイスティングズ無罪で結審した。エドワード・デイズ、1788年

本章冒頭で述べたように、同じプロテスタントであるアメリカとの戦争、しかもアメリカがカトリックのフランスといともたやすく与したことは、イギリスのアイデンティティを揺るがし、愛国心の対象を考え直す機会となった。このタイミングを、スコットランドは見のがさなかった。ローランド、ハイランド、それぞれの人びとが、それぞれの事情に照らして、連合王国への傾斜を強めていったのである。アメリカでフローラ・マクドナルドの夫アランがイギリス国王を支持するロイヤリストの立場を貫き、義勇部隊を立ち上げてその代表を引き受けたの

も、連合王国とのつながりを深める故郷ハイランドへの想いと結びついていたにちがいない。

フローラ、故郷に帰る

アラン・マクドナルドが部隊長を務めたノースカロライナの「ロイヤル・ハイランド移民部隊」の結成は、総督ジョサイア・マーティンの求めに屈したからだとする説がある。しかしながら、アランは自ら積極的にハイランダー移民の家々を訪ね歩いて部隊への参加を説得して回ったたし、この部隊自体はアランの従兄の発案だと伝えられる。ノースカロライナ防衛の鍵はハイランダー移民にありといわれた当時、彼らはただ脅されて国王支持に回ったわけではなさそうだ。

数少ない記録からだが、アランが総督の要求を受け入れた理由が三つほど考えられる。第一に、彼が総督から高い信頼と評価を得ていたこと。それには、妻フローラの名声が大きく影響していたと思われる。これと関わって、第二に、ハイランド・クリアランスのなかで氏族という単位とともに消えつつあった氏族長という立場が、ここハイランダー移民が多く暮らすクロス・クリークでは依然尊重されていたこと。そして第三に、カロデンでの敗北後、彼当時は不本意ながらも氏族長としてアランがおこなったイギリス国王への忠誠の誓いを、彼自身、破れなかったこともあっただろう。これら三つはすべて、アラン・マクドナルドの「カロデン経験」と深く結びついていた。と同時に、氏族長というハイランドにおける彼の立場が、移民先のアメリカでもアランの行動を縛っていたといえる。ここに、ノースカロライナの王党派はつけいるスキを見つけたのであろう。しかしながら、それは、アラン自身の選択でもあった。さらには、イギリス海兵隊少尉を務める三男リナルドがボストンに駐屯していたことも、彼の決断を促したのかもしれない。

いずれにせよ、アランの行動には、カロデンの戦いの華、妻フローラの名声がついて回った。彼が部隊に二〇〇〇人以上のハイランダー移民をリクルートできたのも、彼自身の説得力以上に、フローラ・マクドナルドという名前が大きかったといわれる。そのことは、フローラ自身もよく理解していた。一七七六年早々、ドラムが鳴らされ、バグパイプが演奏されるなか、アランを先頭に、ノースカロライナの「ロイヤル・ハイランド移民部隊」は出陣の行進をはじめたが、フローラはその隊列に歓呼の手を振るとともに、夫、そして連隊長を務める娘婿が乗った馬の横を、自ら白馬にまたがり、しばし併走したと記録されている。

その一方で、ノースカロライナにおけるアランの立場（つまりフローラの存在）への嫉妬や不満から、反アラン、すなわちパトリオットの立場をとるハイランダー移民もいた。一七七六年二月、クロス・クリーク近く、クリーク・ブリッジでの戦いは、アメリカ独立戦争におけるノースカロライナ初の戦闘となったが、アランらと戦ったパトリオットたちは、これを「マクドナルド家の反乱」と呼んだ。そしてそれもまた、カロデンの戦い同様、きわめてわずかな時間で決着したのである。

フローラがハイランダー移民の徴募に果たした役割を重く見た地元の「革命安全委員会」

は、彼女を煽動罪で弾劾し、財産すべてを没収した。誹謗中傷も相次いだ。アメリカに絶望したフローラが、娘や孫たちとともに故郷スカイ島に戻ったのは一七八〇年春のこと。夫アランの帰還は、独立戦争終了後の一七八五年。その五年後、彼女はスカイ島で静かに息をひきとった。

カロデンの戦いの華、フローラ・マクドナルドのこの結末がわれわれに語ること——それは、大英帝国がまさしく、ジャコバイトをその胎内に吸収したということだ。そして、この結末は、連合王国でハイランドの人びとと似たような試練に立たされたアイルランド人がたどった道すじとは実に対照的であった。ハイランドと同じ文化的ルーツにあるケルト系ゲール文化を精神的な核として、アイルランドは、独立後のアメリカとの結びつきを深めながら、連合王国の主権を否定する形で共和主義を発展させていくことになる。

ジェラルド・オハラの青春

アンバランスな人口構成

イギリスのすぐ西に位置するアイルランド。この島に訪れた近代は、隣のブリテン島にあり立った近代とはまったく違っていた。ブリテン島の二つの王国、イングランドとスコットランドを合同させ、七つの海、五つの大陸にまたがる一大帝国に変えた近代という同じ時間が、アイルランドという小さな島をまっぷたつに分断したのである。連合王国に組み込まれることを望んだ北アイルランド。連合王国からの分離、独立を強く望み、長い闘争の末にそれを実現させたアイルランド共和国。この「二つのアイルランド」は、この島に訪れた近代という時代がどのようなものだったかを目に見えるかたちで教えてくれる。

そしてもうひとつ、アイルランドの近代を可視化するものがある。人口統計だ。

二〇〇五年の人口統計によれば、アイルランド共和国は約四一〇万人、北アイルランドは約一七〇万人、合わせて五八〇万人ほどを数える。ところが、この島の外には、七〇〇〇万人を超える「アイルランド人」がいるのである。そのうち四三〇〇万人余りがアメリカの、いわゆる「アイルランド系アメリカ人」だ。いったい「アイルランド人」とは何者か、誰が「アイルランド人」なのか。そんな問いが思わず口をついて出てくる国内外の人口のアンバランス。こうした数字が物語る事実は、きわめて単純である。北海道とさほど変わらない広さのこの島から、どんどん人が出ていってしまったのである。それはいつからなのか。

国勢調査の開始とアイルランド

イギリスでは、一八〇一年以来、一〇年ごとに国勢調査をおこなっている。われわれが今、過去二世紀にわたってイギリスの細かな人口動態を知ることができるのは、国勢調査がきちんと施行されたおかげであり、アイルランドの人口が把握できるのもそのせいだ。ただし、アイルランドを連合王国に組み込む合同法案の可決が一八〇〇年、初の国勢調査実施が翌一八〇一年という事実を並べて考えてみれば、政府が国民の実態把握を必要とした事情そ

ユナイティッド・アイリッシュメンの反乱　ジョージ・クルックシャンク。K・ミラー、P・ワグナー『アイルランドからアメリカへ』茂木健訳、1998年

のものが、アイルランドを連合王国に組み込む理由と無関係でなかったことは容易に推察されよう。

フランス革命が引き金を引いた対仏戦争中の一七九七年冬、迫りくるフランス軍との対決を前に、イギリスが何より必要としたのは兵士であった。徴兵制がなかった当時、イギリス政府は民兵補充法を成立させて大規模に民兵確保の運動を展開していたが、それでも慢性的な兵力不足がつづいていた。そのなかで、政府は国民の状態を正確に把握する必要性を痛感したのである。

一七九八年、イギリス政府は、一四歳から六〇歳までのすべての健康な男子について、フランス侵攻に際して戦う心構えができているかどうかの調査を命じた。まさにイギリスが非常事態に陥っていたこの年の五月、アイルランド、レンスター地方で発生したのが、ユナイティッド・アイリッシュメンという結社による反英大反乱であった。アメリカ独立戦争とフランス革命の影響を受け、一七九一年にカトリックやプロテスタントという宗教上の相違を超えて結成されたこの団体は、九三年、対仏戦争の開始と国王ルイ一六世の処刑後、フランス革命軍の軍事協力を仰ぎながら、イギリスとの関係を断ち切る地下活動を続けた。結社のリーダー、ウルフ・トーンは、九六年一二月、イギリス海軍の目をのがれてフランス兵士一万五〇〇〇人を乗せたフランス戦艦をアイルランドの沖合に手引きしたが、嵐によってフランス軍の上陸は成功しなかった。九八年五月、政府打倒の武装蜂起は失敗し、一〇月、ウルフ・トーンを乗せたフランス艦隊がイギリス海軍に撃破されて彼らの命運は尽きた。アメリカ独立革命の闘士、パトリック・ヘンリーに倣《なら》い、「自由か、さもなくば死を」と叫んだトーンは、国家反逆罪で逮捕され、獄中で自殺した。

この反乱鎮圧をきっかけに、アイルランドの大幅な自治権とその制度的裏づけであった自治議会は失われ、連合王国に組み込まれることになった。つまり、軍事的な必要性から実施された初の国勢調査は、アイルランド人を対仏戦争の前線に送り込むことを視野に収めた、連合王国の対仏総動員態勢の現われだったのである。

その後、反乱に関わったアイルランド人の多くは、オーストラリア南東部のニュー・サウス・ウェールズに流刑となった。一八〇四年三月、シドニー北西にあるキャッスル・ヒルで起こったニュー・サウス・ウェールズ最大規模の囚人反乱は、ユナイティッド・アイリッシュメンのスローガン「自由か死か」を声高に叫び、ヨーロッパ行きの船を要求した。三五〇人余りの叛徒から一五人の犠牲を出して鎮圧されたこの反乱は、植民地オーストラリアとアイルランドが連動していたことを示すほんの一例にすぎない。大英帝国の拡大には、反英、反帝国を含むアイルランド人ネットワークの拡大がたえず寄り添っていたのである。

止まらない人口流出

そうして施行された国勢調査によれば、当時ひとつであったアイルランドの総人口は、一八〇一年以来増加をつづけ、四一年には八一七万人余りに達した。ところが、その一〇年後、五一年の調査では約六五五五万人にまで一気に落ち込み、一九〇一年には四四六万人弱にまで減っている。六〇年間にほぼ半減という異常な減少――。人口はその後も回復せず、一九二〇年代までずっと減少状態が続き、今にいたるまで、一八四一年時点の人口を回復したことは一度もない。

ちなみに日本の場合、一八七二年（明治五）に約三四八〇万人だった人口は、一九三六年（昭和一一）には約二倍、七〇〇〇万人を数えた。明治維新から一〇〇年後の一九六八年（昭和四三）には一億人を超えている。その間、少子化にともなう人口減少がさまざまに議論される現在まで、「日本に暮らす日本人」の数を「海外の日本人」が凌駕《りょうが》する事態は一度も起きていない。いや、そもそも、一五〇年前から人口が減り続けてきた国家もあまり多くはないだろう。人が国家の財産だとすれば、その減少は国家の悲劇だ。しかも、出生率が激減したわけでないことは、アイルランド以外で暮らす「アイルランド人」の数からもわかるだろう。

このいびつなアイルランドの人口動態を生み出したものこそ、この島に訪れた近代に他ならない。司馬遼太郎は『愛蘭土紀行』のなかで書いている。「アイルランド人は、客観的には百敗の民である。（中略）虐殺と流刑を免れたアイルランド人を生きのびさせたのは、神への信仰とじゃがいもだった」――。七〇〇万人の移民の物語を綴った『アイルランドからアメリカへ』によれば、一八四〇年代初めまで、アイルランドの農村部に暮らす人びとの約四分の三がじゃがいもに頼って生きてきたという。そのじゃがいもに異変が起こったのが、人口が一気に落ち込んだ一八四〇年代半ばのことであった。

じゃがいも飢饉

一八四五年、四六年の秋、アイルランド全土でじゃがいもの不作が続いた。葉や茎が暗緑色になり、全体が黒くなって枯れていく新種の病気、胴枯れ病。被害は全土に広がった。二年続きの凶作は、じゃがいもでなんとか命をつないできたアイルランド人にとって致命的であった。飢餓と栄養失調に発疹チフスや赤痢といった疫病の発生、街にあふれる物乞いの群れ。政府が雇用対策としておこなった公共事業では、日当めあてに道路工事の作業に集まった人たちが、飢えのために次々と亡くなった。埋葬費が貯まるまで死体は埋められず、腐敗するにまかされたため、疫病被害はさらに拡大した。飢饉が収束しはじめるのは一八五一年ごろだが、同年の国勢調査では、一〇年間に一六二万人の人口減

じゃがいも飢饉　「切り株畑でのじゃがいも探し」と題する、飢饉の挿絵。*The Illustrated London News*（1849.12.22）

少が確認されている。その間、連合王国政府も教区の救貧委員会も、適切な措置をとることができなかった。

アイルランド人にとって最良の（事実上唯一ともいえる）解決策は移民であった。慢性的な人口過剰という圧力は、大飢饉以前からアイルランド人を海外へと押し出していた。ユナイティッド・アイリッシュメンの蜂起が失敗し、ナポレオン率いるフランス軍がイギリス軍を破ってアイルランドを解放してくれるとの期待が、一八一五年、ワーテルローの戦いでウエリントン将軍によって潰《つい》えた後、アイルランドを襲った戦後経済不況が移民を後押しした。借地料を納められない農民は強制的に立ち退かされ、産業革命によってアイルランドに流入した安いイギリスの工業製品は地元産業界を荒廃させた。それでも、栄養価が高く収穫の安定していたじゃがいも栽培の普及によって、一八四五年まで、アイルランド自体の人口は着実に増加していたのである。一九世紀前半のアイルランドの農村は、人びとであふれていた。その風景を一変させたのがじゃがいも飢饉であった。

飢饉発生以降、一〇年間に一〇〇万人を大きく上回る人がアイルランドを脱出し、その三分の二が通称「棺桶船」でアメリカをめざした。この大量移民のなかに、ジョン・F・ケネディの曾祖父パトリック・ケネディもいたはずだ。以来、一九世紀末まで、連合王国からアメリカへと向かう移民のなかで、アイルランド出身者はたえず過半数を占めていた。

じゃがいも飢饉はアイルランドの人口動態と移民観を大きく変えた。しかしながら、なぜアイルランド人はじゃがいもで命をつながねばならなかったのか。それを考えたとき、アイルランドに対するイングランドの支配がどのようなものであったかが鮮明に浮かびあがってくる。

植民地化へのプレリュード

歴史家トマス・カヒルの著作タイトルにあるように、中世のアイルランドは「聖者と学僧の島」と謳われた。ローマ帝国崩壊後、ゲルマン民族の大移動に見舞われてヨーロッパ全体が混乱を極めたとき、各地の重要な文献を救出して保存し、各地を布教して回る聖職者を数多く輩出したのは、ヨーロッパの西端に浮かぶこの小さな島であった。ローマ帝国の支配を受けなかったことから、国王という明確な中心を有するイングランドやフランスとは異なり、アイルランドでは軍事的な地域リーダーが林立して抗争を繰り返し、イングランド国王ヘンリ二世がアイルランドに侵入した一二世紀末以降は、イングランドとの間に複雑な支配と搾取の歴史を刻んできた。この関係の延長線上に、イングランドは植民のヒントを得ることになった。

一五八三年、エリザベス一世の寵臣として頭角を現わしはじめたサー・ウォルター・ローリーは、アイルランドでおこったカトリック、デズモンド伯の反乱を鎮圧した功績により、マンスター地方に土地を得て、ここに故郷デヴォンの人びとを移住させる試みに着手した。ロスト・コロニーに終わった彼のヴァージニア植民計画は、このマンスター植民にはじまるといわれる。アイルランドはアメリカ植民の実験場だったわけである。

また、一七世紀初頭には、ジェイムズ一世がアイルランド北部、アルスター地方にプロテスタントの組織的植民政策を実施し、一七世紀半ばまでにイングランドとスコットランドから一〇万人余りが入植した。それによって「イギリス化」が進行し、二〇世紀を大きく揺さぶる北アイルランド問題の起源ともなる。

その後、オリバー・クロムウェルは、王党派カトリックの地主を追放してその土地を没収し、プロテスタント（ピューリタン）である共和国軍の軍人や、ピューリタン革命（とよばれる内乱）に戦費を提供したロンドンの投資家たちに分配して、プロテスタントのイングランド人の入植を促した。当時のアイルランドについては、オクスフォード大学解剖学教授で、アイルランドの軍医総監を務めたウィリアム・ペティの調査がある。古典派経済学、統計学の祖ともされる彼によれば、アイルランドは魚や鳥に恵まれ、「大地からはみごとな根菜（とくにじゃがいも）がとれた」という。

もっとも、豊かな自然と肥沃な大地の恵みによって農民には自給自足が可能である、としたペティのアイルランド未来予想図は大きくはずれる。彼の死の翌年におこった名誉革命が、スコットランド同様、アイルランドの命運を大きく変えたのである。しかも、イングランドとの合同をプラスに転じることができたスコットランドとは異なり、アイルランドは、物質的にも精神的にも植民地状態から立ち直れないまま、イングランドへの恨みだけを募らせていくことになった。

ボイン川の戦いの記憶――オレンジとグリーン

一六八九年、新国王ウィリアム三世自らが率いるイングランド軍（プロテスタント）は、フランスの援軍とともにアイルランドに上陸したジェイムズ二世軍（カトリック）と激しい戦闘を展開した。勝敗は九〇年七月一二日、ダブリンから北へ三〇キロほどいったミース州の小さな村、ドロヘダ近くのボイン川河畔《かはん》の戦いで決した。それによって、イングランドの「植民地」というアイルランド近代の構図もまた固まった。戦いの後も、カロデンの敗戦後のハイランドにも似た掃討作戦のなかで多くのアイルランド人が殺され、運よく生き残った人びとを待っていたのは、「カトリック刑罰法」なる一連の差別法であった。

ボイン川の戦い　ヤン・ウィック、1693年ごろ。アイルランド国立美術館

一六九五年から施行されたこれら一連の法律は、カトリックを、陸海軍や法曹界、商業上の活動などから締め出し、彼らに選挙権を与えず、行政上の公職に就くことも許さず、土地の購入も禁じた。カトリックの地主には均等相続が強制され、彼らの保有する農地がどんどん細分化される一方、プロテスタントの地主には、イングランド同様、長子一括相続によって土地保有の温存が図られた。けっきょく、アイルランドの大半の土地が没収され、プロテスタントのイングランド人入植者に分配される。カトリックのアイルランド人を全面

的に否定することによって、連合王国《ブリテン》は、プロテスタントという自らのアイデンティティを構築していった。

ボイン川の戦い以後にイングランドから入植し、アングロ・アイリッシュとよばれたプロテスタントのアイルランド人の間では、オレンジ公ウィリアムの勝利を祝ってウィリアムのシンボルカラーであるオレンジ色のリボンを徽章《きしょう》にする「オレンジ団」なる団体が結成された。一方、カトリックのアイルランド人は、アイルランドの守護神、セント・アンドリューズが三位一体のたとえとして布教に用いたとされるシャムロック（クローバーのような三枚葉の植物）から、グリーンをシンボルとしていた。対照的なオレンジとグリーン——ボイン川の戦いは、アイルランドを二色に色分けした戦いでもあった。ちなみに、アイルランド共和国の国旗は、この二色の間に白を配した三色旗であり、プロテスタントとカトリックの平和な共存への願いが託されている。

絶望的な隷属状態に置かれたアイルランドを、アメリカ独立戦争とフランス革命が奮い立たせた。だが、カトリックとプロテスタントの違いを乗り越え、アイルランド共和国の独立を夢見たユナイティッド・アイリッシュメンの反乱は失敗し、その後、連合王国に組み込まれたアイルランドを襲ったのは、イギリスへのさらなる従属であった。そんな状況のなか、自らの苦境に、オレンジの徽章を軍帽につけた軍隊がアイルランドの土地と人びとを蹂躙《じゅうりん》した記憶を重ねるアイルランド人がいたとしても何ら不思議ではないだろう。

その物語は、ボイン川の戦いから一世紀以上が経過した一九世紀初頭、この戦いを「まだ昨日のことのように」なまなましく記憶に留める、あるアイルランド人一家からはじまっている。「おどろき敗走するステュアート王家の王子の蹴たてたほこりの雲がおさまるとともに、希望も夢も、土地も富も、すべてがうしなわれた」というその一家の末息子が起こした事件——そこから、アメリカ映画史上不朽の名作といわれる『風と共に去りぬ』（一九三六）の原作者、マーガレット・ミッチェルは筆をおこしている。

ジェラルド・オハラの渡米

ヒロイン、スカーレット・オハラ役のビビアン・リー、彼女の夫となるレット・バトラー役のクラーク・ゲーブルの組み合わせであまりにも有名なハリウッド映画『風と共に去りぬ』は、南北戦争開始直前、一八六一年四月のある明るい午後の場面から幕を開ける。それゆえに映画では省略されているが、ミッチェルの原作では、冒頭、スカーレットの父、ジェラルド・オハラの過去が詳細に描き込まれている。なぜ彼はアメリカ、ジョージア州にやってきたのか。彼が古代アイルランドの聖地（タラの丘）にちなんで「タラ」と命名する農場をどうやって手に入れ、長女スカーレットに受け継がれる土地への愛着がどのようなものだったのか——原作者ミッチェルは、これらをアイルランドの過去に深く根ざすものとして、たとえば次のように書いている。

ある日、ジェラルド青年は、アイルランドの実家近くで不在地主の地代取り立て人と遭遇し、思わず「オレンジ団の私生児め！」と罵声を浴びせた。それに対して、この地代取り立て人は、ある民謡の冒頭部分を口笛で吹いて応じた。「ボイン川の流れ」である。アイルランドにおけるプロテスタントの支配体制を決定づけたイングランドの勝利を祝うこの曲のメロディーを耳にした彼は、ためらいもなく、この取り立て人を殺した。彼の家族も、息子の行為に何の罪悪感も感慨も覚えなかったとある。すでにオハラ家は反英的な行動から警察に目をつけられており、自宅の床下に武器・弾薬を隠したことが発覚した直後にアメリカに逃げた二人の兄は、ジョージア州沿岸部の町サヴァナで商人として成功していた。兄を頼って、ジェラルドもサヴァナへ向かう。出発の朝、父親がこの末息子に贈った言葉はこうだった。「自分が何者であるかを忘れるな」——。

二一歳のジェラルド・オハラは、こうしてアメリカにやってきた。多少誇張した言い方をすれば、ボイン川の戦いの記憶がオハラ一家に脈々と受け継がれていなければ、ヒロイン、スカーレットの誕生もなかったことになる。

サヴァナ到着後の彼もまた、きわめてアイルランド的な人物として読者の前に立ち現われてくる。抜け目のない商才ぶりを発揮し、しだいにアメリカ南部社会にとけ込みはじめたジェラルドだったが、彼には変えられないものが二つあった、とミッチェルは言う。アイルランドなまりの英語と「アイルランド人的渇望」だ。アイルランド人的渇望？　長女スカーレットにもっとも色濃く受け継がれることになるこの言葉の中身を、ミッチェルはこう説明する。

かつては自分のものだった土地をイギリス人に奪われ、小作人にされてしまったアイルランド人は、みな土地にたいして深くいやしがたい渇望をもっていた。そのアイルランド人的渇望から、彼は、自分自身の土地が目の前に緑色にひろがるのを見たいとねがっていた。はげしい、一途な気持ちで、彼は自分の家、自分の農園、自分の馬、自分の奴隷をほしがった。しかもこの新しい天地では、彼が後にしてきた故国のように、二つの危険におびやかされることがなかった――それは作物でも納屋でものみこんでしまう重税と、いつなんどき借地権を没収されるかもしれない不安だ。（大久保康雄他訳、新潮文庫）

ここにある重税と借地権没収の不安――これらは、ジェラルド・オハラがアメリカに渡った時代、アイルランド人を苦しめたものが何だったかをみごとに言い当てている。

ジェラルドがアメリカに渡ったのは、小説冒頭に記された一八六一年四月という時代から遡《さかのぼ》ること三九年前、「彼が二一歳のとき」に設定されているから、一八二二年ということになる。連合王国に組み込まれて二〇年あまり、イギリスへの食糧供給地となったアイルランドにおいて、オハラ家のような農民は、入札小作人制度のもとに置かれていた。小作人同士の自由競争によって収穫期ごとに地代を決めるという、一見民主的な自由競争に基づいているような錯覚を与えるこの制度こそ、ジェラルドが恐れた「借地権没収の不安」の元凶であった。

同時代の経済学者J・S・ミルによれば、入札する小作人が多いほど地代が高くなるという自由競争原理を基盤としていたが、競りおとした地代を小作人たちは支払うことができず、いわば地代は名目にすぎなかった。それゆえに、土地を耕す権利を得ると同時に、彼らは地主に対して負債を負うことになったのである。もっとも、小作人に現金払いは不可能であり、現物——自分たちが作ったじゃがいも以外の農作物すべてを地代として地主に納めた。

言い換えれば、アイルランド人は、じゃがいもを主食とすることによって、自分たちが生産したじゃがいも以外の作物すべてを、イギリスへの輸出用として、地主に納めていたのである。弱者同士が互いにつぶしあい、地主への従属を強める結果を招いたのが、この入札小作人制度だった。しかも入札の前提となっていたのが、じゃがいもの普及によって増大しつづけたアイルランドの過剰人口であったのだ。なんという皮肉——。

実は、大飢饉の時代、凶作だったのはじゃがいもだけであり、イギリスに向けて輸出された穀物で、当時のアイルランド人口の二倍を養えたと算定されている。また、イギリス市場の需要の変化に呼応して耕地から放牧地への転換が進行中だったことから、畜産物の生産も増大傾向にあった。飢饉は人災——。しかも、放牧地確保のため、借地料を払えなくなった人たちは即刻、強制的に土地を追われた。だが、アイルランドには、彼らを吸収する産業などなかったのである。

アイルランド人の帝国

ジェラルド・オハラは、ミルがじゃがいも飢饉の元凶として指摘した入札小作人制度から逃れ、イギリスに奪われた土地を取り戻すためにアメリカに渡った。サヴァナのある酒場でジョージア州中部に農園を持つ男と出会い、「南部の風習のなかでもっとも有用」だと悟ったポーカーで勝負して、その農園を手に入れた。ミッチェルはこう付け加えるのを忘れていない。「それはみな、彼（ジェラルド・オハラ）が酒にみだされぬアイルランド人の頭と、トランプにすべてを賭ける勇気をもっていたからこそ、手にはいったものなのだ」。

三九年間の南部暮らしで地元社会にすっかり溶け込んだジェラルドだが、左隣の農園主、スコットランド系アイルランド人のマッキントッシュ家とはぜったいにつきあわなかった。ミッチェルは書いている。「オレンジ団の祖先をもつということだけで、ジェラルドの目にはすでに永遠に呪われた存在だった」のだ、と。このマッキントッシュ家について、ミッチェルは、「すでにジョージア州に七〇年も住み、それ以前、南北カロライナ州に三〇年も住んだ」と設定した。物語の時代から逆算すれば、彼らがジョージア州にきたのは一七九一年、ノースカロライナ、あるいはサウスカロライナに移民したのは一七六一年。フローラ・マクドナルドが移民した一七七四年、マッキントッシュ家もまた近くにいたのだろうか。彼らはノースカロライナ初の軍事衝突となった「マクドナルド家の反乱」をどうみていたのだろう。

ボイン川の戦いの記憶を消せないアイルランド人移民の父から、その気質をもっとも強く受け継いだ長女スカーレット。娘ボニーも夫レットも失い、自分が何もわかっていなかったことをおぼろげながらに理解しはじめた彼女に、原作者ミッチェルはこう叫ばせた。「明日、タラで考えることにしよう。明日、レットを取り戻す方法を考えよう。明日はまた明日の陽が昇るのだから」。

「自分が何者であるかを忘れるな」というオハラ家の血、「敗北に直面しても敗北と認めない祖先の血」。その血を受け継いだ「スカーレット・オハラ」が、アイルランドの外にたくさんいたに違いない。南北戦争直前、一八五八年のニューヨークでは、アイルランドの独立と共和国樹立をめざすフィニアン運動の組織化が、ダブリンとほぼ同時におこなわれた。彼らはテロ行為も辞さなかった。アイルランド共和軍（ＩＲＡ）のテロ活動に武器や火薬を提供したのも、もっぱらアメリカのアイルランド人であった。独立後のアメリカとアイルランドの間には、共和主義を志向する反イギリス、反大英帝国のネットワークもまた、多様に結ばれていたのである。

第三章　移民たちの帝国

アメリカ喪失と移民活動の再開

ブラック・ロイヤリスト

一七八一年一〇月、ヨークタウンにおけるイギリス軍の敗北により、アメリカ独立戦争は決着した。と同時に、イギリスに味方したロイヤリスト（王党派）への迫害がはじまった。迫害を逃れ、アメリカを後にしたロイヤリストは約一〇万人。イギリス政府の移送費負担でニューヨークを出航した彼らの約半数が後の英領北米植民地カナダへ移民し、その三分の二がノヴァスコシアに定住した。マサチューセッツ植民地（現メイン州）に隣接するここは、もともと人口の約半分がニューイングランドからの移住者だったが、独立革命には加わらず、イギリスの植民地であり続けていた。

この移民の流れのなかで、その異質な一群は目をひいたことだろう。三〇〇〇人ほどの元黒人奴隷、「ブラック・ロイヤリスト」である。彼らは、独立戦争開始直後の一七七五年一一月、最後のヴァージニア総督となったジョン・マレイが発令した布告に従って、解放を条件に、パトリオット（独立派）である農園主の元を離れて、イギリス軍の戦線に加わった。

ヴァージニア総督の布告が出された当時、イギリス軍のために武器をとった黒人奴隷は三万人を超えたとされる。他の南部植民地でも合わせて三万人ほどの黒人がイギリス軍を志願しており、独立戦争期全体として八万人を超える黒人奴隷が、農園を去ってイギリス軍に加わった。労働力である奴隷たちを味方に引き入れ、帝国から離脱しようとする独立派アメリカ人の農園経済を掘り崩そうというのがイギリスの思惑だった。それでも、ブラック・ロイヤリストたちが自らの意志で主体的にイギリス国王のために戦うことを選んだこと、それが重要なのである。

彼ら黒人奴隷に「解放」というイギリス国王の約束を信じさせたのは、一七七二年にイギリスで下された逃亡奴隷ジェイムズ・サマセットをめぐる有名な判決だった。裁判官マンスフィールドによる「イギリスの土を踏んだ瞬間に奴隷は解放される」という判決をアメリカの奴隷たちが知っていたことは、近年の研究で明らかにされている。イギリス国王は解放者である——この見方は、「慈善を与える国王」という従来のイメージとともに、黒人たちの間で説得力をもって語られていたと思われる。

ブラック・ロイヤリストを中心に据えれば、展開される構図はこうだ。一方に奴隷に解放を約束したイギリス国王が、もう一方にその国王から独立しようとする植民地アメリカがいる。独立を志向するパトリオットのアメリカ人が、すべての人間は自由かつ平等であることを謳《うた》った独立宣言を掲げつつも、奴隷制度には目をつぶっていたことが前面に浮かびあがってくるのだ。トマス・ジェファーソン、ジェイムズ・マディソン、ベンジャミン・ハリソン

(第九代大統領ウィリアム・ハリソンの父)ら、独立宣言に署名したパトリオットがみな、奴隷主でもあったことを想起されたい。イギリスからの解放を望むアメリカ人、そのアメリカ人(奴隷主)からの解放を望む奴隷たち、彼らが希望をつないだ「解放者」としてのイギリス国王ジョージ三世――ここに、従来アメリカ独立戦争について語られてきた構図(すなわち抑圧者ジョージ三世)は、みごとにひっくり返ってしまうのである。

事実、イギリス軍に加わった黒人に対して、イギリス軍総司令官ヘンリー・クリントンは、衣食を保証したうえで、彼らを丁重に遇するように指示した。そして、敗戦時の総司令官サー・ガイ・カールトンは、約束通り、彼らの解放を証明する書類とともに、移民希望の黒人兵をノヴァスコシア行きの船に乗せたのである。

しかしながら、物事はうまく運ばない。ノヴァスコシアで彼らを待ちうけていたのは、黒人たちが望んだ「自由」ではなかった。寒すぎる気候、無償で与えられるはずの土地がもらえない――失望したブラック・ロイヤリストのうち、一〇〇〇人を大きく超える黒人が、一七九二年三月、イギリスで奴隷貿易廃止運動を展開していたトマス・クラークソンの弟ジョンに率いられ、西アフリカ、シエラレオネへと渡っていった。彼らは、ロンドンに送還されたブラック・ロイヤリストの貧困化を救うために一七八七年から始動していたシエラレオネ移住計画に合流する。

その後シエラレオネは、帝国内部での奴隷貿易が廃止された翌一八〇八年、直轄植民地となった。中心地フリータウンは、西アフリカ貿易と伝道の拠点となるとともに、奴隷貿易取り締まりの基地として、「慈悲深き博愛主義の帝国」という新しいイギリスのアイデンティティを支えることになる。

亡命者の波

ノヴァスコシアに失望したのはブラック・ロイヤリストだけではなかった。独立へと向かうアメリカで政治参加を経験した白人ロイヤリストのなかにも、同様の不満を覚えた人たちがいた。ニュー・ブランズウィックにさらなる新天地を求める者もいれば、密かにアメリカに戻る者、イギリスに帰国する者など、ノヴァスコシアに渡ったロイヤリストのその後はさまざまだった。さらには、セント・ジョン島(一七九九年にプリンス・エドワード島と改称)にも数百人のロイヤリストが移住したが、開墾すればその土地の所有権を与えるという約束の破棄が相次いだために、この島は「北米のアイルランド」という悪名をとどろかせた。小説『赤毛のアン』の人気で島のイメージが一新されるのは、一〇〇年以上先の話である。

あるいは、陸路、ケベックに渡った者もいた。ボストン茶会事件の翌年に可決されたケベック法によってイギリスの支配を受け入れていたケベックは、独立革命への誘いを断固拒絶し、イギリス植民地に留まった。一七九一年、イギリス政府は、イギリス系とフランス系の住民衝突を避けるべくカナダ法(憲法法、立憲条例)を成立させて、モントリオールを中心とする東のロワー・カナダと、トロントを中心とする西のアッパー・カナダにケベックを二分した。前者はケベックを、後者はのちにオンタリオを称するようになる。

一七九三年、英仏が開戦し、フランス革命を支持するアメリカがイギリスと戦闘状態になると、再編された沿海部の植民地はさらに重要性を増した。大西洋防衛におけるイギリス海軍の軍事基地として、ノヴァスコシアのハリファックスは、ナポレオン戦争中にさらに防衛力が増強された。周辺の豊かな木材資源は、この地域に林業や造船業の発展をもたらすとともに、戦艦建造資材としてイギリスに輸出されて、大英帝国再編の戦いを支えた。

終戦後、混乱が落ち着くと、ノヴァスコシアからの木材運搬船は、思いがけないモノを載せてカナダに帰還するようになった。人――移民の再開である。

一八三一年、デヴォン

イングランド西部、デヴォン州。ここはエリザベス一世時代、フランシス・ドレイク、ジョン・ホーキンズ、サー・ウォルター・ローリーら、多くの海の男たちを輩出したことで知られる。この州の北部、トリッジ川河口近くの港町ビデフォードの入り江には、ナポレオン戦争終結後、木材を積み込んだカナダからの帆船が頻繁《ひんぱん》に訪れるようになっていた。

記録によれば、一八三一年四月上旬、数日前にカナダから到着したその木材運搬船にもいつものように長蛇の列ができていた、とある。地元紙で船の到着日を知って集まってきた移民希望者とその見送りの人たちである。ヨーロッパが落ち着きを取り戻した一八二〇年前後から、イギリス各地では北米大陸への移民が再開されていた。ナポレオン戦争が終わった一八一五年には二〇〇〇人にも満たなかった北米への移民は、一五年後には早くも五万五〇〇〇人を超え、五二年には二七万人を突破して最初のピークを迎えている。

デヴォン州では、大西洋との物理的・精神的な距離の近さから、またその歴史からも、移民自体はさほど珍しくなかった。移民の大半は貧しい農民たちで、おそらくはわずかばかりの財産を処分し、それでも足りない場合は親戚や友人に泣きついて、カナダ行きの渡航費と渡航期間（六週間余り）に必要な食糧や衣服、毛布などをかき集めたのであろう。

ビデフォードにたどり着いた時には木材でいっぱいだった船倉は、イギリス人移民でぎっしりと埋め尽くされた。行きは木材、帰りは移民。数週間を過ごす船内の状況を思えば、彼らもまた、奴隷たちとは別の意味で「人間貨物《ヒューマン・カーゴ》」であっただろう。それでも、木材置き場を改造したぎゅうぎゅう詰めの不衛生な船倉こそ、通常ニューヨークまで五ポンドという当時の渡航費を、ノヴァスコシア経由モントリオールまでをその三分の一以下に抑えるマジックのタネであった。

大西洋を横断し、ハリファックス、あるいはモントリオールといったカナダの港で下船した移民の多くは、そこから歩いてさらに南下し、本来の目的地、アメリカをめざした。このパターン自体は、大西洋を渡る移民の数が増え、最初のピークを迎える一九世紀半ばになっても、基本的に変わっていない。一八二〇年ごろからアッパー・カナダ（オンタリオ）へのイギリス人移民の定住がはじまるが、近年の移民史研究によれば、当時のカナダ移民は、アメリカ移民と比べて、あるいは三〇年代以降に本格化するオーストラリア移民と比較しても、渡航費の工面が精一杯という貧しい人たちが多く、土地はおろか農具の購入資金さえおぼつかなかったようである。大西洋の彼方《かなた》に希望をつないだ彼らにとって、造船用木材取引の副産物として生まれた格安の船賃は、定期船の運航で渡航費がぐんと下がる四〇年代になってもありがたい存在であったという。木材運搬船から移民船への早変わりは、再開まもない移民活動のありようを如実に物語っていた。

しかしながら、このカナダ移民のありかたは、一九世紀後半になると大きく変わる。それは、カナダのみならず、一九世紀前半のうちにイギリス人移民を受け入れたオーストラリアやニュージーランド、そして南アフリカのケープ植民地における経済的、政治的、文化的な発展によるものだった。と同時に、帝国再編の進行にともなって、移民そのものの意味と役割が大きく変化したからでもあった。

移民を押し出したもの

アメリカに初の植民拠点としてジェイムズタウンが建設された一七世紀初頭以来、島国から帝国への海外膨張史ともなったイギリスの歴史は、人の移動の歴史でもあった。人の移動には、出ていく動きと入ってくる動きの二つがあるが、イギリスの場合、第二次世界大戦が終わる二〇世紀半ばまで、前者が後者を圧倒的に上回っていた。とりわけ、ナポレオン戦争を終わらせ、ヨーロッパに平和をもたらしたウィーン条約締結の一八一五年から、第一次世界大戦が勃発する一九一四年までの一世紀間は、文字通り、イギリス移民の世紀といっても過言ではない。この一世紀間にイギリスを脱出した人の数は、一六〇〇万人とも二〇〇〇万人ともいわれる。彼らこそ、アメリカ喪失によって再編された大英帝国を実質的に担った人たちである。とはいえ、彼らが海を渡る理由は、国内、植民地双方の事情によって左右され、その相乗効果が移民数を規定してきた。

イギリスからの移民の最初のピークは、一八四六〜五四年である。この時期に移民が急増した理由のひとつは、第二章で見た大飢饉の出口を求めるアイルランド人移民の激増にあるが、それだけではない。

一八〇一年の国勢調査で一六〇〇万人足らずだった連合王国の人口は、五一年には二七〇〇万人を超えた。なかでもイングランドは八六七万人から一六八〇万人以上と、五〇年間でほぼ倍増している。その影響がもっとも深刻に現われたのが、農村、それも産業革命期に勃興した新しい都市の周辺に位置する農村だった。とりわけ、一九世紀の最初の一〇年間に一五パーセントという人口増加率を記録したイングランド南部諸州――ハンプシャー、サリー、ウィルトシャー、サセックスに広がる農村地帯では、人口圧が特に重くのしかかったといわれる。この人口圧が、農村の人びとを都市へと押し出した（都市や町からかなり離れた農村に暮らす人びとは、一九世紀の大量移民にほとんど加わっていない）。一八五一年の国勢調査は、都市人口が農村人口を初めて上回ったことを記録し、その後急速に進行する都市化のはじまりとして注目されてきたが、それは農村から都市への人口移動の証《あかし》でもあった。アメリカやカナダ、オーストラリアへの移民は、国内におけるこの人口移動の延長線上に加わった、「もうひとつの選択肢」に他ならない。

飢餓の四〇年代からの脱出

アイルランドがじゃがいも飢饉に襲われた一八四〇年代を「飢餓の四〇年代」と呼んだのは、一九〇四年に出版された同名の書物（正確には記録集）であった。

この記録集出版のタイミングは、植民地相ジョゼフ・チェンバレンがその前年から、「関税改革」という保護貿易政策への転換を掲げる一大キャンペーンを展開していたことと深く関わっている。チェンバレンは、南アフリカ戦争（第二次ボーア戦争、一八九九〜一九〇二）で抱えた膨大な財政赤字の補塡《ほてん》を視野に入れながら、国際経済におけるアメリカ、ドイツの追い上げをも意識して、自由貿易の見直しを強く求めた（第九章参照）。

世論の多くは、従来通りの自由貿易を支持してチェンバレンの構想に反対した。保護貿易はイギリス経済再建の特効薬でもなければ、市民生活にとってもマイナスでしかない――それを鮮明に物語るのが、一八四六年に撤廃されるまで穀物法の下で安い穀物の流入が阻止された「飢餓の四〇年代」の記憶なのである。経済成長が鈍ったこの時代、イギリス各地でさまざまな社会矛盾が噴出しつつあった。その解決を求め、一八三八年から一〇年間にわたって労働者たちが繰り広げたチャーチスト運動の記憶こそ、二〇世紀初頭の労働運動がよみがえらせたかったものだ。労働者は先人たちの「階級闘争の物語」を引き出すために、共産主義者たちは共産党宣言を生み出した時代背景を知るために……。実際、「食料関税《ブレッド・タックス》の下での生活」という副題でその記憶を再浮上させたこの書物は、第一次世界大戦勃発までに一一万部をはるかに上回る売れ行きを見せた。

チャーチスト運動のさなかにあった一八四〇年代、人びとの念頭にはたえず、社会構造を変革するにはどうすればいいかという問題意識があった。そのなかでは、階級闘争のみならず、女性や子どもを含め、人びとが社会における自分の居場所をどう考え、どう確保するかということまでが議論の的となっていた。だからこそ、一八四五年、『イギリスにおける労働者階級の状態』のなかでフレデリック・エンゲルスはこう予言したのだろう。革命が起こるならば、それはイギリスだと――。

しかしながら、イギリスで労働者が社会の上下をひっくり返すような(原義通りの)回転(レボリューション)、すなわち革命は起こらなかった。「飢餓の四〇年代」、生活向上のために自分たちの諸権利を求めた労働者の運動は、なぜ沈静化したのか。『飢餓の四〇年代』という書物はその答えを、安価な穀物の流入を可能にした自由貿易政策に見いだした。しかしながら、「社会における人びとの居場所」という問題を考えた時、浮かんでくるのは、歴史家エイザ・ブリッグズが著書『改良の時代　一七八三～一八六七』(一九五九)のなかに刻んだ次の言葉であろう。「移民という安全弁がなければ、一八四〇～五〇年代のイギリスとアイルランドの社会がどうなっていたか、想像することさえむずかしい」。

産業革命という経済変動のなかで生じた歪みがさまざまに噴出した一九世紀前半にあっ

て、移民という営みには、労働市場からはみ出た失業者や教区で養わねばならない貧民を国内から排除し、革命の芽を摘みとってイギリス社会を安定させる「安全弁《セイフティ・バルブ》」の役割が期待されていたのである。それは、当時のイギリス政府が熟練職人の移民禁止を打ちだした事実からも明らかだろう。当初から移民は、イギリス社会に好ましくない人たちを排除する手段として認識されていた。この認識と相まって、イギリスからの移民は、安定した社会発展を遂げはじめた連合カナダ（オンタリオとケベック）以上に、流刑地からの脱却を図ろうとするオーストラリアへと流れはじめた。

オーストラリアへ

オーストラリアの帝国編入とその開発は、植民地アメリカの喪失とともに失われた流刑地の確保としてはじまった。一七八七年五月、七〇〇人余りの囚人を乗せてイギリスの軍港ポーツマスを出航した一一隻の移民船団は、翌年一月二六日、真夏のオーストラリア、ニュー・サウス・ウェールズのボタニー湾に錨《いかり》を下ろした。三年後にはアイルランドからの囚人船も到着。一八三〇年ごろにはこの島の人口の約七割が流刑囚によって占められていた。

流刑という刑罰の性格上、植民地時代初期のオーストラリアにやってきた人びとは、一六歳から三五歳までの若い健康な男たちが大半だった。彼らの犯した罪の約八割が窃盗で、しかも半分が初犯だったという。その意味で、彼ら囚人は、当時のイギリスの一般労働者と何ら変わらなかった。彼らによって開発されはじめたオーストラリアは、年一〇パーセントという驚異的な経済成長率を見せる。それは同時に、移民たちが先住民アボリジニの土地を奪い、彼らの人口を移民がイギリスから持ち込んだ伝染病で激減させていくプロセスでもあった。

ナポレオン戦争後、オーストラリアへの流刑囚送致がしだいに中止され、メリノ種の羊の本格導入とともに、自由移民の入植が推奨されていく。サー・ロバート・ホートンを委員長とする移民委員会（一八二六〜二七）は、ニュー・サウス・ウェールズを自由移民に最適の入植地と認定。これに呼応して、エドワード・ギボン・ウェイクフィールドは、無学な下層民や刑期を終えた元囚人らに危惧される無秩序状態を防ぐべく、ミドルクラスにも移民への理解を呼びかけた。

「英国の見納め」　友人の彫刻家夫妻のオーストラリア移住を契機に、画家自身とその妻をモデルとして描かれた。フォード・マドックス・ブラウン、1852〜1855年。バーミンガム美術館

その後ニュージーランド会社を設立（一八三八）したウェイクフィールドが、地形すら不明のニュージーランドを「新しいエデンの園」として売り出し、移民を募集するというフライングを犯したことから、イギリス政府は、一八四〇年二月、マオリの首長らとワイタンギ条約を結び、この島の英領化を急いだ。同会社が渡航費を援助ないし免除して送り出した移

民の多くが、自作農としてここに根づいた。オーストラリア植民地政府も、ウェイクフィールドの提言に基づき、王領地の売却益を移民渡航費補助にあてるようになる。四〇年代に三ポンド一〇シリングを超えなくなった大西洋航路に比べて、オーストラリアへの渡航費は一六ポンド前後とかなり割高だったからだ。渡航日数も、大西洋航路が当時四五日前後だったのに対して、オーストラリアまではその倍以上、九四日余り（ニュージーランドまでは約四ヵ月）を要した。その間に船内で消費する衣食の量、けっして快適とはいえない不衛生な船内での忍耐を考え合わせると、渡航費の補助は不可欠であっただろう。

それ以外にも、たとえば一八三四年に改正された新救貧法には、移民補助をめぐる修正条項がたびたび加えられた。一八四〇年代には、一人あたり五ポンド（後には一〇ポンド）を上限とする救貧税を移民補助にあてることが認められた。国内の救貧院で教区の税金（救貧税）を使って貧しい人口を養うよりも、海外に移民させた方が安くつくというのがその理由だ。算定方法はさまざまながらも、国内での救貧経費と移民経費とを天秤にかける「節税としての移民」は、ヴィクトリア朝時代を通じて移民活動を正当化する大きな理由であった。移民はイギリス社会の安全弁であるのみならず、安上がりの救貧でもあったのだ。

一八四八年、植民地相ヘンリー・ジョージ・グレイの移民に関する議会演説は、植民地オーストラリアに開かれる未来を強くアピールした。二年後の五〇年、オーストラリア植民地自治法案がイギリス議会で成立し、ニュー・サウス・ウェールズ、ヴィクトリア、サウス・オーストラリア、タスマニアの四植民地に自治権が与えられ、各植民地政府の移民誘致活動に拍車がかかった。同時期のアメリカ移民と比べて、オーストラリア移民には熟練労働者と農民の比率が高かったといわれるが、それは積極的な移民誘致の成果なのかもしれない。

とはいえ、誘致活動以上にオーストラリアの魅力をアピールしたのは、一八五一年、ニュー・サウス・ウェールズのバサーストでの金鉱発見だった。以後約一〇年ほど続くゴールドラッシュによって、一八五〇年に四〇万五〇〇〇人ほどだった移民数は、一〇年後には一一四万人余りに急増した。この時期、オーストラリアへの移民という帝国経験を織り込んだ小説や絵画は実に多い。たとえば、チャールズ・ディケンズの『大いなる遺産』は、主人公ピップをイギリス国内でジェントルマンに上昇させた資金がオーストラリア流刑囚から出ていた、という皮肉な設定だが、それが、金鉱発見以降、イギリス社会がオーストラリアに寄せた複雑なまなざしなのかもしれない。

それでもめざすはアメリカ！

帝国再編と絡みあいながら進められたカナダやオーストラリア、ニュージーランドへの移民活動だが、当時の統計がつきつける現実は少し異なっていた。一九世紀を通じて、イギリスの港から出航した圧倒的多数の移民は、アメリカ合衆国に向かっていたのである。イギリスの統計は、一九一三年まで、定住意志のある移民と単なる渡航者（あるいは短期滞在者）とを区別せず、海外に出るイギリス人乗客のすべてを「パッセンジャー」としてカウントしている。それによって生じる出国者総数と純粋移民数との誤差を念頭に置いてもなお、統計は、一九世紀半ばまでにイギリスをあとにした人のほぼ九割がアメリカに渡ったことを示している。そこには、イギリスからアメリカの港に直接入国した乗客とともに、いったんカナダに上陸した後、陸路南下してアメリカ入りした人たちもカウントされた。たとえば、一九世紀最初の移民のピーク期であった一八四六〜五四年を見てみると、(少なく見積もっての数字ながら)この時期にイギリスを出国した約二七四万人のうち、二三〇万人余りの人びとが大西洋を渡り、その大半がカナダ(英領北アメリカ)ではなく、アメリカに入国している。

以後、アメリカに渡るイギリスからの移民は、南北戦争(一八六一〜六五)の時期に多少の落ち込みを見せた以外、一九世紀末まで全渡航者の六、七割を占め続けた。しかもそれは、イギリスからの移民に限られた現象ではなかった。

ヨーロッパからの大脱出

イギリスにとって「移民の世紀」となった一八一五年から一九一四年まで、ナポレオン戦争終結から第一次世界大戦勃発に至る時期は、ヨーロッパ全域からの移民が前代未聞の規模で大西洋を渡った時代でもあった。この一世紀間にヨーロッパを脱出した人は五〇〇〇万人を大きく超える。その過半数の三〇〇〇万人余りがアメリカへ向かい、残りが四つのイギリス人入植地——カナダ、オーストラリア、ニュージーランド、南アフリカ、あるいは南米に分散したと分析される。

このアメリカへの大規模な移動は、ナポレオン戦争以降、活況を取り戻した大西洋貿易圏で起こった、ヨーロッパの共通経験といえる。大西洋貿易の拡大、大西洋横断ルートの発展と繁栄のなかで、移民斡旋ビジネスもまた進展していった。移民斡旋業者や船会社の間で競争が激化すれば、渡航費も下がる。それがますます多くのヨーロッパ人を大西洋の彼方に誘うことになった。

一九世紀半ばにおいて、この大西洋横断ルートの主人公はイギリスやアイルランド、そしてドイツからの移民であったが、世紀後半には北欧諸国が加わり、その後、二〇世紀初頭にかけては、南欧と東欧からのいわゆる「新移民」が中心となっていった。そのなかで、アメリカにおけるイギリス移民の立場もまた、微妙に変化することになる。

イングランド人移民たち

すでに見てきたように、アメリカ喪失は、大英帝国のみならず、連合王国にも再編を求める一大事件であった。一九世紀初頭にアイルランドを組み込んだ連合王国だが、それは、「連合」という言葉から想像されるような一枚岩の存在ではけっしてなかった。今なお、連合王国は「統合されない」ことを大きな特徴としている。

移民についても、イングランド、スコットランド、ウェールズ、そしてアイルランド出身者は、それぞれの細かな地域差を反映しながら、まったく異なる動きを示した。スコットランドやウェールズ、アイルランドの出身者については、移民の実態把握に関しても、彼ら自身の口承記録や文字化されない記憶をめぐっても、調査・研究の進展は著しい。それに比べて、移民先、とりわけアメリカにおける実態がうまくつかめないのが、イングランド出身の移民たちだ。それは、アメリカの土を踏んだ瞬間から、「アメリカ人」（その定義はむずかしいが）と同じ言語を話し、アングロ・サクソン系でプロテスタント諸宗派を信仰するイングランド人が、アメリカ社会に簡単にまぎれ込んでしまったためであろう。

近年の調査では、イングランドからの移民には、同時期に大西洋を渡った他のヨーロッパ諸国の移民と比べた場合、二つの大きな特徴があることがわかってきた。ひとつは、家族をともなわない単身の移民が多かったこと。もうひとつは、帰国率がきわめて高かったことである。言うなれば一九世紀後半、イングランドからの移民は、よりよい賃金を求める「出稼ぎ感覚」でアメリカに渡っていたことになる。これらは通常、一九世紀末に活発化するイタリアやポーランドなど南・東欧からのいわゆる「新移民」の特徴とされており、その意味からすると、イングランド人移民は「出稼ぎ感覚」の渡米パターンをすでに先取りしていたのである。彼らのこの感覚の背後には、科学技術の進歩があった。

グレート・ウェスタン鉄道会社の主任技師、イサンバード・キングダム・ブルーネルが設計した当時世界最大の蒸気船グレート・ウェスタン号は、一八三〇年代後半、蒸気定期船として初めて、ブリストル－ニューヨーク間の所要航海日数一五日という記録を打ち立てた。新しい大西洋航路時代の幕開けである。これを契機に、アメリカとヨーロッパを結ぶ航路では、最新鋭の高速船の開発と建造を競い合い、最短記録を打ち立てた船に「ブルー・リボン賞」を与えるようになった。渡航日数の短縮と同時に、一八六〇年に四五ドルだった渡航費も、八〇年代にはその約半額にまで下がった。それが、「アメリカへ行くこと」の意味を大きく変えた。

都市の時代の移民たち

一九世紀後半、イングランドのみならず、「大西洋横断の時代」のイギリス移民には、もうひとつ興味深い特徴が加わることになった。都市的性格である。アメリカが移民の入国に際して作成したリストによれば、イギリスから到着した移民の大半がイギリスでの最終居住地として主要都市をあげており、農業従事者はきわめて少数だった。

一九世紀後半のイギリス移民に認められる都市的性格は、移民をめぐるある矛盾をあらわにしてくれる。それは、工業化、都市化が未熟で、貧者や失業者を吸収する国内の場が限られていたがゆえに移民に頼らざるをえなかった他のヨーロッパ諸国とは異なり、同時代のイギリスの場合は、工業化や都市化が十分に進んだ後に、移民最大のピークが訪れていることである。

移民を生み出す国内事情（プッシュ要因）が、人口過剰や貧困、不況、凶作といった経済変動にあるならば、そして海外移民が農村から都市へ向かう人口移動の延長線上にあったならば、農村の貧困者を吸収する国内産業の発達、余剰人口を収容する都市の成長、都市化の進展にともなって、海外移民は収束に向かうはずである。一八八〇年代までイギリスと並ぶ大西洋横断の主役であったドイツには、この方程式があてはまる。一八七一年のドイツ帝国の成立とその後の急速な工業化と都市化のなかで、ドイツではアメリカ移民の減少がはじまり、まもなく、他のヨーロッパ諸国からの移民受け入れ国へと変わった。ところがイギリスの場合、二〇世紀に入っても海外への人の流出は収束しなかったのである。

工業化、都市化の進展が抑止力とはなりえなかったイギリスの事情――それが大英帝国の存在にあった。帝国内部に、イギリスからの移民を収める新たな場所が開かれたのである。その結果、それまで圧倒的にアメリカに向かっていた人の流れは、一九世紀末から二〇世紀初頭にかけて変化していき、一九一〇～一三年に最大のピークを迎えた時、イギリス人が殺到したのはカナダであった。一八六七年の連邦結成以降、「カナダ自治領（ドミニオン）」という新しい名称を得たその西部に、「イギリス人」を必要とする広大な空間が開かれてきたのである。

「帝国の時代」のカナダ移民

偉大なる西部の出現

東のレッドリヴァーから西はロッキー山脈にいたる約一二〇〇平方キロメートルという広大な空間、カナダ西部は、ルパーツランドと呼ばれて、長らくチャールズ二世から特許状を得たハドソン湾会社の所有であった。一八六九年から七〇年にかけて同会社との交渉で粘りに粘ったカナダ連邦政府は、三〇万ポンドという超格安の補償金、ならびに肥沃ベルト地帯の土地の一二分の一（約二五万エーカー）を提供するという好条件でルパーツランドの買収に成功し、この地を政府の直接監理下に置いた。

ロッキー山脈の西では、メキシコとの戦争にあたってイギリスがアメリカと結んだオレゴン条約（一八四六）によって英領化が再確認されたヴァンクーヴァー島の対岸付近、本土を流れるフレイザー川で、一八五八年、金鉱が発見された。つづくゴールドラッシュを契機に本土にブリティッシュ・コロンビア植民地が成立し、統治コスト削減のためにヴァンクーヴァー島と合併（一八六六）した後、七一年、カナダ連邦に編入された。こうしてカナダ西部は、北米植民地の東と西の端を結ぶ大陸横断国家の要として浮上する。

急速な連邦への併合とそれにともなう開発は、いわゆる膨張論者とよばれる保守系プロテスタントのイギリス系住民らによって進められた。西部の連邦編入に先立つ一八五〇、六〇年代、「不毛の荒れ地」という従来のイメージを、「カナダの将来を担う可能性を秘めた肥沃な農地」へと転換する情宣活動を展開したのも、彼らだ。こうした動きが、連邦成立以前から危うい関係にあったフランス系住民とイギリス系住民との亀裂をさらに深めることになった。

西部開発に、イギリスびいきの彼らの帝国的膨張熱——大陸横断国家の実現——が反映されたのも無理からぬことだろう。めざすは大英帝国の発展に寄与する新たなる社会の建設——つまり、カナダ西部はたんなる経済開発の場ではなく、帝国意識と不可分に結ばれたカナダのナショナリズムが試される場でもあった。

こうした事情から、英語を話し、プロテスタントの信仰に厚く、アングロ・サクソンの血を引くイギリスからの移民を求める活動がはじまった。それは文字通り、「帝国の母」イギリスと「帝国の長女」カナダとの共同作業であった。この共同作業には、カナダの未来とともに、大英帝国の未来もまたかかっていた。

性急なる西部開拓

膨張論者らが急いだカナダ西部開発のモデルを提供したのは、同時代のアメリカ西部開拓であった。一八九〇年、アメリカのフロンティア消滅が正式に宣言された後、「アメリカ西部の経験」が再現される期待を込めて、カナダ西部は「最後にして最高の西部」と宣伝され、次の言葉が繰り返された。「アメリカで五〇年かかったことを、われわれは一年か二年でやり遂げる」——。

そのために、それなりの人為的な仕掛けがすでに始動していた。アメリカのホームステッド法を模倣した自治領土地法が、カナダ西部の連邦編入からわずか二年後の一八七二年、ほとんど論議のないまま、早々と成立したのもそのためであろう。一〇ドルの登録料を支払い、家を建てて三年間定住し、三〇エーカーを耕した二一歳以上の移民全員に一六〇エーカーの土地を無償で提供する、という「カナダ版ホームステッド法」は、移民誘致に強くアピールしたと思われる。

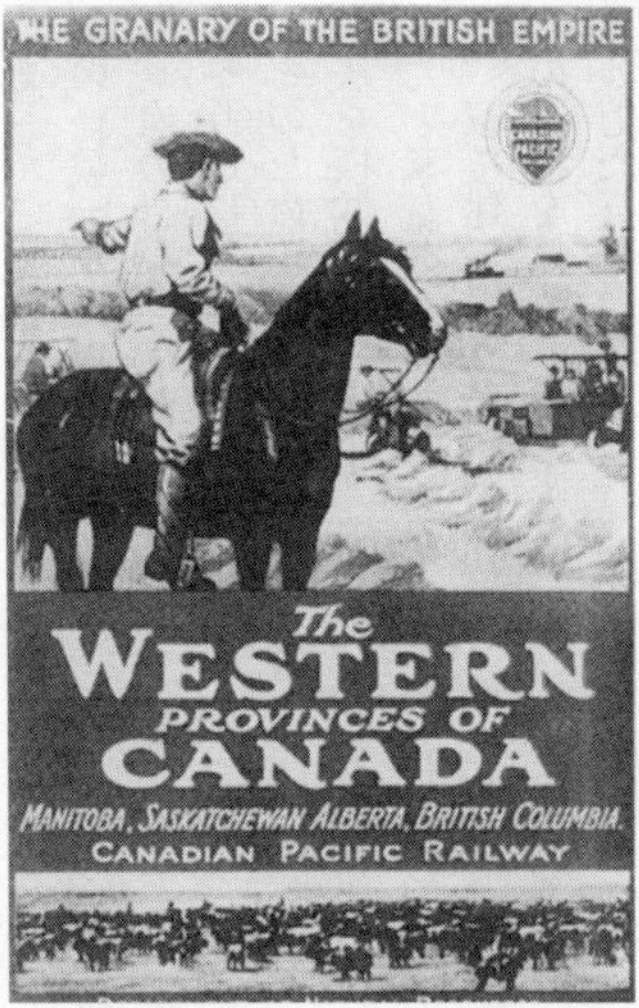

移民誘致のパンフレット「帝国の穀物倉」を謳ったカナダ太平洋鉄道会社のもの。1914年

一八七〇年から九〇年代半ばにかけての西部への移民は、カナダ東部のイギリス系住民の移住が中心だった。一八八五年に開通したカナダ太平洋鉄道は、人やモノを運んで西部開拓の大動脈となるとともに、沿線の土地売却という点でも開拓を支えた。しかしながら、帝国との結びつき、本国イギリスへのアピールという点からすれば、移民誘致は必ずしもうまくいかなかった。一八七〇年から一九〇一年までの三〇年ほどの間に、カナダに流入する人の数よりも、カナダから（もっぱらアメリカへと）流出する人の数の方が、常に二〇万人ほど上回っていたのである。

この状況が変わりはじめるのは、世界規模での経済不況が回復のきざしを見せはじめた一八九六年以後のことだ。小麦の価格上昇と取引量増加によって大西洋貿易は活況をとり戻し、投資と移民の拡大がカナダ西部を「帝国の穀物倉」へと変身させていくのである。カナダ移民局の予算は一八九六年から一〇年で一〇倍となり、その経費を使って移民局は、制度の充実はもちろん、パンフレットやポスターを作成し、英米の作家にカナダ西部を舞台とする小説の執筆を依頼するなど、あらゆる方向からカナダ西部のPRに努めた。その結果であろう、一九世紀末から二〇世紀初頭にかけてのイギリスの新聞や雑誌には、次のような言葉が躍るようになった。「希望の大地」「約束の地」「チャンスにあふれた場所」「驚異の西部」。そして、その後には慣用句のようにあの言葉が続く。「最後にして最高の西部」――。活字だけではない。イギリスの鉄道の駅や郵便局には、カナダ西部の豊かさを強調したポスターが貼られ、イギリス人の想像力を大いにかきたてた。

その陰で、カナダ西部のマイナス面はみごとに隠蔽《いんぺい》された。たとえば、カナダ自治領政府が作成した公式パンフレットには、ホームステッドからさほど遠くないところにある先住民居留区のことは一言の言及もない。比較的良識あるパンフレットでも、先住民は平和で無害な人びと、と描かれたにとどまる。あまりにも性急にアメリカ西部開拓の再現を求めたがゆえに、イギリスにおけるカナダ西部のイメージは多くの矛盾をはらむことになった。その矛盾を引き受けたのが移民たちであったことは言うまでもない。しかも、初のフランス系カナダ人の首相ウィルフリッド・ローリエ率いる自由党内閣が募った西部への移民条件に、イギリスからの移民はかなり不適合だったのである。

カナダの反抗

トロントから西へ約二二〇〇キロ、カナダ中央に位置するマニトバ州の州都ウィニペグは、カナダの東部と西部を結ぶ結節点である。一九世紀末、イギリスから蒸気船で大西洋を渡り、二週間足らずでケベックやモントリオールに到着した移民たちは、大陸横断鉄道に乗り換え、カナダ西部への玄関口であるこの町までやってくる。ここで列車を降りた移民たちのうち、自分の農場を持ちたいと望む人びとは、ホームステッドの登録を移民局に申請し、土地の境界に打ち込む杭や生活必需品をこの町で買いそろえると、さらに西への旅をつづけた。マニトバ州が五番目の州としてカナダ連邦に組み込まれたのは一八七〇年。翌年の調査で二四〇人だったこの町の人口は、二〇年後の一八九一年には約二万五〇〇〇人に激増した。カナダ自治領政府農務省発行のパンフレットには「都市計画の行きとどいた広い通りが特徴」と書かれているが、実際には、湿気を含んだ独特の風土のせいで、道路はいつも泥だらけ。もともと沼地だったこともあって、夏場には蚊が大量発生したという。こうした現実と謳い文句との矛盾や落差が、西部にやってきた移民に、とりわけイギリス都市部からの移民にのしかかった。彼らの多くは、土地所有に必要とされた三年間という居住条件を満たすことができずに別の土地に移ったり、なかには帰国する者も少なくなかった。

連邦カナダの舵取り役となったローリエ内閣が望んだのは、農業移民——頑強な身体をもち、カナダの厳しい冬に耐えて土地を耕す人たちであった。その結果、二〇世紀初頭のカナダ西部には、農作業に馴れた東欧、とりわけウクライナやポーランドの農民たちが大量に移民してきた。彼らは移民先で自分たちのコミュニティを作り、自分たちの言語で語り、新聞を発行し、自分たちの教会を建てて精神的な糧《かて》とした。英語が通じない隣人の存在に、カナダ西部に渡ったイギリス人はびっくりしたのではないだろうか。

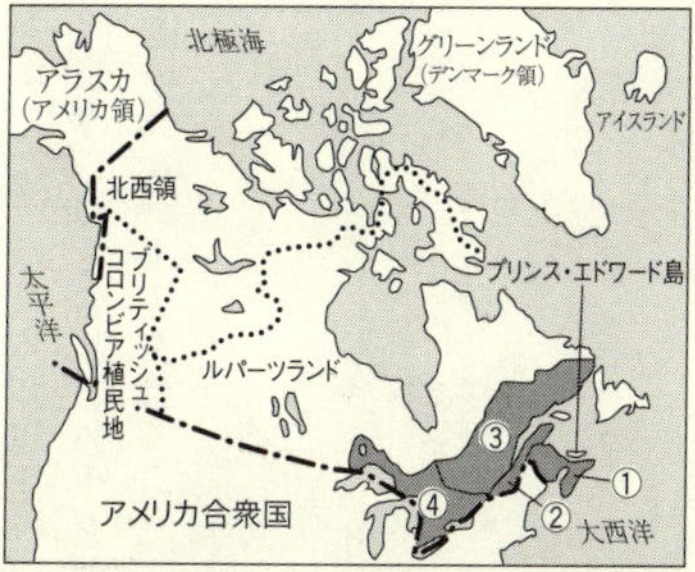

◀1867年

①ノヴァスコシア州
②ニューブランズウィック州
③ケベック州
④オンタリオ州

■は、1867年までにカナダ連邦に組み込まれた部分

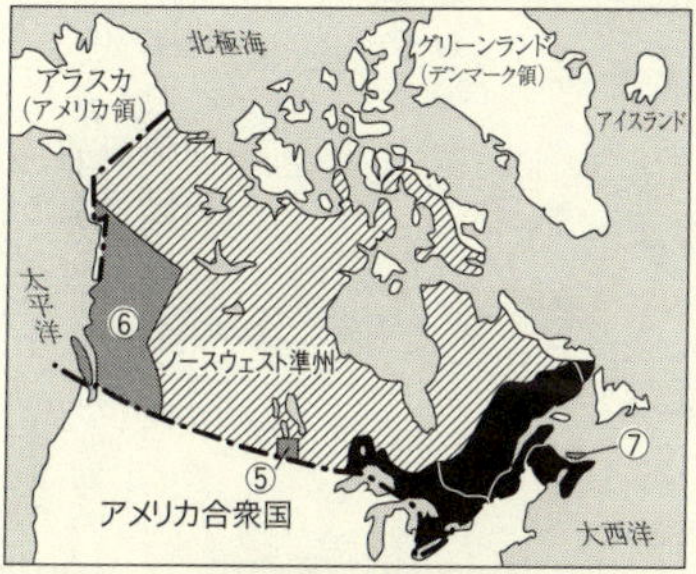

◀1873年

⑤マニトバ州
⑥ブリティッシュ・コロンビア州
⑦プリンス・エドワード島州

■は、1867年から1873年の間にカナダ連邦に組み込まれた部分

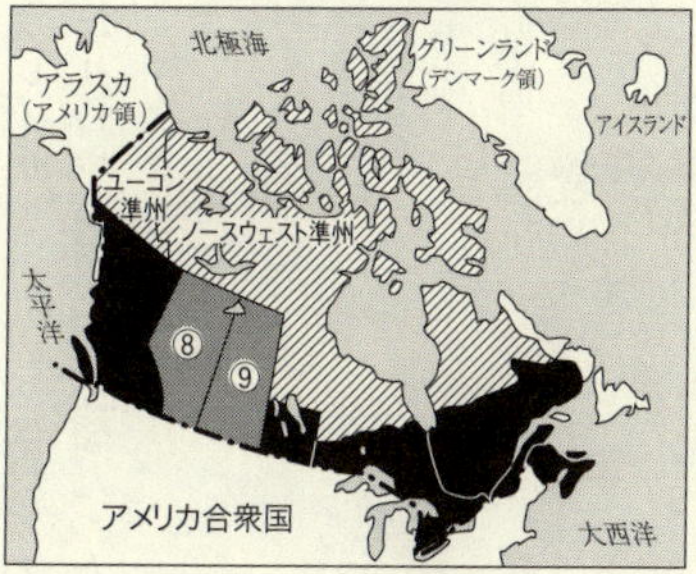

◀1905年

⑧アルバータ州
⑨サスカチュワン州

■は、1873年から1905年の間にカナダ連邦に組み込まれた部分

カナダ連邦の拡大　山川出版社『カナダ史』を基に作成

すでに一八八六年以来、ブリティッシュ・コロンビアのフレイザー川近辺へは日本人も移民しはじめており、カナダ西部の人口構成は複雑なものになりつつあった。従順だった「帝国の長女」カナダは、「母」の手を離れつつあった。

第四章　奴隷を解放する帝国

奴隷貿易の記憶——共犯者としての帝国

ブリストルの落書き事件

イングランド西部、エイヴォン川の河口に発展した港町ブリストル。一四九七年、ジェノヴァ生まれの船乗り、ジョン・カボット（ジョヴァンニ・カボート）は、イングランド国王ヘンリ七世からインドへと続く北西航路探検の特許状を得て、一八名の乗組員とともにマシュー号に乗り、ここブリストルを出帆した。愛妻マテアにちなんで名づけられた三本マストのこの船は、「ワイン五〇トン分を積載できた」というから、比較的小さな帆船なのだろう。この航海でカボット父子らは、カナダ東岸のノヴァスコシア、ケープ・ブレトン島あたりに到着し、イングランド国王の名においてその領有を宣言した。その後さらに北へと帆走したカボットは、ラブラドルやニューファンドランドなどを探検し、その沖合に豊かなタラの漁場（グランドバンクス）を発見して、同年八月に帰国した。ここにイングランドの航海時代が幕を開け、やがてこの島国に「帝国の時代」を到来させることになる。

また小説の世界でも、一七二六年、ジョナサン・スウィフトがガリヴァーの乗ったアンテ

エドワード・コルストン像　ブリストル市の中心部に建つ。市が誇る「慈善家」を記念して1895年に建立されたこの像が、およそ100年後、ブリストルのみならずイギリス中を巻き込む大論争に火をつけた。著者撮影

ロープ号をここから東インドに向けて出航させた。ロバート・ルイス・スティーヴンソンが一八八三年に発表した小説のなかで、一枚の手書きの地図に記された宝島へと主人公の少年ジム・ホーキンズを旅立たせたのも、ここブリストルであった。

この町の中心部、人や車がひっきりなしに行き交う二本の大通りの接点に、そのブロンズ像は立っている。物思いにふけるかのように、あごにあてた右手を杖を持つ左手で支えながら、伏し目がちにたたずむその像――彼の名はエドワード・コルストン。一七世紀後半から一八世紀初頭にかけて、西インドとの交易に従事したブリストル出身の商人。台座にはこう刻まれている。「もっとも高潔にして賢明なるわが町の息子のひとりを記念して、ブリストル市民により建立さる。一八九五年」――。この言葉のうえに、スプレー缶による落書きが発見されたのは、一九九八年一月の寒い日のことであった。誰にでもわかる平易な二つの英単語――Slave Trader（奴隷商人）。

落書きそのものはすぐに市当局によって消されたが、この二つの英単語が放った衝撃はそ

れで収まらなかった。この二つの単語は、この町と切り離すことのできない歴史的な記憶――奴隷貿易の過去――をよびさますとともに、今その過去を償うべきか否か、誰がどう償うのか、そもそもどうすれば償ったことになるのか、などをめぐる論争に火をつけたのである。落書きが消された二日後の全国紙『タイムズ』（一九九八年一月二九日）は、この町の黒人コミュニティのリーダーが次のように発言したと伝えている。曰く、奴隷貿易で莫大な富を得ながら、アフリカ人を「商品」としか思わず、彼らの苦しみをまったく無視したコルストンは「奴隷貿易史上、最悪の犯罪者のひとり」であり、彼のブロンズ像は即刻取り壊すべきである、と。

事態はそれだけでは収拾しなかった。コルストン像にはその後もたびたび落書きがなされ、この町の市民ホール――その名もコルストン・ホール――への出演を拒否するアーティストが相次いだ。ヒップ・ホップをベースとするトリップホップという新しいサウンドを生み出し、『ブルー・ラインズ』『メザニーン』といった世界的ヒットで知られる地元ブリストル出身のバンド、マッシヴ・アタックはその好例だろう。事態はコルストン・ホールの改称騒ぎにまで発展し、二一世紀に入っても、落書き事件が残した波紋は消えなかった。

ブリストルの記憶、コルストンの記憶

町の中心部で物思いにふけるブロンズ像だけではない。実はブリストルという都市空間には、今なお「コルストンの記憶」があふれている。

町の中心部を走る幹線道路のコルストン・アベニュー、その接点に立つのがコルストン像だ。すぐ西側のビジネス・ビルディングの名はコルストン・タワー。この建物のすぐ裏、コルストン・アベニューから北へ続くコルストン・ストリートに面して建っているのがコルストン・ホールである。一九九八年の台座落書き事件以降、改称騒ぎに揺れたこの市民ホールの前身は、ブリストルに初めて作られた砂糖精製所である。英領西インド諸島の島々――ネヴィス、モントセラト、バルバドスなどからブリストル商人が運んだ砂糖(原糖)はここで精製され、国内やヨーロッパ各地へと運ばれた。イギリス人がいかに「甘さの誘惑」に弱かったかは、コルストンの時代である一八世紀初頭、砂糖の消費量がフランスの九倍だったという統計が物語る。

町の中心部から北西へ二〇分ほど歩いたところにはコルストン救貧院がある。一八世紀初頭には、後にコルストン・ボーイズスクールと改称される中等教育の男子校が開校したし、ヴィクトリア朝末期、ブロンズ像設置の四年前に開設された女子校はコルストン・ガールズスクールと命名された。病院や孤児院、養老院などの施設にも「コルストン」の名が見える。「この町のどこにいようが、コルストンの記憶と無関係でいることはできない」と、ブリストルのあるガイドブックは言う。この状況を作った時代こそ、コルストン像がこの町の中心部に設置された一九世紀末であった。もっといえば、一八九五年、町の中心部にブロンズ像が出現したことによって、コルストンは再記憶化され、二〇世紀を生きのびたといえるだろう。

それにしてもコルストンとはいったい何者なのか。

『国民人名辞典』のなかのコルストン

コルストン像の設置とほぼ同じころ、イギリスで編纂が進行していた『国民人名辞典』は、コルストンを「博愛主義者」と定義したうえで、一九世紀に出されたいくつかの伝記を参照にして彼の人生をまとめている。簡単に要約してみよう。

一六三六年、ブリストルの名望家だった豊かな商人の家系に生まれる。ピューリタン革命期、王党派だった父が、議会派が多数を占めるブリストル市参事会の職を解かれたことを機に、家族とともにロンドンに移り、慈善学校として知られる全寮制のクライスト・ホスピタル（当時はロンドン中心部ブラックフライアア地区、現在はウェスト・サセックスのホーシャム）で教育を受けた。八〇年、彼はその理事長となる。王政復古直後、父はブリストルに戻ったが、彼はロンドンの服地組合で徒弟修業した後、父親同様、ヨーロッパを相手にワインやシェリー酒、衣料などを扱う商人として事業を拡大した。父の死後、しばらく故郷ブリストルに住むが、八九年にはロンドンからさほど遠くないサリー州モルトレイクに邸宅を構え、死ぬまでそこを生活拠点とした。

一六九〇年、ブリストルに救貧院を設立し、同市の商人組合（マーチャント・ヴェンチャーズ）に管理を委託して以降、次々とブリストルへの寄付を重ねていく。一七〇七年、一三〇〇ポンドを投じて新設した学校は、後に「コルストン・スクール」と改称された。政治的には保守派のトーリー、そして典礼を重んじるイギリス国教会高教会派（ハイ・チャーチ）の熱心な信徒として、教会の改修や修復にも多額の寄付をおこなった。〇八年に事業を引退すると、翌年、教育や貧民救済で知られる全国組織、キリスト教知識普及協会（ＳＰＣＫ）のメンバーに選ばれる。さらには、ロンドンの病院、モルトレイクの救貧院や学校などにも多額の寄付をした。一〇年にはブリストル選出の庶民院議員となる。一七二一年、モルトレイクの自宅で亡くなると、生前の遺言により、遺体はブリストルのオール・セインツ教会に埋葬された。享年八五歳。

『国民人名辞典』の記述には、コルストンの慈善家としての側面が強調されていることが明らかであろう。「貧者の雇用や彼らの収容施設の設置、学校や病院の設立に対する彼の寄付総額は七万六九五ポンドにのぼる」という記述からも、一七世紀末から一八世紀初頭という（イギリスにおける慈善活動の歴史としては）きわめて早い時期に、商人による慈善の伝統を築きあげた点に彼の評価が集中していることがわかる。これが、一九世紀末のコルストン理解であった。

さらに『国民人名辞典』は、コルストンの死後なお、彼の記憶が継承されていることを次のように記して、項目を終えている。

今なお日曜日にはコルストンの墓に花が絶えず、彼の誕生日である一一月一三日は、一七二六年設立のコルストン協会を親団体とする三つの組織、ドルフィン協会、グレイトフル協会、アンカー協会によって祝われ、慈善目的の大規模な募金活動がおこなわれる。

ここに記された団体のうち、ドルフィン協会は保守党系、アンカー協会は自由党系の政治家が中心だったことから、毎年一一月一三日、ブリストルには数多くの政治家が集《つど》うことになった。一九世紀後半の『タイムズ』を見ると、この日の翌日には必ず、「ブリストルのコルストン・デー」とか「ブリストルのコルストン記念日《アニバーサリー》」といった見出しで会合の模様と集まった募金額などが掲載され、親団体であるコルストン協会の活動を讃える言葉で締めくくられている。

注目すべきは、「博愛主義者」「慈善家」という側面ばかりが強調されるあまり、彼の人生に関するきわめて重要な事実が見過ごされていることである。それは、彼がブリストルという町にふるまった潤沢な慈善資金の出所と関わる事実――一六八〇年三月、コルストンが王立アフリカ会社のメンバーになり、その後その役員を務めたことだ。この事実が、『国民人名辞典』からはすっぽりと抜け落ちている。

なぜコルストンが王立アフリカ会社のメンバーだったことは記述されなかったのか。王立アフリカ会社とは何なのか。

王立アフリカ会社と奴隷貿易

ロンドンを拠点とする王立アフリカ会社は、イングランドが奴隷貿易と関わった初期にあたる一七世紀後半、一六七二年から九八年までの二十数年間にわたり、アフリカとの貿易、すなわち奴隷貿易を組み込んだ（いわゆる）三角貿易を独占していた特許会社である。この二十数年間は、西インド諸島の重要産品である砂糖の消費量がイギリス社会で爆発的に増大した時期――言い換えれば、同時期のフランスの約九倍といわれた「甘党」の国民を支える三角貿易が確立し、そこから生み出される巨富が商人や投資家を魅了しはじめた時期であった。それは、ヴァージニアやメリーランドのタバコ・プランテーションとならんで、英領西インド諸島における砂糖きび栽培が順調に発展した時代でもあった。

砂糖きび栽培には、植付けや収穫、その後の運搬などに集団労働が必要とされるとともに、土壌を疲弊、荒廃させてしまうという砂糖きびの栽培特性から、たえず新しい耕地を求めて移動しなければならなかった。しかも、収穫後の砂糖きびは短時間のうちに茎を砕き、原液となる汁を搾《しぼ》らねばならない。砂糖きびとはまことに手のかかる植物なのである。圧搾され、搾り出された汁は、煮詰められて茶色の原糖となる。この工程をこなす工場のような作業場も、プランテーションには必須であった。

こうした集団労働を必要とする砂糖きび栽培で、最初にその労働力となったのは、現地、西インド諸島のインディオたちであった。しかし、その後まもなく、ヨーロッパ人が持ち込んだ病気や酷使のあげくインディオが絶滅に近い状態に陥ったため、年季奉公人としてイングランドの貧民や誘拐されたアイルランドの子どもや若者、そして流刑となった政治犯らが彼らに代わった。しかしながら、そうした労働力確保には限界があったため、恒常的な労働力の供給源として注目されたのが、西アフリカからの黒人奴隷であった。

奴隷とされたのは西アフリカ内陸部の部族争いで捕虜にされたアフリカ人であり、彼らの調達には同じ西アフリカの人びとがあたった。ダホメー王国（現ベナン共和国）は奴隷貿易の仲介で栄えたことで知られている。軍事国家ダホメーは、毎年奴隷狩りをおこない、港町ウィダーで、彼らをヨーロッパの商人に売り渡した。この貿易を王立アフリカ会社が独占していた時代には、同社が購入したアフリカ人奴隷の腕や胸には、会社代表であった王弟ヨーク公（Duke of York, 後のジェイムズ二世）の頭文字から「DY」、あるいは会社の略語「RAC」（Royal African Company）の烙印が押された。

王立アフリカ会社は、一六八〇～八六年の間に二四九のアフリカ航海に出資し、年平均五〇〇〇人の黒人をカリブ海域やアメリカの植民地に送り込んだとされるから、独占期間に売買した奴隷の数は一〇万人をはるかに上回る。その利益に与《あず》かったのが王立アフリカ会社のメンバーであったことはいうまでもない。

一六八〇年三月、ジョン・ロックも株主だったというこの特許会社のメンバーに加わったのが、当時ロンドンをベースに西インド貿易に従事していたエドワード・コルストンであった。『国民人名辞典』にあったように、商人としての彼の主な活躍舞台はブリストルではなくロンドンであり、コルストンは、王立アフリカ会社がイギリスの奴隷貿易を独占していたまさにその時期、ロンドン商人として、奴隷貿易と関わっていたのである。

訴えられた保険会社ロイズ

今世紀初頭、奴隷貿易との関わりを問われて激しく糾弾されたのは、コルストンだけではない。海上輸送の保険業務を広く手がけ、世界有数の保険会社となった「ロイズ」もまた、奴隷貿易の過去との真摯《しんし》な向き合い方が求められた。二〇〇四年三月、DNA鑑定によってある船で西アフリカから西インド諸島に運ばれた奴隷の子孫だと判明した一〇人のアメリカ人が、アフリカの大地と切り離されたことで今なお「自分はいったい何者なのか」に苦しみ続けているとして、奴隷の買い手であったR・J・レイノルズ社の共犯として、「ロイズ」を訴えたのである。原告が選んだ弁護士は、ナチス・ドイツ時代のホロコーストと関わる訴訟で一二億五〇〇〇万ポンドもの賠償金をスイスの企業からもぎとったことで知られるエドワード・フェイガン。辣腕《らつわん》弁護士フェイガンは、このイギリスの老舗保険会社が奴隷貿易で果たした役割はきわめて大きく、その責任は重いと語っている。それは、一八世紀のうちに、競合他社を押しのけて三角貿易上の海上保険をほぼ独占することに成功した「ロイズ」の過去を念頭においての発言だろう。

「ロイズ」は、一六八八年ごろ、ロンドン・ドック近く、タワー・ストリートにオープンしたコーヒーハウスを起源とする。地の利から船主や商人、水夫らのたまり場となり、店主エドワード・ロイドは、船舶情報を『ロイズ・ニュース』として発行するようになった。このコーヒーハウスが船舶保険業務を請け負うようになったのも、しごく自然のなりゆきだったろう。

　コーヒーハウスとは、貴族やジェントルマン、海外貿易にたずさわる商人、ジャーナリストや文人、知識人ら、あらゆる階層の人びとが、入場料一ペニーで一杯二ペンスのコーヒーや紅茶を飲みながら議論し、情報交換をおこなった社交場である。その全盛期は一七世紀後半から一八世紀初頭にかけてとされるから、文字通り、三角貿易をイングランドが支配しはじめた時期と重なる。まもなく、コーヒーハウスの入り口には船の出航日と目的地が記された郵便の集配袋がかけられるようになり、時に株式取引所の役割まで果たすようになる。それは、商業革命、生活革命と呼ばれる新しい時代に対応できるサービスが、当時のイギリスになかったからだろう。その欠落を補ったのがコーヒーハウスだった。

　ロイズ・コーヒーハウスが世界有数の保険会社として発展する大きな原動力となったのが、当時取引の比重を高めつつあった西インド諸島や植民地アメリカとの貿易に従事する船舶の保険であり、「黒い積み荷《ブラック・カーゴ》」である奴隷に対する保険だった。とりわけ、西アフリカからカリブ海域をめざす途中、中間航路《ミドル・パッセージ》とよばれる大西洋上での「黒い積み荷」の高い損失率、すなわちアフリカ人奴隷の死亡率の高さは、船主にとっても貿易商人にとっても悩みの種であった。当時は、自然死ならば保険はおりないが、何らかの事情で溺死《できし》した場合には保険の支払いが認められた。海上保険契約上、奴隷はあくまで「積み荷」であり、人間とはみなされなかった。二一世紀の今、「ロイズ」に問われているのはまさにこの点――奴隷貿易で発展した「ロイズ」が、「積み荷」としてしか扱わなかった奴隷の「苦しみと痛み」をいかに償うか、という問題なのである。

この訴訟はアメリカのタバコ農園に売られた奴隷の末裔の話だが、砂糖きび農園でも事情は似たようなものだろう。「砂糖のあるところ、アフリカ人奴隷あり」とは、反英闘争を指導し、後にトリニダード・トバゴの首相となった歴史家エリック・ウィリアムズの言葉だが、「砂糖のあるところ、ロイズあり」でもあった。それ以外にも、船舶と絡む数々のサービスはもちろん、ドック建設を含む港湾設備への投資やプランターへの前貸しなど、保険、海運、金融業務の発展にも、砂糖貿易は大きく貢献していた。

ブリストルの黄金時代

一六九八年、貿易商人の圧力により、イギリス議会は王立アフリカ会社の独占廃止を決めた。このこと自体、カリブ海域の砂糖きび栽培の高い収益率と、砂糖を中心とする三角貿易が生み出す巨富を物語る。この時、独占撤廃をもっとも強く働きかけたのがブリストル商人たちだった。

ブリストルの商人たちはすでに、奴隷導入以前の労働力だった政治犯の輸送に従事して、西インド諸島の砂糖きびやアメリカ南部のタバコ農園と関わってきた。そして、王立アフリカ会社の独占が正式に廃止された一六九八年、スティーヴン・ベイカー船長のもと、その名も「ビギニング（始まり）」という名の奴隷貿易船第一号を西アフリカへ向けて出航させた。

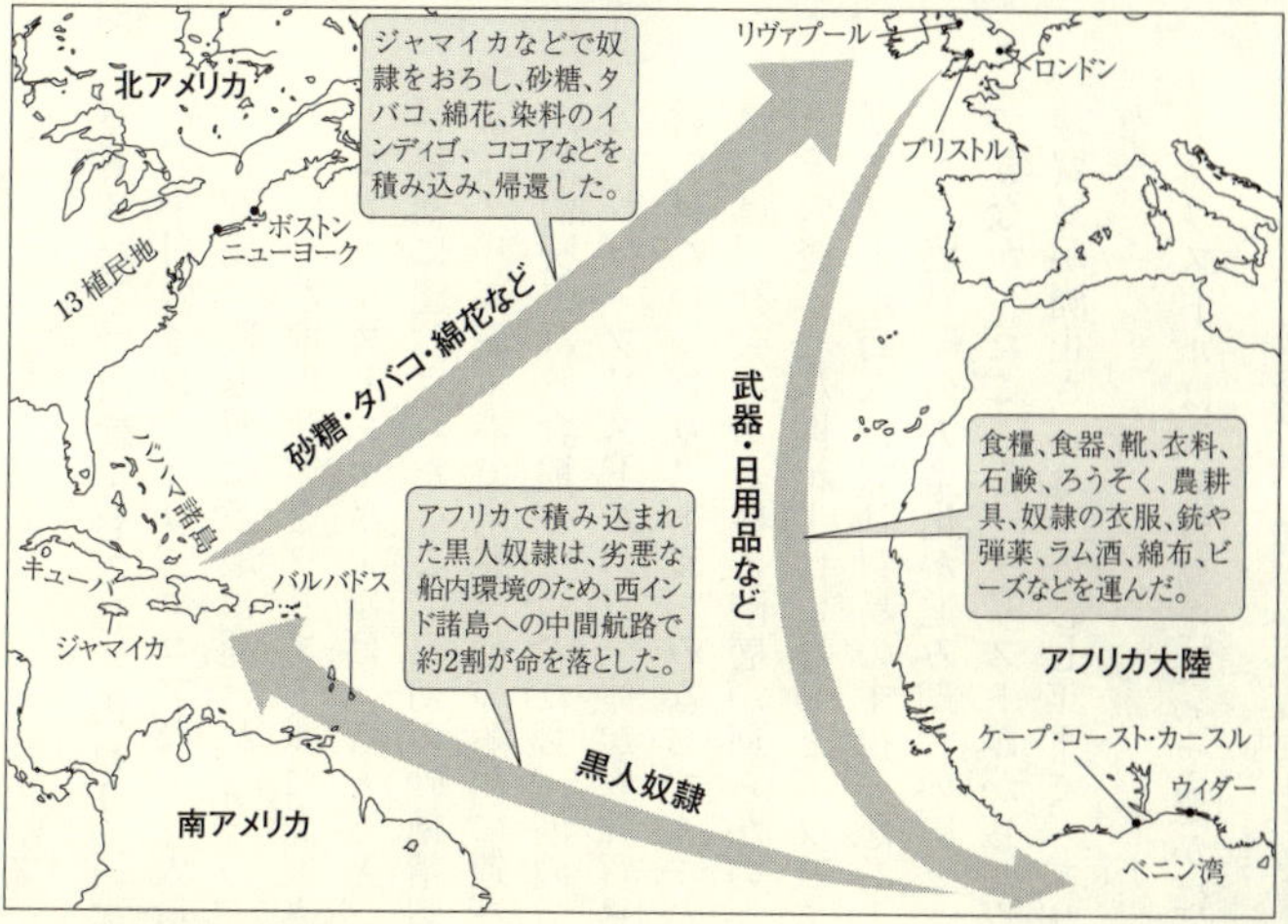

三角貿易の構造

その三〇年余り後、一七三〇年ごろにもなると、ブリストルはイギリス最大の奴隷貿易拠点として知られるようになる。ブリストルを出航した奴隷貿易船は二一〇〇隻を超え、五〇万人あまりのアフリカ人を奴隷として西インド諸島や植民地アメリカへと運んだ。

ヨーロッパ、アフリカ、アメリカという三大陸を結ぶ三角貿易の手順はこうである。ブリストル（あるいはロンドン、後にはリヴァプール）から出航した船には、植民地向けの多種多様の日用品、食糧や食器、靴や衣料、石鹸やろうそく、農耕具、さらには奴隷の衣服などが満載された。船は途中、西アフリカ沿岸に立ち寄り、仲介にあたる現地アフリカ人商人との間で、銃や弾薬、ラム酒、綿布やビーズなどと交換で、彼らが内陸部から調達してきた奴隷を船内に詰め込む。その後、船は西インド諸島へ向かい、ジャマイカやバルバドスなどで奴隷をおろし、代わりに現地で生産された砂糖（茶色の原糖）やタバコ、木綿、染料のインディゴ、ココアなどを大量に積み込むと、ブリストルへと帰還した。

到着後、積み荷は各地に運ばれる一方、砂糖を精製して白糖にしたり、タバコを加工したりといった地場産業をブリストルに発展させた。すでに述べたように、物議を醸《かも》したブリストルのコルストン・ホールは、もともと、一八世紀初頭、三角貿易への正式参入からまもない時期に建設された、この町初の砂糖精製所であった。船主や商人はもちろん、株主や投資家、ブリストル港で出航を待つ船舶に運び込まれる日用品や植民地向けの食品、航海中の船内で消費される食糧の生産者たち、港湾労働者、水夫やコックといった乗組員などを考慮に入れれば、ブリストルの町全体が奴隷貿易と関わり、何らかの利益を得ていたといっても過言ではない。ブリストルのみならず、一八世紀初頭、奴隷貿易最大の受益者となったイギリスでは、社会のあらゆる階層が何らかのかたちで奴隷貿易に関与していたといえよう。

その後、一八世紀半ばになると、ブリストル商人は、低コストの輸送費をアピールするリヴァプール商人に奴隷貿易の主役の座をとって代わられた。一八世紀後半、蒸気船の発明によって貿易船の大型化が進み、この町と大西洋とをつなぐエイヴォン川の川幅がそれに対応できなかったことも、ブリストルからリヴァプールへの移行に拍車をかけた。それでも、奴隷貿易が廃止される一八〇七年まで、ブリストル商人が奴隷貿易から撤退することはなかった。

ブリストルは奴隷貿易によって豊かになった。クィーン・スクェアはそのシンボルである。一七〇二年、時の君主アン女王にちなんで命名されたこの空間には、その後、続々とジョージア朝建築の邸宅（マンション・ハウス）が姿を現わし、町の繁栄のシンボルとなった。その邸宅の主人たちを見れば、この町が三角貿易と深く結ばれていたことがあきらかだ。広場を囲む邸宅建設を立案したひとりであり、バハマ諸島総督として人生を終えたロジャー・ウッディス。この町屈指のエージェントで、一七二八〜六九年の間に一三二の奴隷貿易船と関わったジェイムズ・ラロッシュ。ラロッシュのパトロンとして奴隷貿易に投資したアイザック・ホブハウスは、ブリストルで西インド産品を売買するとともに、現地で巨富を築きつつあった大プランターの子弟のイギリスでの教育を仲介するビジネスも立ち上げた。ブリストルがその全盛期を過ぎたといわれる一八世紀後半、ここに暮らしたジョン・アンダーソンは、一七六四〜九七年に七〇回余りの奴隷貿易船の派遣に関わり、奴隷所有者としても知られていた。かくして、奴隷貿易で流れ込む富の上にブリストルの繁栄が築かれたのである。

ブリストルの富の象徴、クィーン・スクェア
T.L.ローボーサム、1827年。ブリストル博物館&美術館

今、この町に問われているのは、この過去に対する市当局と市民の認識である。コルストン像への落

書きは、「慈善家、博愛主義者」と記憶されてきた彼の慈善資金がどういう性格のものかを思い起こさせようとした。奴隷貿易という大英帝国の過去を見る目線が大きく変わりつつあるのだ。変化はいつどのようにして起こったのだろうか。

忘却された記憶

一九九六年八月、ブリストルでは、この町がイギリス海事史上に果たした重要な役割を記念して、「海の祭典」なるイベントがおこなわれた。最大の見せ場は、二年の歳月をかけて復元された帆船マシュー号のお披露目である。マシュー号——一四九七年、ここブリストルから出航したジョン・カボットの航海に使用された帆船だ。「海の祭典」では、王室所有のヨット、ブリタニア号としばし伴走して、集まった群衆から大喝采を浴びた。

マシュー号のレプリカが再びブリストルの港に姿を見せたのは、翌一九九七年五月、カボットのニューファンドランド航海五〇〇周年を祝う祭典においてであった。マシュー号の復元は、この記念すべき行事のためだった。カボットが航海日誌を残さなかったこともあって、彼がブリストルを出航した正確な日付はいまだ確定されていない。それでも、当時の天候などから五月上旬との説が有力であり、この説に従って五月二日、エリザベス二世夫妻を招いておこなわれた式典は実に盛大であった。

式典に出席したニューファンドランドの総督ブライアン・トビン、そしてセント・ジョンズ市長ジョン・マフィーは、すでに新年の挨拶で、カボット到着五〇〇年を祝う共同声明を出していた。この日、市民の前に姿を見せたマシュー号は、ニューファンドランドに向けて、五〇〇年前と同じく、船長以下一八名の乗組員を乗せて出帆。ブリストル海峡からアイルランド沖合を抜けて北西へと進むルートをとりながら、六月半ば、無事ニューファンドランドに到着した。五〇〇年前、この島国に大航海時代の幕開けを告げた出来事は、こうして再現された。

エリザベス二世の夫君でマシュー号復元プロジェクトの後援者でもあったフィリップ殿下は、「ヨーロッパの船乗りにとって、大西洋は常に挑戦であり、壁であり続けてきた」という言葉ではじまる祝辞のなかで、こう綴っている。「マシュー号航海の重要性は、ジョン・カボットを北米大陸にたどりつかせ、その大陸に英語を話す人びとを移民させる結果をもたらしたことにある」——この言葉には、五〇〇年前、一四九七年五月のカボットの航海こそ、イギリスの海上発展の扉を開き、帝国への道を拓いたという理解を認めることができよう。それゆえに、マシュー号の航海は大英帝国の原点でもあった。式典では、帝国建設の最初の一頁を開いたカボットら船乗りの勇敢さが讃えられ、出航地ブリストルの重要性が強調された。コルストン像落書き事件が起こったのは、この式典からわずか半年余り後のことである。

だからこそ、落書き事件に視点を据えれば、一九九六年、九七年にブリストルでおこなわれた二つの祭典に欠落していた「認識」が浮かびあがってくる。それは、マシュー号の航海によってはじまった海上拡大がこの島国に奴隷貿易を招き寄せたという意識であり、けっして頑丈とはいえない小船で大西洋を渡った勇敢な船乗りが開いたイギリス海事史の扉が、アフリカ大陸を大きく変質させてしまったという想像力、である。イギリスという国の、そしてブリストルという町の、あまりにイージーな記憶の忘却に対する抗議こそ、コルストン像への落書きではなかったか。

なぜブリストルはその記憶を忘却したのか。それは、多少逆説的ながら、今から二〇〇年前、イギリスが奴隷貿易を廃止して、奴隷のような苦境に陥った現地人を救済、解放する「博愛主義の帝国」へと大きく変貌したことと関係がありそうだ。

奴隷貿易廃止運動の諸相

共犯者から解放者へ

一八〇七年、大英帝国内部での奴隷貿易が廃止された。一五世紀末から一九世紀初頭までの三〇〇年余りの間、奴隷として西アフリカから大西洋を渡ったアフリカ人の数は、一〇〇〇万人とも一二〇〇万人ともいわれ、そのうち二〇〇万人以上が、中間航路とよばれる大西洋上で命を落としたとされる。イギリス商人はその約三分の一、三七五万人余り(うち五〇万人余りが中間航路で死亡したと推定される)の取引に関わったと算定され、王立アフリカ会社の取引独占の時期に年間五〇〇〇人ほどだった奴隷の数も、独占廃止後、一八世紀前半には年平均二万人を超えた。

王立アフリカ会社の独占廃止によって奴隷貿易にはずみがついた一八世紀初頭といえば、西欧諸国に理性や知性で世界を理解しようとする啓蒙思想が浸透し、「人間はみな平等で自由な存在である」と叫ばれた時代である。この新しい知のもとで、奴隷となったアフリカ人たちは、個性をもつ人間であることを否定され、ただ「積み荷」とだけよばれて海を渡った。黒い積み荷——ブラック・カーゴ。

有史以来、奴隷は存在し、その売買もまた、古代よりあった。そのかたちはもちろん、一様ではない。英語のみならず、多くのヨーロッパ言語で「奴隷（slave）」という言葉は「スラヴ（Slav）」が起源だとされるが、それは、彼らスラヴ系の人びとがゲルマン社会や東ローマ帝国で、のちにはアラブやトルコなどでも、奴隷とされたことに由来するといわれる。しかしながら、大西洋経済圏で展開された近代の奴隷貿易は、アフリカ人のみを奴隷として売買したという点で、それ以前とは大きく違っていた。その点できわめていびつなシステムだといえるが、この地理的、人種的、文化的な偏りゆえに、奴隷貿易は高い収益率をもぎとることができたともいえる。そして、この甘い汁を多くのイギリス人が享受していたがゆえに、一八世紀末、二度にわたって提起された奴隷貿易廃止法案が議会を通過することはなかった。

ところが、である。それからまもなく、一八〇七年、イギリス議会は大英帝国内部における奴隷貿易を廃止する法案を通過させ、さらに一八三三年には奴隷制度自体を禁じる法案を通し、翌三四年から五年間の経過措置を経て、大英帝国内部における奴隷制度は全面的に廃止された。以後、奴隷は大英帝国にいない、いや、いてはならない存在となった。それと並行して、イギリスは、奴隷のような苦境に陥った現地人を「救出し、解放する慈悲深き帝国」という新しいアイデンティティを育《はぐく》み、奴隷貿易の取り締まり活動をつうじて、それを世界に見せつけたのである。その延長線上に、自由主義、博愛主義を標榜《ひょうぼう》する今のイギリスが姿を現わしたといっていい。いったいこの変わり身の早さは何なのだろう。

すでに見てきたように、奴隷労働に依拠《いきょ》した砂糖の生産と三角貿易は、莫大な利益をイギリス社会、およびイギリスの商人や投資家、株主、そして砂糖プランターらにもたらしてきた。アメリカ独立戦争勃発の一七七五年、西インド諸島のイギリス人プランターや商人の富は、本国の同じ階層に属する人たちの一五倍ほどにものぼったと計算されている。プランターの多くは不在地主として本国で生活しており、なかには国会議員になる者も少なくなかった。「代表なくして課税なし」を叫んだアメリカとはちがって、西インド諸島は、ロンドンのウェストミンスタ議会へ代表を送っていたのである。帝国からの離脱をめざす植民地アメリカに西インド諸島が与《くみ》しなかったのもそのためだった。事実、彼ら西インド諸島のプランター、奴隷貿易商人らの利害を守っていたのは、航海法や砂糖法など保護貿易法案を通過させたイギリス議会であった。また、一七八〇年代に本格化していく奴隷貿易廃止運動に対する最大の抵抗勢力も、ロンドンに拠点を置く「西インド商人・プランター協会」なる民間団体だった。

だからこそ、われわれは問わねばならない。なぜイギリスは奴隷貿易を廃止できたのか。

廃止へ向かう流れはどのようにして作られたのか。

そこには、大きく二つほどの理由が考えられるだろう。第一に、奴隷労働に依拠した砂糖の生産とその取引が儲からなくなったという経済的な理由。もうひとつは、奴隷を売買することに対する考え方の変化、いうなれば文化的、思想的な理由である。なぜならば、奴隷貿易を廃止し、奴隷を解放しようとする動きが実現にいたるには、奴隷貿易のしくみとそれを支えてきた発想自体が、根底から変革される必要があったからだ。この意識変革こそ、同時期、アメリカ喪失という事態に対応して再編が進められていた大英帝国の性格をも、大きく変えることになる。

ブリストルのピニー家――西インド経済の衰退

ブリストルの観光名所となっている一八世紀後半のジョージア朝建築の邸宅、その名もジョージアン・ハウス。ブリストル博物館&美術館にほど近いこの古い館は、西インド諸島の砂糖きび農園の経営者で、ブリストルを拠点に西インド貿易にも従事したピニー家という一族が暮らした家である。

もともとイングランド南西部ドーセット州の中小地主にすぎなかったピニー家と西インド諸島との関わりは、一六八五年六月、名誉革命の前哨戦ともいえる事件、カトリックを公言してはばからないジェイムズ二世の即位に反旗をひるがえしたモンマス公の反乱にピニー家が加担したことにはじまる。非国教徒としての窮屈さも手伝ってか、ピニー家の人びとは、西インド諸島の一角、ネヴィス島に渡り、食糧雑貨販売から身を起こし、砂糖の取引、そして砂糖きび農園の経営者へとのしあがっていった。アメリカ独立戦争までの一世紀足らずのうちに手広く農園を経営するようになったピニー家は、ロンドンやブリストルとの砂糖貿易によってさらに富を増やした。

その後、ピニー一家は、アメリカ独立戦争を潮時に、農園経営を現地代理人に任せて帰国する。アメリカ喪失という出来事は、西インド諸島で生きるイギリス人にも、物理的、精神的に影響を及ぼしたことが想像される話である。と同時に、帰国後、ブリストルで貿易会社を起こしたピニー家のその後には、砂糖を中心に第一次帝国の要だった西インド諸島の衰退ぶりもまた、投影されることになる。

すでにふれたように、カリブ海域の砂糖生産が誇る収益率の高さは、西インド産砂糖への高い関税によって守られてきた。ところが、一八世紀半ば以降、砂糖の生産地が世界規模で拡大したことにより、砂糖の価格自体が値崩れしはじめた。とりわけ、ヨーロッパの甜菜糖《ビート》生産の増大は、西インド諸島の砂糖（砂糖きびからとれる甘蔗糖《かんしよ》）生産にとって打撃であった。それでも、イギリス政府は西インド産砂糖に高関税をかけ続け、航海法によって、イギリス以外のヨーロッパ諸国と英領西インド諸島との貿易を阻止し続けた。けっきょく、大量生産による砂糖価格の低下と、重商主義政策を続けるイギリス政府のはざまで、一八世紀末から一九世紀初頭にかけて、砂糖生産に特化してきた英領西インド経済は急速に衰退していき、砂糖きび農園の多くが倒産に追い込まれた。ピニー家は、衰退が本格化する直前、ネヴイス島の農園の処分に成功し、被害額を最低限に抑えることができたと、この一族の歴史を追ったリチャード・ベアズの著作『ある西インドの富』（一九五〇）は言う。

その後、一九世紀半ば、運河やドック経営、鉄道の株主として再び姿を見せた時、ピニー家から西インド諸島の匂いは消えていた。保護貿易から自由貿易への移行と自由主義思想に基づく経済改革——そのなかで、外国産砂糖への高関税は撤廃され、砂糖生産が依拠した奴隷労働の効率の悪さも明らかになっていった。自由な労働力による新しい商品開発と生産方法が導入され、奴隷制度のメリットは失われた。砂糖プランターの多くが奴隷貿易の廃止に同意したのはそのためであった。

奴隷貿易廃止に向けて——思想と運動

奴隷貿易の是非をめぐる認識はどのようにして変わったのだろうか。

奴隷の存在とその労働を当然視してきた考え方がそれを否定する方向へと変わるには、思考の枠組み自体が変わらねばならない。また、奴隷の売買に反対することと、奴隷制度というシステム自体を廃止することとの間にも、深い認識の差があるだろう。何がこの変化を可能にしたのだろうか。

奴隷貿易廃止運動は、キリスト教に基づく人道主義や博愛主義によるものと思われがちだが、それほど単純なものではない。イギリス社会全体が奴隷容認から奴隷反対へと大きく変わるには、価値観や世界観を幾重にも変えねばならないからだ。

思想的な変化は、一八世紀半ば以降、合理的、論理的思考を求める啓蒙思想のなかに認めることができる。「奴隷制度は自然法に反する」と謳《うた》った人権思想の言説はその典型だろう。啓蒙思想と強い親和性をもっていた自由主義経済思想も、自由労働と比べて奴隷労働は非効率的だと批判した。アダム・スミスは、「われらが女神による人類統治の歴史のなかでもっとも残酷な一頁」と奴隷制度を断じたが、人間の手ではなく「神の手」に委ねられた市場経済という彼の考え方に従うならば、西インド砂糖貿易の衰退も、それが後押しした奴隷貿易廃止もともに、人間の意志を超えた市場経済の為せる業《わざ》ということになろう。

こうした思想を背景に、奴隷労働によって作られたモノを買わないという運動が登場する。砂糖とその副産物であるラム酒の不買運動は、印紙法に反対して結成されたアメリカの「自由の息子たち」の活動を範としている。植民地アメリカ喪失の経験は、イギリス社会にさまざまな記憶を刻み込んでいたのだ。しかも、日用品である砂糖の不買運動は台所を預かる女性たちに強くアピールし、奴隷反対運動の組織化を通じて、彼女たちの政治意識を鍛えたことも注目されよう。

ただし、奴隷制度自体の廃止、つまり、奴隷主に彼らの私有財産である奴隷を放棄させるためには、奴隷主への補償問題が絡む。奴隷貿易の廃止（一八〇七）から奴隷制度の廃止（一八三三）までに二十数年を要したのはそのためだった。クラッパム派はじめ、奴隷制度に反対する当時のイギリス人の多くが漸次的廃止という穏健路線を望んだことは、興味深い事実である。

クェイカー・ネットワークと世論

こうした動きと響き合いながら、奴隷貿易廃止運動の主力となったのが、国教会内部の福音主義者たちであり、その代表がウィルバーフォースを中心としたクラッパム派の人びと（第二章）であった。しかしながら、彼らもまた、大西洋をまたぐ奴隷反対のネットワークのなかにあったことを忘れるわけにはいかない。アメリカ独立革命の時代、奴隷たちが渡った同じ海の上には、性善説に立脚した社会改革の一環として奴隷制度廃止を推し進めるクェイカーのネットワークが構築されていた。このネットワークが、イギリスにおける奴隷貿易廃止運動を強力にバックアップする。

「すべての人間は平等につくられている」と謳ったアメリカ独立宣言の年、フィラデルフィアのフレンド会（クェイカー）の年次集会は、奴隷を解放しない信者の除名を決定し、さらに一七八三年には、アメリカの独立を承認するパリ条約に奴隷廃止を盛り込むよう、請願をおこなった。アメリカにおけるこうした活動は、クェイカー・ネットワークをつうじてすぐさまイギリスに伝えられた。一七八三年、奴隷貿易に反対する組織をイギリスで初めて立ち上げたのも、彼らクェイカーたちだった。小規模ながらも熱心な信者が各地で主催した奴隷反対集会のネットワークは、アメリカ喪失直後から、イギリスでも着実な広がりを見せた。

しかしながら、彼らの活動には、クェイカーであるがゆえの限界があったことも事実である。聖書も教会組織も祭壇ももたず、沈思黙考して内なる神の声を聞くというクェイカーの実践への反発は、当時かなり激しかった。「イギリスの世論」というには、彼らはあまりに非力だった。

それに何より、奴隷制反対の世論を構築するには、信仰を超えたリアリティが必要であった。なにしろ、奴隷たちの苛酷な船内生活や遠い西インド諸島での労働の実態は、イギリスからは見えない。裁判にでもならないかぎり、西インド諸島の砂糖プランターや奴隷船の船長や乗組員が奴隷について語る機会はほとんどなかった。つまり、一八世紀末になるまで、イギリス社会は、奴隷貿易の実態どころか、その「積み荷」への関心すらほとんど払ってこなかったのである。何より情報が不足していた。

世論を奴隷廃止へと動かすには、まだまだいくつかのきっかけが必要であった。そのうち、リアリティということでいえば、アメリカ独立戦争の終結がひとつの契機となった。ブラック・ロイヤリストの一部が渡英し、イギリス国内の貧困社会に合流したことによって、それまで見えなかった黒人奴隷の姿が可視化されたのである。彼らを救済すべく、一七八七年、クラッパム派のグランヴィル・シャープらがシエラレオネ計画を始動させるが、その少し前、世論を奴隷へとひきつける出来事があった。一七八三年三月、『モーニング・クロニクル・アンド・ロンドン・アドバータイザー』紙の読者投稿欄に紹介された、奴隷船ゾング号事件である。

ゾング号事件の波紋

一七八一年九月六日、リヴァプールを出航したゾング号は、西アフリカ沿岸、ギニア湾沖に浮かぶポルトガル領サン・トメ島で四四〇人余りの奴隷を積み込み、ジャマイカに向かった。運航上のトラブルから、ゾング号がジャマイカ付近にたどり着いたのは一一月二七日だったが、ここでまたもや、船長ルーク・コリンウッドがジャマイカ島を仏領サン・ドマング島と勘違いしたため、目的地ジャマイカへの入港はさらに一ヵ月も遅れた。けっきょく、通常の航海の倍近い日数がかかったことになる。

この間、不衛生で狭い船内に詰め込まれ、ろくに食事も与えられなかった奴隷たちのなかから多数の病人が出たのも無理はない。船長らは、病気や体の弱った奴隷一三二人を海中に投棄した。他の積み荷（健康な奴隷）を救うために、一部の積み荷（病気の奴隷）を海に捨てることは船長に許された権限である、というのがその理由であった。ゾング号のリヴァプール帰還後、船主は、規定に基づき、保険会社に対して、投棄した奴隷一人あたり三〇ポンドの補償を求めた。合計四〇〇〇ポンド近い高額の請求に対して、保険会社はこれを拒否。訴訟となった。

争点となったのは、病気や衰弱を理由に、生きたまま海中に投棄された一三二人の奴隷の損失を誰が補償すべきか、ということであった。ロンドンの裁判所は、ゾング号の船主と船長を尋問し、「航行の遅れで発生した水不足や病気の蔓延で多数の奴隷に犠牲が出る前に、それ以上の損失を回避すべく、一部の奴隷を捨てた行為は、同様の条件下で馬を投棄する行為と同じである」として、奴隷投棄を「航海中の事故による商品損失」とみなし、船主勝訴の決定をくだした。これを不服とする海上保険協会は、奴隷が病気になった理由は航海を長期化させた船長の操縦ミスにあったと反論し、船主らの行為を保険金詐欺として控訴したのである。

ここまでならば、この問題は、あくまで保険に関する民事事件でしかなかった。事件がこの枠組みを大きく変えていくのは、記事を読んだひとりの黒人の行動によってである。自由人としてロンドンで暮らす彼は、すぐさまこの話を、奴隷反対運動を展開していたグランヴィル・シャープに相談した。シャープは迅速に行動を起こす。複数の弁護士を雇い、ゾング号の乗組員らに個人面談をおこなった結果、民事訴訟という裁判の枠組みを変えられないことを悟った彼は、事件そのものに社会の目を向けようと努めた。そのなかで、たとえば、最後に投棄された二六人の黒人は病気の程度が軽かったこともあって激しく抵抗したため、手錠をはめられて海中に投げられたなど、事件の詳細が暴露され、それまで奴隷に何の疑問も関心も感じていなかった人びとにも強いショックを与えたのであった。

議会も動いた。再発防止のために、二つの法案が通過した。ひとつには明白な危険がある場合を除いて奴隷（という商品）は保険金受取対象とはならないことが、もうひとつにはどのような状況下であろうと生きた奴隷を船外に投棄してはならないことが、明記された。

こうして、ゾング号訴訟事件は本来の枠組みを超えて、イギリス世論を動かすことに成功した。そのきっかけを作った黒人――オラウダ・エキアノについても話しておこう。

オラウダ・エキアノ

オラウダ・エキアノは、一七五六年、一〇歳くらいのときに、故郷西アフリカ（現在のナイジェリア）で誘拐されて北米へと運ばれ、イギリス王立海軍将校マイケル・パスカルの奴隷となった。パスカルは彼に「グスタフ・ヴァサ」という名を与えた。奴隷主による命名は、奴隷本来のアイデンティティを奪い、新しい主の所有物となったことを確認する儀礼なのだが、デーン人からスウェーデン人を解放し、初代スウェーデン国王となった一六世紀の英雄にちなむこの命名は、ある意味、非常な皮肉であろう。しかも、海軍将校の奴隷という立場が、プランテーションの奴隷とは異なる経験をエキアノに与えることになった。イギリスでの教育である。ロンドンで英語の読み書きを学んだ彼は、それが七年戦争で中断すると、再びパスカルの奴隷として戦艦に乗り込み、火薬《ガンパウダー》運搬係――通称「パウダー・モンキー」として活躍する。

その後彼は、カリブ海域、モントセラト島のクェイカー農園主に売られるが、教育を受けていたために、農場労働ではなく、農園の品質管理責任者のような立場を与えられた。その間に金を貯めた彼は、一七六六年、四〇ポンドで自由を買った後、再び渡英する。しばし理髪師として働いた後、再び船に乗り込んだ彼は、七三年、北西航路の発見をめざすジョン・フィップスの指揮の下、北極遠征へと向かった。イギリスとインド・中国を結ぶ最短距離と目されていた北西航路の発見は、大英帝国の一大プロジェクトであった。この遠征隊には、エキアノの船とは別の船に、当時海軍士官候補生だったネルソンの姿もあった。けっきょ

オラウダ・エキアノ　自伝『オラウダ・エキアノ、またはグスタフ・ヴァサの興味深き物語』(1789年) の口絵

く、この遠征は、「北西航路は未発見」であることを確認するにとどまったが、こうした帝国的プロジェクトのなかにエキアノのような元奴隷がいたことは、もっと注目されていいだろう。

ロンドンに戻ったエキアノを待っていたのは、元奴隷の友人、ジョン・アニスがかつての奴隷主に奪還されたという知らせだった。このとき、彼が助けを求めたのが、奴隷解放の旗手だったグランヴィル・シャープである。以後、エキアノは、奴隷制度廃止運動に政治的な使命を見いだし、シャープと強力なタグを組むことになる。彼がキリスト教に改宗し、自らを「オラウダ・エキアノ」と名乗るようになるのも、このころの話である。

その後、カリブ海域での植民計画と関わった後、再びイギリスでシャープらと合流した彼は、シエラレオネ計画にも参加。フランス革命勃発の年（一七八九）には、奴隷経験を含め、半生を綴った自伝を出版した。奴隷たちが味わった白人への恐怖、黒人に対する白人の非人道的な行い——ゾング号訴訟事件の構図が変わり、奴隷貿易廃止協会の活動が活発化するなかで動きはじめた世論と相まって、彼の著作はベストセラーとなり、奴隷貿易廃止運動をさらに強く後押しした。自伝を書くことは、彼にとって、そして同時期に奴隷解放をともに闘ったイグナティウス・サンチョ、オタバ・クゴーンといった自由黒人にとっても、きわめて政治的な行為だっただろう。西インド諸島で頻発した奴隷反乱を含め、彼ら元奴隷の主体的な動きが解放を引き寄せたことも忘れてはならない。

自伝出版で大成功を収めたエキアノは、一七九〇年代の大半を奴隷制度反対の活動に費やした。イギリス人女性スザンナと結婚し、二人の娘をもうけた彼のイギリスでの生活は、それなりに満ち足りたものだったのだろうか。彼が亡くなったのは一七九七年。奴隷貿易廃止法案が議会を通過する一〇年前のことだった。しかし、死してなお、彼の自伝の貢献は大きかった。そして今も、自伝は、黒人奴隷が残した数少ない証言として読みつがれている。

トマス・クラークソンの活躍

エキアノとタグを組んだグランヴィル・シャープがその悲惨な詳細を暴いたゾング号事件は、奴隷貿易廃止運動に不可欠となる若者を歴史の表舞台に浮上させた。トマス・クラークソン——当時何より求められていた奴隷貿易に関する情報を、ほとんどひとりで集めた人物である。

一七八五年、ゾング号事件に心を動かされたケンブリッジ大学副総長（名誉職である総長とは異なり、実質的な学長職）は、恒例のラテン語論文コンテストにこの問題をとりあげた。課題は「意志に反して人を奴隷にすることは正しいことか」——。このとき一等賞を与えられたのが、イギリス国教会の牧師の息子で神学専攻の学生、クラークソンだった。当時のイギリス人の多くと同様、彼もまた、それまでこの問題を考えたことはまったくなかった。コンテスト優勝という生涯ついて回る非常な名誉のために、彼は入手可能な文献を読みあさり、奴隷貿易に関わった商人の手紙や文書を調べ、アメリカで奴隷を見聞きした船乗りへの聞き取りを繰り返した。その過程で、しだいに彼はこの問題に対する理解を深めていく。一七八五年六月、コンテストの授賞式で集まった大聴衆の前でそのラテン語の論文を朗読したとき、彼は自分の使命に目覚めつつあった。

そのラテン語論文の英訳出版を考えた彼が出版社を探していた時に出会ったのが、ロンドンの書籍商兼印刷業者のジェイムズ・フィリップスら、クェイカー・ネットワークである。クェイカーであるがゆえに活動に限界を感じていた彼らにとっても、国教会聖職者をめざしたことのあるケンブリッジ大学の優等生は、欠けていた部分を補う重要な存在であった。シャープらとともに、ロンドンの商業地区、ジョージヤード二番地にあるフィリップスの店でクラークソンが奴隷貿易廃止協会を立ち上げたのは、一七八七年五月二二日のことである。このときすでに、議会を動かして奴隷貿易廃止を立法化するという方針は決まっていた。問題は、奴隷貿易の実態に関する情報が乏しいことだった。多面的な情報収集、奴隷貿易の非人道性と非効率性を立証する証拠や証人の確保——これがクラークソンに課せられた使命となった。

奴隷貿易の二大拠点、ブリストルとリヴァプール、さらには彼らより先に奴隷貿易廃止協会を作って活動を展開していたマンチェスタ、女性たちの不買運動で有名となるバーミンガムなどを、クラークソンは情報と証言者を求めて歩き回った。聞き取りした水夫の数だけで二万人にのぼる。ブリストルの水夫から、西アフリカでイギリスの商人が三〇〇人ものアフリカ人を虐殺したという情報を聞いたとき、彼は怒りにうち震えたという。ジョン・ディーンという解放された黒人水夫が受けた仕打ちは想像を絶するものだった、とクラークソンはこう書いている。「船長は彼を甲板に腹ばいにさせ、動けないように縛りつけたうえで、熱く焼けたピッチ（タールなどを蒸留した後に残る黒色の物質）を背中に注ぎ、その上から焼け火箸で傷をつけた」――この船長をそうした残酷な行為に駆り立てていたものは何だったのか。水夫に聞き取りを続けたクラークソンは、それまでほとんど知られていなかった白人水夫の死亡率の高さも明らかにした。奴隷貿易の非人道性のシンボルとなる船内の断面図――不衛生な狭い船倉にぎっしり詰め込まれた奴隷の様子を描いた有名な図――も、リヴァプールの奴隷船ブルックス号の模写から彼が作成したものだ。こうした情報を、彼は逐一ロンドンの協会本部に伝え、それがニューズレターやパンフレット、チラシなど

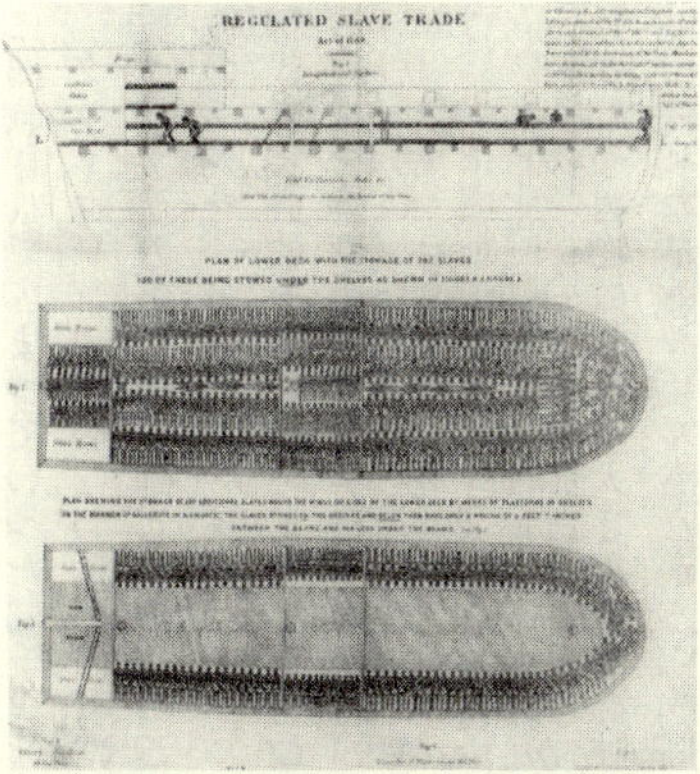

クラークソンの調査に基づく、奴隷船の断面図　船内に、奴隷が立錐の余地もないほど詰め込まれている様子が克明に記されている

に掲載されて広まっていった。

クラークソンが集めたのは、証言だけではなかった。奴隷貿易の非人道性を示す拷問具の数々——鉄の手錠や足枷《あしかせ》、親指やあごを締めつける道具、烙印などの収集にも彼は努めた。彼の活動を、各地のクェイカー・ネットワークが支えた。すでに見てきたように、一七八〇年代は議会改革の時代であり、道徳改善・社会改良の時代でもあった。政治改革に関与した急進派をはじめ、日曜学校運動のロバート・レイクス、レイクスとともに監獄改革を進めたエリザベス・フライ、救貧院改革のハナ・モアらも、奴隷貿易廃止を強力に支援した。奴隷貿易廃止運動は文字通り、「改革の時代」の産物だったのである。

各地のネットワークに助けられながらクラークソンがおこなった調査は、その後、パンフレットや書物になり、大きな反響を呼んだ。ラジオもテレビも、もちろんインターネットという便利な情報ツールもなかった当時にあって、彼の精力的な調査こそが、世論を喚起し、議会での討論にはずみをつけたといえる。

ウィルバーフォースら国会議員による議会闘争と草の根の動きを結びつけたクラークソンは、多様なファクターから成る奴隷貿易廃止運動を撚《よ》りあわせる接着剤でもあった。

紆余曲折のはてに……

一七九一年四月、ウィルバーフォースが下院に提出した奴隷貿易廃止法案は否決された。それでも、協会はひるまなかった。署名が続々と協会に集まりはじめていた。マンチェスタでは人口の三分の一が署名し、エディンバラは議会（庶民院）の床と同じ長さの巻物状の請願書を送ってきた。とりわけこの時期に力となったのが、市場経済のしくみに立脚して砂糖不買運動を唱えたウィリアム・フォックスの『西インド産砂糖とラム酒節約の効用に関するイギリス国民へのアピール』（一七九一）というパンフレットである。一七九一～九二年に頂点を迎えた不買運動のなかで、フォックスのパンフレットは二五刷を重ねた。こうした世論に力を得て、奴隷貿易廃止協会は議会へのロビー活動を続けた。

一七九二年四月、再提出されたウィルバーフォースの法案は、圧倒的多数の支持で庶民院を通過したものの、貴族院の激しい抵抗とフランス革命の激化で成立を阻まれた。フランスにおける一七九二年八月の王権停止とジャコバンの一党独裁開始が、奴隷貿易の穏健な漸次的廃止を望むイギリス社会にブレーキをかけたのだ。その前年八月に仏領西インド諸島のサン・ドマングでおこった奴隷反乱も、奴隷貿易廃止運動を革命と同一視する誤った見方をイギリス人に広めたかもしれない。貴族院の反対で再び庶民院に審議が戻された一七九三年、一月に執行されたルイ一六世国王夫妻の処刑が、議会での審議を打ち切らせた。翌月、第一回対仏同盟が結成され、フランスに宣戦布告したイギリス国内からは、この問題を議論する空気はもはや失われつつあった。ロンドンの協会は活動停止状態に陥る。

空気が再び変化しはじめたのは、一八〇四年、ナポレオンによるフランス帝国の成立がフランス革命に対する見方を変えていくなかでのことだった。連合王国に編入されたアイルランド代表議員のほぼ全員が奴隷貿易反対を支持したことも、ウィルバーフォースらには大き

ターナーが描いた「奴隷船」　画面右下に、投棄された奴隷の脚が海中からのぞいて見える。それに魚たちが群がる。1840年。ボストン美術館

な励みとなった。協会も活動を再開し、ウィルバーフォースは再度法案を議会に提出。さらに一八〇六年、ナポレオン戦争中にもかかわらず、イギリスの船が仏領西インド諸島に奴隷を供給して利益をあげていたことが発覚し、これが追い風となった。一八〇七年三月、大英帝国内部での奴隷貿易廃止法案が議会で可決され、同年五月一日以降の奴隷船のイギリスからの出航、ならびに翌年三月一日以降の植民地への奴隷の陸揚げが禁じられた。

その後、奴隷制度廃止の気運をさらに高めたのは、砂糖不買運動の主力であった女性たちだった。バーミンガムはじめ、一八二〇年代に女性たちによって組織された奴隷制度廃止協会は全国で七〇以上にのぼる。そのなかで彼女たちの政治意識は鍛えられ、一九世紀後半から二〇世紀初頭にかけて、女性参政権運動をはじめ、女性の諸権利を意識した運動を開花させることになる。

一八三三年八月、大英帝国内部における奴隷制度が廃止され、三八年七月三一日までの移行措置を経て、帝国の奴隷はすべて自由の身となった。この日、ジャマイカ、ファルマスの

ある教会には、花とともにウィルバーフォースとクラークソンの肖像画が掲げられ、鎖や鉄製の首枷、鞭を詰め込んだ棺にこんな言葉が刻まれたという。「植民地の奴隷制度、一八三八年七月三一日、享年二七六歳」――。

イギリスの画家J・M・ターナーが、ゾング号事件を描いた油絵「死者や死にかけた者を捨てる奴隷商人――嵐がやってくる」を発表したのはその二年後のことだ。嵐の到来が予感される強風と荒波、夕暮れの海に投げ出された多くの黒人たち、降りしきる雨のなか黒人の投棄をつづける船長。この絵を見るイギリス人の目線が事件当時と大きく異なっていたことは明らかであった。

よみがえる奴隷貿易の記憶

BBCドラマ「リスペクタブル・トレード」

一九九八年一月、コルストン像の落書きが投じた一石は、九六年の「海の祭典」、九七年のジョン・カボット航海五〇〇年記念式典に対する批判と共鳴しながら、ブリストル市当局を動かす大きな力となっていく。この三つの出来事の重なりを後押ししたのが、当時ブリストルでロケが進行中だったBBC制作のテレビドラマ「リスペクタブル・トレード」である。

九八年秋に放映されたこのテレビドラマは、奴隷貿易で繁栄する一八世紀のブリストルを背景に、奴隷商人とその妻、「商品」である奴隷身分の黒人青年という架空の三人を軸としながら、当時奴隷貿易廃止に奔走したウィルバーフォースやクラークソン、グランヴィルら実在の人物を登場させた。「お上品な商売《リスペクタブル・トレード》」――奴隷貿易をこう呼ぶ皮肉は、カズオ・イシグロ原作の映画『日の名残り』の名演技で知られるイギリスの女優、エマ・トンプソン演じる奴隷商人の妻がみごとに表現していた。現在、ブリストルの街角には、このときのロケを記念するプレートが掲げられている。そこには次の文字が読める。

奴隷にされ、搾取された数知れないアフリカ人男女、そして子どもたちを追悼して――アフリカとの奴隷貿易を通じて、彼らはブリストルに莫大な富をもたらした。（一九九七年一二月）

このテレビドラマが放映された一九九八年秋は、「ウィンドラッシュ号」到着五〇周年にあたり、この番組自体が、その記憶を視野に入れて制作されたものであった。エンパイア・ウィンドラッシュ号――一九四八年、ジャマイカ人四九二名を乗せてイギリスに到着した移民船第一号の名前である。この船の到着以後、旧植民地から大量に非白人移民が流入しはじめ、イギリス社会を急速に多民族国家化していく。アジアやアフリカの植民地独立によって、大英帝国が地図の上から収縮、消滅しつつある時代にあっても、とぎれることなく続いた旧植民地からの大量移民は、文字通り、「帝国の逆襲」であった。多民族国家となったイギリスにおいて、非白人である移民やその子孫、そして白人のイギリス人にとっても、五〇年目の「ウィンドラッシュ号の記憶」は、彼ら非白人がここにいる理由——「奴隷貿易の過去」を今によみがえらせる引き金として作用したといえる。

ブリストルの特別展

その翌一九九九年、ブリストル博物館&美術館は、奴隷貿易のなかでこの町が果たした役割について、「リスペクタブル・トレード?——ブリストルと大西洋を渡った奴隷たち」と題する特別展を開催した。この特別展は、ブリストルにとって、公式の場で初めて、自分たちが奴隷貿易の担い手であったことを示す機会となった。その準備に向けてアクション・グループが立ち上がったのはその三年前、つまりあの「海の祭典」の年であり、翌年に予定されたカボット航海五〇〇年記念式典の準備が本格化する時期でもあった。言い換えれば、イギリスの海上発展との関わりを無邪気に喜んでいるだけに見えた町の一角では、この町の過去ときちんと向き合おうとする動きもまた、草の根レベルで作られつつあったのだ。結果的に、白人・非白人合わせて二〇〇人を超える市民が展示計画段階からこの催しに加わり、中身の検討を重ねることになった。

重要なことは、特別展準備のなかで、市民たちがそれまで自分たちにはアクセスできなかった資料——ブリストルの文書資料館や中央図書館特別室、ブリストル大学などに分散保存されていた奴隷貿易関連の文書や品々の存在を知り、そうした「奴隷貿易のかたち」を初め

TO BE SOLD,
A healthy NEGRO SLAVE,
Named PRINCE, 17 Years of Age,
Meafuring Five Feet and Ten Inches, and extreamly well grown. ——— Enquire of JOSHUA SPRINGER, in St. Stephen's Lane.
Who has likewife to fell
A Four-Wheel CHAISE.

ブリストルの地元紙（1768年1月9日）に掲載された奴隷売買広告　逃亡奴隷の情報も頻繁に見うけられた。Madge Dresser & Sue Giles (ed.), *Bristol & Transatlantic Slavery*, 2000

て目にしたことである。そのなかで、アクション・グループに参加した市民はもちろん、この特別展に足を運んだ市民や市民以外の人びとも、奴隷貿易という「大英帝国の過去」を再確認し、それと向き合わざるをえない思いに駆られたことだろう。

　実際、イギリス史において議論の分かれる奴隷貿易というテーマは、ブリストル市民を二分した。一方にはこのテーマをあえて取り上げる必要はないと考える人たちがいたし、もう一方には、このテーマを取り上げないこと自体が社会の緊張を生み出していると主張する人たちがいたのである。前者の間では、長い港町としての歴史のなかで、奴隷貿易の時代は比較的短かったし、そのなかでブリストルの黄金時代はもっと短かったという声も聞かれた。しかしながら、その時期——一七三〇年代を頂点とする前後数十年余りの間——こそが、この町の経済発展にとって決定的に重要だったことはたしかである。

　賛否両論が渦巻くなか、一九九九年の特別展は大評判となった。並行していくつかのシンポジウムや討論会が催され、それもまた市民に、この町と奴隷貿易との関係を考えさせる時間となっただろう。このときの展示が港近くの倉庫を改造したブリストル産業博物館の二階に常設化されたのは、それからまもなくのことであった。

再記憶化の模索——ブリストルの試み

同じ一九九九年、さらに二つの試みが「奴隷貿易の過去」をこの町によみがえらせた。

ひとつは、ドックランド再開発のなかで新たに作られた橋が、「ペロの橋」と名づけられたことである。ペロとは、ジョージアン・ハウスの主人、一七八三年に西インド諸島のひとつ、ネヴィス島から帰国したあのピニー家が連れ帰った黒人奴隷である。彼の存在が発掘されたのも、特別展準備のために結成されたアクション・グループの活動においてであった。ペロの肖像画は現存しない（おそらく描かれなかったのだろう）が、産業博物館二階の展示室には、豊かな商人の邸宅を模した一室に、ペロをイメージしたとおぼしき黒人使用人の姿が配されている。このジョージア朝建築の家で彼が亡くなったのは、奴隷貿易廃止運動が冬の時代にあった一七九八年のことであった。橋のたもとには彼を記憶するブロンズ板が設置され、二〇〇年以上前、西インド諸島からこの町に連れてこられた彼の人生が短く綴られている。彼のような無名の黒人

ペロの橋　1999年に作られたこの橋は、「奴隷貿易の過去」と向き合おうとする市当局の意気込みを示す。著者撮影

「川を下って売られてゆく」　トニー・フォーブズ、1999年。ブリストル博物館＆美術館

を発掘する活動は、今なお進行中である。

もうひとつ、一九九九年には、「奴隷貿易ゆかりのブリストルを歩く」というルート・マップが、アクション・グループによって作成された。今では市内の小学校の多くに説明のパンフレットと地図が配布され、課外授業のなかで子どもたちも、町の過去を知る意味を学びつつある。

最後に、ブリストル博物館＆美術館特別展に合わせて描かれた一枚の絵画を紹介しておきたい。地元ブリストルの西インド系イギリス人画家、トニー・フォーブズの「川を下って売られてゆく」という作品である。ブリストル名物の吊り橋、クリフトン橋を背景に、大西洋に注ぐエイヴォン川の上を漂う黒人は、鎖で縛られている。彼の首枷を握っているのは、かのコルストン像。その足元には無数の骸骨が見える。さらに、黒人の足枷の先で彼の「川下り」を先導する帆船には、新聞『イヴニング・ポスト』、地方テレビ局「ＨＴＶ」、そしてイギリスの公共放送局「ＢＢＣ」というメディアの名が読める。三本マストはカボットが大西洋横断に使ったマシュー号を連想させよう。さらに、彼の身体に巻かれているのは、警察が現場保存のために使用するテープ。慈善家として名高いブリストルの商人像も、イギリスのメディアも警察も、いっしょになって今なお、黒人たちを縛り続けている——そんな叫びが聞こえてきそうな構図である。

大英帝国・コモンウェルス博物館

一九九九年、奴隷貿易の過去と向き合おうとするブリストルの試みは、幾重にも重なってこの町に響いたように思われる。そしてそれが、二〇〇二年、この町に大英帝国をメインテーマに掲げる、イギリスで初めての、そして唯一の博物館を登場させる大きな呼び水になった。

ブリストルの玄関、グレート・ウェスタン鉄道の拠点であるテンプル・ミーズ駅の一角に作られた大英帝国・コモンウェルス博物館では、一六世紀の大航海時代以降のこの島国の海外膨張の具体的な諸相——探検や冒険の航海、多様な貿易活動と数々の貿易品、貿易や戦争を通じた植民地支配の進展状況、それによって変化した現地の社会や人びとの暮らしなどについて、凝った趣向の展示がなされている。英連邦（ブリティッシュ・コモンウェルス）にいたる帝国の歴史を収めたこのコンパクトな空間は、帝国礼賛に陥ることなく、イギリスの膨張や帝国建設の背後で何があったかにも目配りされており、抑制のきいた印象を来訪者に与える。

二〇〇四年五月、ここで、「奴隷貿易の過去」に対してブリストル市は公式謝罪をするべきか否か、という重い問題が議論された。それは、この過去と不可分の関係にあるもうひとつの町——一八世紀前半のうちにブリストルから奴隷貿易の主役の座を奪い、イギリスにおける奴隷貿易の黄金時代を築いたリヴァプールの例を念頭に置いたものであった。

過去をいかに償うか——リヴァプールの試み

奴隷貿易の黄金時代、この貿易に従事したヨーロッパの船のうち、四割以上がリヴァプールの船主であった。この町から出航した奴隷船は、ブリストル、ロンドンを抑えて（のべ）五三〇〇隻を超え、この町に莫大な富をもたらした。奴隷貿易廃止後も、綿工業で発展するマンチェスタの外港として、あるいは、石鹸の原料となるパーム油やココアなどを扱う西アフリカ貿易の拠点であり、アメリカに向かう移民の出港地として、リヴァプールは一九世紀をつうじて繁栄を謳歌した。

ウィンドラッシュ号到着五〇年目を意識したのは、この町の移民地区の方が先だった。アルバート・ドックの再開発と相まって、マージーサイド海事博物館は、奴隷貿易をテーマとする展示を一九九四年に常設化した。ブリストルの展示との最大の違いは、この海事博物館が、奴隷貿易をはっきりと「人道に反する罪」と捉えたことだろう。それゆえに、展示にも、奴隷の供給地であった西アフリカの変化を再現するなど、奴隷貿易の残酷さ、破壊的暴力がより強調されている。

新しい世紀を間近に控えた一九九九年一二月九日、リヴァプール市参事会は、大西洋奴隷貿易のなかでこの町が果たした役割を正式謝罪する決議を満場一致で採択した。決議では、これまでリヴァプールが町の豊かさを追求するあまり、置き去りにしてきた奴隷貿易の過去が、この町に暮らす黒人たちを今なお苦しめていることを率直に認めた。リヴァプールは、過去と現在をはっきりと結びつけ、「ほんとうの二一世紀の都市」となるために、正式謝罪を決断したのである。未来のために過去を謝罪する――それは、赦しを求める通常の謝罪や和解ではなかった。当時の市長ジョセフ・デヴァニィが語った内容をまとめればこんなふうになろう。

リヴァプールが奴隷貿易で果たした過去がほんとうに赦されるとすれば、それは和解のプロセスを通じてである。そのために重要なことは、行動を起こすこと。一時のごまかしではなく、永遠に続くような和解がもたらされるとすれば、その唯一の方法は、勇気をもって歴史の痛みと向き合い、そして変わることだ、と……。

以来、マージーサイド海事博物館が毎年八月二三日におこなっている特別行事にも、この「和解のプロセス」が反映されている。かつて奴隷の供給地だった西アフリカから部族長らも招かれ、「奴隷貿易の過去」を大西洋の向こうとこちらで考えようとするこの日のイベントは、毎年多くの人びとでにぎわう。われわれにあまりなじみのない記念日、八月二三日。一七九一年のこの日、フランス革命の影響を受けて仏領西インドのサン・ドマング島で起こった反乱は、一八〇四年にハイチという史上初の黒人共和国をもたらした。奴隷制度に対する彼らの抵抗を記念して、この日を「奴隷貿易とその廃止の国際記念日」に制定したのはユネスコである。そして、奴隷貿易廃止二〇〇年目にあたる二〇〇七年のこの日、リヴァプールには、奴隷貿易をテーマとする世界初の博物館、「国際奴隷博物館」がオープンした。

世界各地で過去の謝罪や償いが論議されている今、この新しい博物館はどんな未来を拓いていくのだろうか。

第五章　モノの帝国

紅茶の国民化——女性、家庭、そして帝国

紅茶・コーヒー・ココア

イギリスが「紅茶の国」と呼ばれて久しい。なぜ紅茶がイギリスの「国民的飲み物」といわれるようになったのだろうか。カフェ・オレ（フランス）、エスプレッソ、カプチーノ（イタリア）、ダッチ・コーヒー（オランダ）など、ヨーロッパ諸国がこぞってコーヒーを嗜《し》好《こう》していることを思えば、なぜイギリスは紅茶なのかという問いへの答えは、さほど単純なものではない。

後に見るように、イギリスで、階級や性別、地域といった差異を超えて、紅茶を日常的に飲む習慣が定着したのは一八八〇年代のことだといわれる。紅茶を飲むことが生活の一部に浸透し、生活の潤いとして習慣化したイギリスの状況は、同時期のフランスとは対照的である。フランスでも紅茶は上流階級から飲まれはじめたが、それが民衆にも浸透し、彼らの生活リズムを変えるような事態は起こらなかった。なぜイギリスでは紅茶の「国民化」が起こったのか。それは帝国の存在、その再編とどう関わっていたのだろうか。それを考えてみた

18世紀のコーヒーハウスの店内　C. Bayly(ed.), 1989

いと思う。

そもそも、茶、コーヒー、そしてココアはほぼ同時期、一七世紀半ばのイギリス（イングランド）に入ってきた。いずれもヨーロッパでは生産されない、非ヨーロッパ世界の産品である。そのなかでまず人気を博したのはコーヒーであり、一七世紀末までにイングランドはヨーロッパで名だたるコーヒー消費国となった。この時期のコーヒー人気は、イコール、この飲み物が提供された「コーヒーハウス」という新しい社交・娯楽空間の人気であった。一六五〇年にオクスフォードに、その二年後にロンドンに登場するや、コーヒーハウスはまたたくまにイギリス全土に拡大した。

とはいえ、必ずしもそれは国民全体のコーヒー嗜好を示していたわけではない。コーヒーハウスで提供されたのはコーヒーだけではなく、茶もココアもここで飲むことができたからである。ではなぜ、「ティーハウス」ではなく、「コーヒーハウス」だったのか。

この問題には、ヨーロッパ世界の外からやってきたこれらの飲み物がイギリスに紹介された時代背景——すなわち、ピューリタン革命の名で知られる内乱時代の政治状況と社会道徳が深く関わっている。それが結果的に、コーヒーではなく、紅茶が国民化する糸口を与えることになった。

コーヒーは男の飲み物

オリバー・クロムウェル率いる議会派が国王チャールズ一世を処刑（一六四九）し、イングランドが前代未聞（そして空前絶後）の「共和国」となってまもない一六五〇年代初め、アラビアからやってきた黒い液体、すなわちコーヒーは、アルコールの害毒に対抗できる万能薬、かつ健康促進剤として、その薬用が大いに宣伝されはじめた。酔わない飲み物、人間の理性を目覚めさせ、知性の活動を活発化させる醒めたホットな飲み物であるコーヒーは、飲酒を厳しく糾弾するピューリタンのイデオロギーが待ち望んだ理想の飲み物だった。

コーヒーハウスが急速にその数を増やした一七世紀後半、政治史的に言えばピューリタン革命から名誉革命にいたる時期のイングランドでは、コーヒーや茶、あるいは砂糖や綿といった非ヨーロッパ産品を取り扱う貿易商人が台頭し、社会のなかで新しい中間層を形成しつつあった。彼らは、それまでの社会にはない新しいシステムを必要としていた。たとえば、遠隔地貿易に関する情報メディア、郵便制度、株や商品の取引所、保険や銀行、あるいは取引拠点となる事務所そのもの——これらを提供したのが、醒めた理性の飲み物、コーヒーを飲ませるコーヒーハウスだった。『コーヒーが廻り世界史が廻る』の著者、臼井隆一郎氏は、それを非常にわかりやすい巧みな表現で、次のように述べている。

要するに十七世紀の後半、無い無い尽くしのイギリスは、これら無いものを次から次へ作り出していく他はなかった。それがみな、コーヒー・ハウスという多目的ルームを使用することになったのである。

と同時に、この空間に集《つど》う商人、あるいは遠隔地貿易との関連で発展した諸システムと関わってこの空間に集合した人びとも、ここでの議論や情報交換のなかで「市民」意識が鍛えられていった。ジャーナリズムや文学も、ここでの議論がなければその後の発展もなかっただろう。論争は国王、あるいは国家権力に対する批判にも及び、政治談義で評判をとるコーヒーハウスも現われた。こうした事情が、この空間にある種の「公共性」を付与することになったといえる。『楽園・味覚・理性』という刺激的な著作のなかで、著者ヴォルフガング・シヴェルブシュは、精神の高揚と覚醒につながるコーヒーの効用を説いた薬理学のテキストを引用しながら、この効用ゆえにコーヒーは「市民的近代の代表的飲料の地位にまで昇った」と語っているが、それはまさしく、一七世紀後半という時代が、精神的にも物理的にも、それ以前とは異なる種類の人間を創造しつつあったことを言い得て妙である。近代市民社会、市民的公共性――コーヒーは、この新しい時代の到来を象徴する飲み物として捉えられ、歓迎されたのであった。

問題は、当時の「市民」概念が男性にしかあてはめられなかったことだ。その意味でも、女性の立ち入りが禁じられた空間、コーヒーハウスは、近代ヨーロッパ市民社会の象徴であった。そしてこのことが、イギリスにおけるコーヒーとコーヒーハウスのその後の展開、いや限界を準備するとともに、コーヒーに対抗する飲み物として茶の存在を意識させる下地ともなる。

すでにその動きは、コーヒーハウスが急増しつつあった一七世紀後半に認められた。この「男の空間」に入りびたりの夫たちに対して、ロンドンの女たちが立ち上がった、という形をとるパンフレット、その名も『コーヒーに反対する女たちの請願』(一六七四)がそうである。タイトルはさらにこう続く。「かの乾燥させ、衰弱させる飲み物を過度に使用することにより、女性たちのセックスに生じるひどい不都合を公共の思慮に訴える」——。ここに露骨に表現されたコーヒーの害悪を、女たちは次のように告発する。コーヒーは男性を砂漠のごとく不毛にさせる(ちなみに、この不毛状態を「トルコ化」とよぶ人もいて、当時のイギリスにおけるオリエンタリズムが垣間見られておもしろい)。コーヒーは「力強い祖先」の末裔(たる当時のイングランド人)を猿やピグミーの系列に矮小化してしまう。コーヒーは男たちを無意味なおしゃべりに駆り立てる。そうかと思うと、コーヒーを飲んだ後、男たちは静かに眠ってしまう……。つまりコーヒーは、性的な興奮ではなく精神的な昂揚をもたらすことで男たちを不能にしてしまう、と女たちは嘆くのである。

このパンフレットがほんとうに女性によって書かれたかどうかは不明である。問題は、当時、コーヒーがきわめて男性的な飲み物として意識されていたことであった。ここに、コーヒーの「国民化」は決定的に阻まれる。コーヒーと茶がほぼ同時期に紹介され、似たような効用を宣伝されながら、その後この国でまったく異なる運命をたどるのは、コーヒーに付与されたジェンダー・イメージから、茶に「国民化」を可能にする新たな戦略が開かれたからなのである。

新たな戦略――それは、飲茶《いんちゃ》を全面的に謳《うた》った空間に女性をとり込むことに他ならない。

女たちのティーガーデン

一七〇六年のロンドン、法学院の学生でにぎわうテンプル・バーに「トム・コーヒーハウス」を開いたトマス・トワイニングは、一七一七年、ストランド街にイギリス初のティーハウス「ゴールデン・ライオンズ」をオープンさせた。ティーガーデンともよばれるこの飲茶空間は、理性を重視した殺風景なコーヒーハウスとは異なり、インテリアに凝ったおしゃれな雰囲気で、女性客の間で大評判となった。茶の消費量が爆発的に拡大しはじめるのはその直後からである。

コーヒーハウスとティーガーデンとのこの時間差には、価格の問題が関係していた。東インド会社によって独占的に輸入されていた紅茶の値段が、コーヒーに比べてうんと高かったのである。しかも、茶に対する関税率は、一八世紀を通じて一二〇パーセント前後（時には二〇〇パーセント！）という高額なもので、それが茶の密輸を横行させた。

この高い関税率が一二・五パーセントにまで劇的に引き下げられたのは、アメリカの独立を正式に認めたパリ条約締結の翌一七八四年、インド統治法を成立させたウィリアム・ピット（小ピット）内閣の時である。王権の縮小を狙うアメリカ独立戦争終結当時の内閣（連合政権）を牽制すべく首相に登用されたピットだったが、行財政改革を推進することで、結果的に、国王の政治権力を削減し、首相権限の強化を実現させた。その彼のもとで実現した茶への関税引き下げだが、実はすでにそれまでに、かなりの割高感にもかかわらず、イギリスでは茶の消費がコーヒーの消費を上回りはじめていた。統計によれば、両者の輸入量が逆転しはじめたのは一七三〇年代。六〇年代にはイギリスの茶の消費量は、ヨーロッパ全体の三倍にのぼったという記録もある。

ティーガーデンでくつろぐ上流階級の一家　ジョージ・モランド、1790年ごろ。テート・ギャラリー

コーヒーから茶への転換に女性が大きな役割を果たしたことは、いくつかのエピソードに刻印され、茶の歴史を彩っている。

そもそも、飲茶の習慣は、一七世紀初頭、中国から茶を買いつけていたオランダ、アムステルダムのサロンではじまったといわれる。それを、イングランドの宮廷や上流階級に広めたのは、王政復古とともに復位したチャールズ二世の王妃、当時の東洋貿易の先進国ポルトガルの名門ブラガンザ家出身のキャサリンであった。その二〇年余り後、名誉革命で夫ウィリアム（三世）とともにイングランドの王位に即《つ》いたメアリ二世も、彼女の実妹であるアン女王も大の紅茶好きで、宮廷で茶会が何度も催されたことが上流階級の紅茶消費に拍車をかけた、といわれる。こうした王室の支援は、やがて王室御用達というシステムを成立させて、単なるモノに新たな意味や役割を付与することになる。

宮廷を超え、階級を超えて、飲茶の習慣がイギリス社会に広がる契機もまた、ティーガーデンという空間によって与えられた。茶葉が量り売りされて自宅に持ち帰られ、家庭で楽しむことができたからである。すでに一六五七年、ロンドンのコーヒーハウス一号店「ギャラウェイ」では、万能薬、不老不死の妙薬として茶が宣伝され市販されていたが、それを大々的に展開したのが先述したトワイニングであった。

一八世紀前半には茶の効用をめぐる論争が巻き起こったが、それこそ、茶が「流行病のごとく」社会の上から下に浸透しつつあった証《あかし》だろう。上流階級から中流家庭へと持ち込まれた茶は、一八世紀後半の産業革命期、労働者の生活にもゆっくりと浸透していった。労働時間の長時間化にともない、労働者の食事のあり方が大きく変化した当時、スープや粥に代わって、いつでも手軽に食べられるパンと砂糖・ミルク入りの紅茶が、彼らの朝食の定番となったのである。紅茶は冷たい食事に温かみを添えるだけでなく、当時の清潔とは言いがたい水を沸騰させることで、身体にも安全な飲み物であった。さらには、労働者を酒、とりわけジンから遠ざけるためにも、茶が推奨された。ボーンチャイナの骨灰磁器が発明されて、イギリス国内で陶磁器の大量生産が可能となり、飲茶を演出するツールが整ってくるのも、一八世紀後半のことである。

こうした変化が、アフタヌーン・ティーの習慣を生みだした。当時のイギリスでは、ボリュームのある朝食をとり、昼食は簡単にすませ、夜八時以降に遅い夕食をとるのが一般的であった。夕食までの空腹を満たすべく、午後三時から五時過ぎごろにかけて、パンやビスケット、菓子をつまみながら茶を飲むアフタヌーン・ティーの習慣は、一八四〇年代に第七代ベドフォード公爵夫人アンナによって発明されたといわれる。この習慣もまた、一九世紀半ば以降、「上から下へ」と浸透していき、労働者階級の間では夕方遅くのハイ・ティーが主な食事時間となっていった。茶はイギリス人の食事のありようを大きく変えたのである。

言い換えれば、イギリス社会において、茶はコーヒーとは異なり、女性というジェンダー、家庭という場と結びつけられることによって、幅広い層に浸透していったといえる。この傾向は、「女性の居場所は家庭である」ことが強調されたヴィクトリア朝時代（一八三七〜一九〇一）、さらに顕著になっていった。

「家庭は城である」

一九世紀半ば、ロンドンの路上を観察、記録したヘンリ・メイヒューは、二〇年前にはほとんど知られていなかった「屋台のコーヒー売り」について、こんな観察を披露している。

屋台によっては夜の一二時ごろ現われたり、午前三時か四時にならないと現われないものもある。夜一二時に出て来る屋台は「夜歩きしている人たち」――つまり放埒な紳士と身持ちの悪い女――のひいきにあずかり、早朝現われるのは労働者のための屋台である。
(『ヴィクトリア時代・ロンドン路地裏の生活誌』植松靖夫訳、原書房)

とりわけ、メイヒューの目には、若く美しい売春婦が暖を求めてコーヒー売りの屋台に集まる姿が哀れに映ったようだ。少なくとも彼には、屋台でコーヒーを飲む人びとは、「家庭の団欒《だんらん》」の対極に位置する存在に見えたのだろう。夜歩きする男女はもちろんだが、当時、調理設備のない部屋を間借りし、露天の食べ物屋や屋台から調理済みの食事を買っていた多くの労働者も、ミドルクラスのモラルからすれば似たような存在だったかもしれない。

それにしても、ヴィクトリア朝時代の半ば、ロンドンの路上を彩った屋台が、「紅茶売り」ではなく、「コーヒー売り」を称したことは何を意味しているのだろうか。

実は、統計によれば、一八五〇年代まで、つまりメイヒューが先の観察を記録した時期、紅茶とコーヒーの消費量は、まだまだ拮抗していた。紅茶が高かったからである。東インド会社の中国茶の輸入独占が廃止されるのは一八三三年。それまで、いやそれ以後もしばらく、庶民にとってはコーヒーこそが日常の飲み物だった。

その一方で、ヴィクトリア女王の即位(一八三七)前後から、社会の中間層であるミドルクラスが再編成され、独自のモラル――たとえば家庭重視、勤勉、自助など他者からの尊敬に値すること――を明確に打ちだしていた。たえず「ファミリー」として表象されたヴィクトリア女王一家は、この新しいモラルのシンボルでもある。いや逆に、社会変化を敏感に察知した女王が、「家庭重視」という新しいモラルを自身にあてはめ、女性君主であるがゆえのデメリットを補完して権力の安定を図ろうとした、と捉えた方が正確かもしれない。一九世紀半ばのイギリス社会は、王室にさえ、よき家庭、よき家庭人たることを求めるようになっていたのである。一八六〇年代後半のイギリスを旅したフランスの文芸批評家、歴史家、哲学者でもあるイポリット・テーヌは、『イングランド覚書き《おぼえがき》』（一八七二）のなかで、「イギリス人にとっての幸福な家庭とは、夕方六時に帰宅し、貞淑なる妻にお茶を入れてもらい、膝の上にはいあがる四、五人の子どもたちに囲まれ、うやうやしく使用人にかしずかれる状況である」と述べている。彼のいう「貞淑なる妻」が、「家庭の天使」とよばれた当時の女性の理想像だ。すなわち、屋台のコーヒーではなく、家庭で飲む一杯の紅茶は、ヴィクトリア朝の人びとが何よりも大切にしたい「一家団欒」のシンボルとして意識されていたのである。

ロンドンのコーヒー屋台　J. Canning & A. Briggs, *The Illustlated Mayhew's London*, 1986

この意識は、コーヒーハウス衰退後の男性空間の展開——上・中流階級の男たちはクラブ、労働者階級の男たちはパブあるいは労働者クラブ——とも無関係ではあるまい。一九世紀のイギリス社会に定着した多様な男たちの空間が、紅茶をいっそう、家庭の団欒と結びつけたのかもしれない。ヴィクトリア朝時代、家族で飲む一杯の紅茶は、文字通り、イギリスの有名な格言——「イギリス人の家庭は城である」——を可視化していた。

東インド会社に対する規制

一九世紀後半におこった紅茶の「国民化」の起爆剤となったのは、植民地インド及びセイロン（現スリランカ）での茶栽培の開始と、それにともなう茶の価格の大幅な下落であった。それは、インドや中国との貿易を独占してきた東インド会社への規制強化政策と重なる。すなわち、紅茶というモノからながめると、その取引・消費量拡大の歴史は、帝国再編と密接に関わっていたことになる。

一八世紀前半、紅茶の消費量がコーヒーを上回りはじめたころ、東インド会社が中国から独占的に輸入していた茶、すなわち当時のイギリス人が飲んでいた茶は、もっぱら緑茶、それも、高級茶用に摘み取った後の質のよくない茶葉を精製した、安い大衆向けの粉緑茶であった。一八世紀半ばには製法の改良により、茶の産地として有名な福建省武夷山でとれた茶葉を発酵させたボヒー茶（ウーロン茶）が作られるようになった。それをさらにしっかりと発酵、焙煎して作られたコングー（工夫）茶が、いわゆるブレックファスト・ティーである。それまで緑茶を飲んでいたイギリス人がこの「紅い茶」——文字通りの紅茶——を愛飲するようになるのは、ボヒー茶とコングー茶との価格差がなくなる一七九〇年代以降のことだった。

茶をめぐる状況は、東インド会社の対中国貿易の独占が廃止される一八三三年前後にさらに変化する。茶の対価として中国に支払う銀の代わりにインド産のアヘンをあてたことでいわゆるアヘン問題が発生し、対中国貿易の将来が疑問視されるようになったからである。かくして、植民地インドでの茶栽培の可能性が模索されはじめた。

紅茶原木の発見とインド

一八二三年、スコットランド出身の東インド会社軍少佐ロバート・ブルースは、インド北東部のアッサムに自生する原種の茶樹を発見し、彼の死後、弟チャールズが十数年をかけて独力でその栽培を成功させた。ほぼ同時期の三四年、インド総督ウィリアム・ベンティンクが設立した茶業委員会が中国種の苗木に固執したのとは対照的に、チャールズは「アッサムの地にはアッサム種の苗木を」と主張し続け、これが功を奏したといえよう。ちなみに、インドで唯一、中国種の苗木が根づいたのが、北部のダージリン地方だった。

アッサムで本格化する茶栽培の前に立ちはだかったのは、茶園の労働力確保の問題であった。奇《く》しくも、インドで茶栽培が模索された時期は、大英帝国内部で奴隷制度廃止が宣言された時期と重なっている（最終的に英領インドで奴隷制度が廃止されるのは一八四三年のことである）。しかしながら、自由な現地人労働力の確保はきわめて難しかった。

茶の栽培、精製、販売を目的に一八三九年に設立されたアッサム会社は、人手不足解消策として、アッサム以外、とりわけベンガルからの労働者を大量に移住させた。それによって、インドの農民が半奴隷状況で雇用されるとともに、インド農業のモノカルチャー化が進んだ。その結果、食糧不足に陥ったインドでは、微妙な天候不順や不作が人びとの生活に致命的な影響を与えるようになる。イギリスがインドを正式に植民地化した一八七七年、ヴィクトリア女王のインド女帝宣言を祝う儀式は、前年から続く深刻な食糧飢饉のまっただなかで挙行された。当時の餓死者は数百万人にのぼったと伝えられる。それを隠蔽《いんぺい》した帝国構造のなかで、紅茶をイギリス人の国民的飲み物とする最終段階——販売価格の値下げ——が実現する。一八八〇年代、インドやセイロン産の茶が大量に流通し、混ぜ物なしのおいしい紅茶が労働者の食卓にも届くようになったのである。それが帝国の恩恵であることを、トマス・リプトン自らがブランド名に刻印している。「帝国紅茶《インペリアル・ティー》」——。

帝国紅茶の誕生とスリランカ

インドの南、インド洋上に浮かぶセイロン島は、一九世紀半ばまでコーヒーの一大生産地として知られていた。その後、銹《さび》病とよばれる病気で島のコーヒー農園はほぼ全滅。それを茶園に転換した「セイロン紅茶の父」が、スコットランド人ジェイムズ・テイラーだった。彼の例にならい、一八九〇年、やはりスコットランド出身の紅茶商人トマス・リプトンが茶園経営に着手し、「茶畑から直接ティー・ポットへ」というキャッチフレーズを世に送り込んだ。

しかしながらその陰で、茶園の労働力として南インドからセイロン島に強制移住させられたタミル人の存在に思いをはせる人が、一九世紀末のイギリス社会にどれほどいただろう。一八四〇年代から約一〇〇年にわたってこの島に流入したタミル人移民労働者は、紀元前からこの島にいる「スリランカ・タミル」と区別して「インド・タミル」と呼ばれる。コーヒー農園時代には出稼ぎ労働が中心だったが、より安定した居住労働を必要とする茶栽培への転換によって定住移民が増えたため、現地シンハラ人との軋轢《あつれき》も強まった。言語以外に、人口的に圧倒的多数のシンハラ人が仏教徒、タミル人がヒンドゥー教徒という宗教の違いも対立の一因となっていた。

すでに独立以前の一九三〇年代からその帰属が政治問題化していたインド・タミルだが、四八年、セイロンの独立（七二年、スリランカに改称）とともに彼らには市民権が拒否され、前年に独立したインド政府との調整も進まぬままに、長らく無国籍状態に置かれた。何の補償もなく貧困状態が悪化するなか、彼らは、シンハラ・ナショナリズムと「スリランカ・タミル」との対立に端を発する紛争に巻き込まれていく。「タミル・イーラム解放の虎《くみ》」という民族主義組織で知られるスリランカ・タミルのテロ活動にインド・タミルは与していないものの、シンハラ人にとって「二つのタミル人」の間に差はなく、紛争の激化とともに、インド・タミルからも多くの犠牲者が出た。四万人近い死者を出した二〇〇四年一二月のスマトラ沖地震による津波被害からの復興においてさえ、民族対立はさらに悪化した。

先の見えないスリランカ民族問題のなかでも、さらに置き去りにされた感のあるインド・タミル——帝国紅茶がもたらした紅茶の「国民化」を、手放しでは喜べない現実がここにある。

巨大睡蓮と万博

クリスタル・パレスの立て役者

一八五一年三月、ロンドン、ハイドパークの一角に巨大な宮殿が姿を現わした。前年七月より建築が進められてきたその建物——鉄骨の枠組みに三〇万枚もの板ガラスをはめ込んだガラスの宮殿、その名もクリスタル・パレス(水晶宮)は、世界初の万国博覧会の会場である。ここで開催された万博がどのようなものであったかについては他の本に譲ろう。ここでは、この建物の設計者が建築の専門家ではなく、造園家であったという事実にこだわってみたい。

ヴィクトリア女王の夫君アルバート殿下の肝いりで準備がはじまった初の万博会場の設計には、二四五点もの公募作品が集まった。建築委員会はそのすべてを却下し、雑誌『イラストレイティッド・ロンドン・ニューズ』に自前の設計図を公開したが、聞こえてきたのは大ブーイング。後世の建築家に「いわゆる委員会の手になる悪例の最たるもの」とまで書かれてしまった。あわや万博自体の中止、というこの危機を救ったのが、造園家のジョゼフ・パクストン(一八〇一~六五)であった。

ベドフォードシャーの寒村で農家の三男に生まれたパクストンは、独学で造園を身につけ、園芸好きの貴族、デヴォンシャー公爵の目にとまり、公爵が各地に抱える屋敷の造園を任される一方、橋梁やガス工場などでも技術を身につけ、やがて鉄道会社の取締役にまでなった。その意味で彼は、ヴィクトリア朝の繁栄を支えた叩き上げの人、自助の人であった。

クリスタル・パレス　C. H. Gibbs-Smith, *The Great Exhibition of 1851*, 1981

明治日本で国づくりに燃える若者の愛読書、中村正直が訳した『西国立志編』の著者であるサミュエル・スマイルズは、パクストンの同時代人である。スマイルズに象徴される「叩き上げ」の精神が加わることで、それまでもっぱら海上交易とそれを守る海軍――ジェントルマンという価値観を中心に動く人びと――によって支えられてきた大英帝国に、新たな価値観が付与された。鉄道や駅、病院や学校といった公共施設の建設、あるいは植物園や動物園、博物館といった知の空間創造などが、そのひとつの、そして重要な受け皿となった。

もっぱら造園家として名をあげ、植物学者であるジョン・リンドリーと共同で造園専門誌を創刊したパクストンに、世界初の万博会場の設計者という歴史的栄誉を与えたのは、大英帝国を結ぶ植物ネットワークと、そのなかで当時注目を集めていたある植物だった。

巨大植物、ヴィクトリア・レギア

ヴィクトリア・レギア、通称オオオニバス。世界最大の睡蓮《すいれん》で、葉の直径は二メートルにもなる。現在、原産地である南米北東部、ガイアナ共和国（英領ギアナ）の国花となっている。

この巨大睡蓮が、ドイツ生まれの探検家、博物学者であるサー・ロバート・ションバーグ（一八〇四〜六五）によって発見され、その種子がロンドンの王立地理学協会に持ち帰られたのは、ヴィクトリア女王即位の年、一八三七年のことであった。この出来事は、当時の大英帝国の拡大と関わる二つの組織の存在を浮き彫りにしてくれる。

ひとつは、ションバーグのギアナ探検のスポンサーとなった王立地理学協会である。一八三〇年、ロンドン、ケンジントン・ガーデンの近くに作られたこの協会は、地理上の探検や発見などに関心をもつ貴族や軍人、官僚や学者らをメンバーに抱え、地図上で未知の地域への探検をバックアップしてきた。リチャード・バートンとジョン・スピークのライバル合戦で注目されたナイル川の水源発見は、その典型例である。

ヴィクトリア・レギアの発見者となったションバーグが、なぜイギリスのこの組織と関係をもつようになったのか。そこには、当時「未知の発見」に大きな意味を見いだしつつあった大英帝国の新たな戦略が見え隠れする。

ルター派牧師の息子であったションバーグは、アメリカでタバコ栽培のビジネスに乗り出したが失敗。その後流れていった西インドの英領ヴァージン諸島で、王立地理学協会との接点が生まれる。難破が多発したアネガダ島沿岸周辺を私費で測量してまわり、地図を作製したのである。地図のできばえと地域を描写する彼の表現力に感銘を受けた協会は、ションバーグに英領ギアナ奥地の探検を依頼した。一八三五〜三九年、三回にわたってギアナを探検したションバーグがヴィクトリア・レギアを発見したのは、二回目の探検中、一八三七年一月一日のことであった。

その後も彼は、王立地理学協会のみならず、イギリス政府からの委託を受けて、地理上の境界線が曖昧だったギアナ奥地をさらに旅し、境界を画定する測量作業をつづけた。このときのギアナ経験を加えて、ションバーグは、彼の探検の二五〇年近く前、同じ地域を黄金郷を求めて旅したサー・ウォルター・ローリーの記録『広大にして資源に富む美しきギアナ帝国の発見』（一五九六）を編集し、詳細な地図を付けている。

測量作業のなかで正確さを期すことに心を砕いたションバーグは、後に「地理学調査に献身するあまり、当時の私は（地理学という学問の）完全な奴隷であった」とふりかえる。そのために彼は、同行するメンバー、とりわけ、壊れやすい機材を運ぶ荷役やカヌーの漕ぎ手に、軍隊にも似た厳しい規律を求めた。当時の測量技術の限界やコスト面から、彼の測量はけっして正確とはいえなかったものの、イギリス政府は彼が作製した地図をもとに国境を画定した。彼のミスが判明するのは、一九五〇年代、隣国ベネズエラとの国境紛争においてである。

一八四四年、ヴィクトリア女王によってナイトに叙されたションバーグは、バルバドス、サン・ドマングなどの西インド諸島で外交官を務め、五七年にはバンコクにも赴任した。彼のような探検家から外交官への転身は、大英帝国が得意とする「裏技」でもあった。帝国は、ションバーグのような探検家を外交官として抱え、現地の人びととの交渉にあたらせながら、地理的な拡大を実現させていったのである。

植物ネットワークの帝国

ションバーグは当初、英領ギアナのジョージタウンで巨大睡蓮の人工栽培を試みたが、これは失敗に終わった。一八四六年には、探検家トマス・ブリッジが、壺に入れた二五粒のヴィクトリア・レギアの種を再びイギリスに送ったのだが、その宛先が、帝国拡大と関わる二つ目の組織、王立キュー植物園であった。ロンドンの南西約一六キロ、テムズ河畔《かはん》に広がるこの広大な空間が、植物というモノを通じた帝国ネットワークの拠点である。

ヨーロッパ以外からのモノが大量に流入した商業革命の時代、イギリスでは、ヨーロッパに自生しないコーヒーや染料の原料であるインディゴなど、熱帯植物への関心と需要が高まり、これらを移植する作業がはじまった。合成繊維や化学薬品が開発される以前、植物は産業と直接結びついていたし、大航海時代にヨーロッパに紹介されたじゃがいもの例をあげるまでもなく、植物は、食や薬の開発、独占とも不可分であった。植物への関心は、王立協会《ロイヤル・ソサエティ》に集った地主ジェントルマンらの趣味を超えて、島国の活路ともつながっていた。世界中の植物情報を収集し、植物そのものを管理し操作することは、グローバルな支配の鍵を握っていたからである。とりわけ、ヨーロッパの地理環境と大きくかけ離れた熱帯を飼い馴らすために、植物情報は不可欠だった。しかも幸いなことに、植物の種子は簡単に持ち運びできた。

アメリカを失った一七八〇年代以降、すでにこうした見方が帝国再編プロセスに組み込まれていたことを王立キュー植物園は物語る。一二〇ヘクタールの広さを誇るこの植物園は、もともとジョージ二世の長男フレデリックによってはじめられ、その息子ジョージ三世に引き継がれた。ここに、大西洋上に探検と発見の旅をつづけたキャプテン・クックの第一回航海（一七六八〜七一）に同行したアマチュア植物学者、ジョゼフ・バンクスが登場する。すでに非公式にジョージ三世と王立キュー植物園の顧問を務めていた王立協会会長バンクスは、一七九七年、正式にこの植物園の責任者となった。

バンクスが植民地に関心を抱くようになったのは、オーストラリアでの経験によると思われる。ニュー・サウ

ヴィクトリア朝時代に大流行したシダ栽培用のケース　J. M. Mackenzie(ed.), *The Victorian Vision*, 2001

ス・ウェールズ植民地最大の支持者であった彼と関わる地名、一七八八年に最初の移民船団が錨を下ろした湾――ボタニー湾（ボタニーbotanyは植物学の意味）という名称が何よりの証《あかし》だろう。彼は、植民地の総督や官僚らに各地の植物をキュー植物園に送るように要請し、プラントハンターによって集められた多様な野生種を栽培種に変える品種改良や、薬草や毒薬などの研究をおこなった。一八一三年の記録によれば、すでにキュー植物園に移植された植物の種類は一万一〇〇〇種を超え、その一部はさらにここから植民地の植物園に移された。そのひとつ、マラリアの特効薬キニーネがとれる南米アンデス原産のキナノキは、熱帯に植民地を拡大する大英帝国にとって頼もしい武器となり、アフリカ大陸の探検を支えた。

王立キュー植物園のパーム・ハウス

一八四〇年、キュー植物園は一般公開され、初代園長となったサー・ウィリアム・ジャクソン・フッカーは、海軍や植民地省、インド政庁などとの協力体制を確立して、大英帝国内部の植物交流計画を進めた。熱帯に拡大しつつあった植民地との連携は、フッカー園長が建設した巨大温室「パーム・ハウス」で強まった。その名の通り、ここは熱帯に生育するありとあらゆるシュロ（パーム）の一大コレクションであり、シュロのみならず、熱帯植物の栽培に関する研究や調査の実験場ともなった。一九世紀末、キュー植物園を核とする植物園のネットワークは、インド、オーストラリアやタスマニア、ジャマイカやモーリシャス、フィジー諸島、マレー半島などに拡大し、その運営には、キュー植物園で専門訓練を受けたイギリス人があたった。このネットワークは、「植物帝国主義」とも呼ばれる。

大温室での成功

さて、ヴィクトリア・レギアの種子を寄贈された王立キュー植物園は、さっそく「パーム・ハウス」での人工栽培に着手した。ところが、葉や茎は生長しても、肝心の花が咲かない。困った植物園は、一八四九年、ヴィクトリア・レギアの双葉を一株、パクストンに送り、それを彼が管理責任者を務めるチャッツワースで栽培するよう依頼した。

ダービーシャーにあるチャッツワース・ハウスは、パクストンの造園家としての才能を見いだしたデヴォンシャー公爵が所有する大きな屋敷と庭園である。公爵の厚い信望からここの庭園管理を任されたパクストンは、すでに一八三七年、ここに大温室を造っていた。彼が四年がかりで完成させた丸天井のガラス張り大温室は、長さ二七七フィート（約八三メートル）、幅一二三フィート（約三七メートル）、中央部の高さ六七フィート（約二〇メートル）で、七マイル（約一一キロメートル）の鉄パイプを使って八機のボイラーで暖めるしくみになっていた。女王の訪問にそなえて、中央には一万二〇〇〇個の照明のある馬車道が設けられていた。ヴィクトリア・レギアの栽培は、この温室の評判を聞いたキュー植物園からの依頼だったが、実は、彼の後ろ盾であり自らも園芸に通じていたデヴォンシャー公爵と、やはり園芸通で知られたノーサンバーランド公爵とのライバル合戦も絡んでいた。

パクストンはこの時、巨大睡蓮が育った暖かい沼地の環境を再現すべく、水車で水槽の水を流動させる装置を作ったのだが、これが当たったのか、睡蓮は二ヵ月で直径一五センチほどの四つ葉となり、さらに一ヵ月後の一八四九年一一月にはピンクの花を咲かせたのである。こうして、イギリスにおける初のヴィクトリア・レギアの人工栽培は成功した。栽培競争に勝利したデヴォンシャー公爵は、最初に咲いた花のひとつを女王に献じ、「ヴィクトリア・レギア」(ヴィクトリア女王)と命名したのである。ちなみに、ノーサンバーランド公爵お抱えの園芸家も、その少し後、公爵が所有するサイオン・ハウス(現在はキュー植物園の一部)で栽培に成功している。

話はこれで終わらなかった。その後も順調に生長しつづけたヴィクトリア・レギアのために、もっと大きな専用温室が必要になった時の話である。パクストンがこの巨大睡蓮の上に娘のアニーを乗せてみたところ、睡蓮の浮力は少女の体重を楽々と支えたのである。驚いたパクストンがこの葉の構造を綿密に調べると、世界一大きいその葉の裏側一面に、中空構造になった葉脈が張りめぐらされており、それが強度と浮力を増したことがわかった。ヴィクトリア・レギア自体の構造が、この植物専用の温室を構想していたパクストンを刺激した。総ガラス張りの温室の屋根を支える横梁に中空にした木材を使用し、それを支える鉄柱も中空にして重さを減らす——それが経済性をもたらした。ヴィクトリア・レギア専用の温室はこうして完成し、同じ発想が万博会場となるクリスタル・パレスに生かされることになる。

公募作品や建築委員会の独自案すべてが却下された後に提出されたパクストン案は、長さ一八〇〇フィート余り、幅四〇〇フィートを超える巨大な建物をガラス張りにするという、前代未聞の計画であった。一八四四年までガラスに物品税がかけられていたこともあって、ガラスの建物など当時の人びとには思いもよらなかったはずだ。ところが、雑誌に発表された彼の設計案は大好評を博した。設計確定までに予想以上の時間を費やしたことから工事日数も削られたが、パクストンは今のプレハブ工法のようなものを取り入れ、板ガラスやサッシ、桟などを規格サイズであらかじめ製造しておき、現場で組み立てる方法で乗り切った。最大の問題はガラス資材の調達だったが、それも、チャッツワースの温室計画を支えたチャンス兄弟社の協力で事なきを得た。

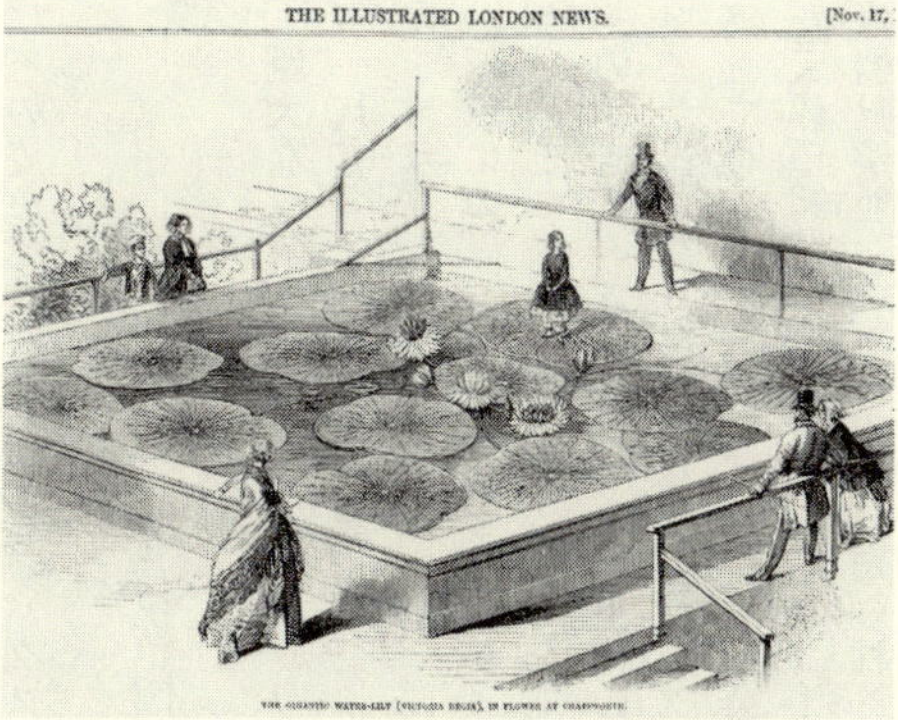

オオオニバスに乗る　*The Illustrated London News* (1849.11.17)

こうして、中空の鉄柱と横梁に支えられた総ガラス張りの建物——巨大睡蓮から発想された万博会場は、一八五一年、ハイドパークの一角にその姿を見せたのである。パクストンは、「自然が技師だった」との言葉を残している。

モノたちを見せる帝国

巨大なショー・ウィンドー、クリスタル・パレス

一八五一年五月一日に開幕した世界初の万国博覧会の展示品は、原料、機械、織物、金属・ガラス・陶器製品、雑製品、彫刻・模型・造形美術品の六部門、三〇部類、総数は約一〇万点にのぼった。挿絵《さしえ》と解説が入った公認カタログは、一冊五〇〇頁で全三巻という分厚さ。そこに掲載されたモノたち——アメリカ、マコーミック社の自動刈入機、イプスウィッチのランサムズ・アンド・メー社の種まき機といった農機具。郵便制度の確立とともに必須アイテムとなった封筒を一時間に二七〇〇枚も作れる製造機。鉄道大国イギリスの技術を結集してグレート・ウェスタン鉄道会社が作った大型機関車ロード・オブ・アイルズ号。大きな天体望遠鏡や飾り時計と同じコーナーには、義足や義手、義歯、人工鼻といった新しい医療器具が並ぶ。刃物産業で知られるシェフィールドの名門ロジャーズ・アンド・サンズはスポーツマン用万能ナイフを出品したが、この万博のためだけに作られた一八五一枚刃のナイフなどという実用性を無視した展示品もあった。

これらを収めた器、三〇万枚のガラスから成るクリスタル・パレスはさながら、モノたちの壮大なるショー・ウィンドーといったところだろう。

実際、一〇万点ものモノを飲み込んだ万博会場は、日常のありふれたモノの取引、買い物における人びとの消費意識を大きく変質させる展示革命の場でもあった。クリスタル・パレスの主役は人ではなくモノであり、ここにやってきた人は、誰もが民主的に肩を並べ、主役たちに見入るのである。膨大な量のモノが一堂に集まった様子に、開通間もない鉄道に乗って初めて帝都ロンドンを訪れたお上《のぼ》りさんたちは、さぞかし度肝を抜かれたことだろう。そして、この巨大なショー・ウィンドーからヒントを得て、モノたちはイギリス人の生活を大きく変えはじめた。

ホワイトリー・デパート

「このクリスタル・パレスのように、ひとつの屋根の下にすべてのモノを集め、展示しよう」――お上りさんのひとりが万博会場でそうつぶやいた。名をウィリアム・ホワイトリー（一八三一～一九〇七）という。イングランド北部、ヨークシャーはウェイクフィールドの小間物店で徒弟をしていた男である。ウェイクフィールドの毛織物業の退潮と相まって、別の世界で自分を鍛えたいと思っていた彼を、クリスタル・パレスの展示が刺激した。

年季が明けた一八五三年、ホワイトリーはロンドンにやってきた。所持金はわずか一〇ポンド。シティの小間物問屋に就職した彼は、その後も修業を積みながら、節約を重ねて資金を貯め、六三年一一月、ウェストボーン・グローヴに小さな小間物屋、今でいうファンシー・ショップをオープンさせた。二人の女性店員とメッセンジャー・ボーイがひとり。以後、彼はこの界隈の商店を次々と買収しながら、まずは服地や衣類部門を充実させ、ついで商品の幅を食料や飲み物、文房具や金物、家具類へと広げ、衣食住の総合小売店、すなわち百貨店の体裁を整えていった。七〇年代になると、クリーニング、不動産仲介、美容院、銀行預金などにも業務を拡大。キャッチフレーズは「一本のピンから一頭の象まで」——自らを「ユニヴァーサル・プロバイダー」と称したホワイトリーは、葬儀部門まで設立している。一八九〇年までに従業員も六〇〇〇人を超えた。

ホワイトリー・デパートは派手な宣伝を展開したわけではない。新聞広告もなく、街頭でチラシを配っただけだった。宣伝が消費の鍵を握る大衆消費社会へと向かう時代にあって、ホワイトリーが貫いたのは、あのクリスタル・パレスでつかんだインスピレーション——ひとつの屋根の下にできるかぎり多くのモノを集め、それを魅力的に展示すること——であった。大きな窓に明るい照明、そこに浮かびあがる商品——購買意欲を高めるウィンドー・ディスプレイで、ホワイトリー・デパートは大評判をとった。

もうひとつ、ホワイトリーが万博に学んだこと。それは、買い物になくてはならない「足」の確保であった。一八五一年の万博に際しては、鉄道はもちろん、会場までの特別乗合馬車など、「足」の確保が徹底された。それが、のべ入場者六〇四万人、外国人やリピーターを考慮しても少なくとも三五〇万人、当時の連合王国全人口の二割弱（アイルランドを除く算定）もの動員を可能にしたといえる。この動線をホワイトリーが強く意識していたことは、彼がウェストボーン・グローヴを選んだことからも明らかであった。

実は、かつてウェストボーン・グローヴは、小間物商人の間で「倒産通り」とささやかれ、ホワイトリーが店をオープンさせた当時、同業者の間では「よりにもよって」と失笑を買ったという。しかしながら、この選択にこそ、彼の観察力と先見の明が生かされていた。ウェストボーン・グローヴはパディントン駅に近く、新興の繁華街として開発が進められていたベイズウォーターにも至便な地であった。彼はまた、こうした環境の変化から、流行に敏感な人たちがウェストボーン・グローヴに出入りしはじめたことを見のがさなかった。しかも幸運なことに、地下鉄サークル・ラインのベイズウォーター駅が彼の店から徒歩二、三分のところにできたのである。くわえて彼は、もうひとつの買い物の「足」、乗合馬車にも目をつけ、一八九〇年代には一二分間隔でパディントン駅と店とを結ぶ私設馬車を運行させている。

ホワイトリーのアイデアは尽きなかった。適正価格を値札で明示したこと、郵送による注文の受付、地方や外国からの顧客のための宅配制度――こうした独自の発想によって、耐久性を重視してきたそれまでの買い物のあり方は大きく変わり、流行を追い求める感覚を浸透させていった。必要のないところに「流行に追いつく」という必要性を創出し、潜在的な顧客を開拓する――それこそ、「役立つ／役立たない」というボーダーラインを無視して、モノを大量にひとつ屋根の下に集めたクリスタル・パレスの教訓であった。ショッピングは購買力の問題ではなく、購買欲をいかにかき立てるかの問題――万博の展示革命は、モノに対する人間の欲望をかぎりなく呼び覚ますものだったのである。

一八九七年、ホワイトリー・デパートは火事で焼け落ちた。一九一一年一一月に再建され、ロンドン市長臨席のもと、盛大な落成式がおこなわれたが、そこにホワイトリーその人の姿はなかった。彼はその四年前、彼の私生児を主張する二九歳の青年に射殺されたのである。「悲劇は火災にはじまった」というロンドン子の噂が、その四半世紀後、一九三六年に焼け落ちるクリスタル・パレスの運命を予見していたと見るのは、深読みにすぎるだろうか。

石鹼とアフリカ

一八五一年の万博では、石鹼・香料の部類に七二七もの石鹼メーカーの出品があった。そのうちの半数をイギリスのメーカーが占め、メダルはヤードリー&スタッタム（現ヤードリー）社の「オールド・ブラウン・ウィンザー石鹼」に贈られた。

イギリスにおける石鹼製造の歴史は、ヤードリー&スタッタム社の創業期である一七世紀にまで遡《さかのぼ》ることができる。当時石鹼は一部の富裕層の奢侈《しゃし》品であり、大衆化するのは世界初の万博が開かれた一八五一年以降のことだった。万博会場が示した新しい挑戦――「モノをいかに見せるか」によって、この業界も大きく変わっていく。

一九世紀後半、石鹼工業で大躍進したのはイングランド北西部のランカシャーを中心とした地域だが、そのなかで第一次世界大戦まで他の追随を許さなかったのが、「サンライト石鹼」のリーバ兄弟会社である。ヨーロッパ油脂業界のライバル、マーガリンで知られるオランダのマーガリン・ユニ社と合併し、ユニリーバ社ができるのは世界恐慌勃発直前、一九二九年九月のことだ。

一八七〇年代に、ヤードリー&スタッタム社を追いおとし、国民的な石鹼となった「サンライト石鹼」のリーバ兄弟は、もともと、ランカシャー、ボルトンの食料雑貨卸売業者の息子たちである。石鹼を切り分けて包装する仕事にはじまり、やがて食料雑貨経営に参画した彼らは、特別発注した石鹼「リーバズ・ピュア・ハニー」を売り出し、七五年の商標法の施行とともに、この石鹼を「サンライト」として商標登録し、大々的な宣伝を打った。獣脂より液体油脂成分が多く、泡立ちのいい「サンライト・セルフ・ウォッシャー」は大いに売れた。七七年に兄のW・H・リーバはリーバ商会を立ち上げ、「サンライト石鹼」を主力商品として卸売業をはじめたが、当時は石鹼の表面から油滴がしみ出したり、酸敗して悪臭を放つなど問題があった。女性客からのクレームがヒントとなり、リーバ商会は、棒状の石鹼を切り売りするそれまでのやり方をやめて、手頃なサイズの石鹼を型抜きで作りはじめ、これが大当たり。彼は、弟のジェイムズ、そしてウィンザー社の石鹼工場長で研究員でもあったパーシィ・ウィンザーと協

サンライト石鹼の「ヴィクトリア女王即位60周年記念」広告　*The Graphic*（1897.6.28.）

力して、八五年、石鹼製造に乗りだした。実験を重ねた末に誕生した新「サンライト石鹼」には植物性油脂が多く配合されており、そのなめらかな肌触りが大人気を博した。

この石鹼をもとに九〇年に立ち上げられたのが、有限会社リーバ兄弟会社である。同社は、品質を維持しながら生産をさらに拡大しようと、石鹼製造のポイントとなる油脂原料、とりわけ、植物性パーム油の豊かな産地である西アフリカに注目し、すぐさまナイジェリアでのパーム油農園計画を打ち出した。ところがここで、思わぬところから横やりが入った。北部ナイジェリア保護領の初代高等弁務官となるフレデリック・ルガードが掲げた「間接統治」——できるかぎり現地のシステムに手を入れない植民地統治の手法——に、イギリス人による農園経営が抵触するというのである。また、南部ナイジェリアでは、ヨーロッパとの長い交易の歴史のなかで現地人による農業生産がそれなりに発展しており、植民地政府は、新たにイギリス人資本家を参入させるよりは、すでに基盤固めを終えた現地農民の生産力向上を望んだ。

一九〇九年、そんなリーバにベルギー政府からコンゴでの農園開発の打診が舞い込む。だが、そこにも問題があった。一八八五年、アフリカ分割を決めたベルリン会議でベルギー王室の私有財産として成立した「コンゴ自由国」では、ベルギー王レオポルド二世と結託した外資系企業による徹底した収奪がおこなわれており、とりわけ、イギリス外交官のロジャー・ケイスメントとジャーナリストのE・D・モレルが暴いた、現地人に対する搾取と虐待が、国際的な非難を浴びていたからだ。この二人を中心とする二〇世紀初頭のコンゴ改革運動の支持者には、この事件を題材に『闇の奥』（一八九九）を書いた作家ジョゼフ・コンラッドや『トム・ソーヤの冒険』で知られるアメリカの作家マーク・トウェイン、ドレフュス事件で健筆をふるったノーベル賞作家アナトール・フランスらがいる。高まる批判をかわすべく、ベルギー議会はコンゴを正式に植民地化（一九〇八）して体裁を繕い、利権をちらつかせて、さらに企業誘致を進めた。こうした流れのなかでのベルギー政府からの打診――。この話に乗ること、それはすなわち、イギリスが非難の急先鋒に立つ悪名高き「コンゴ収奪」の片棒を担ぐことであり、世論の反発は必至だった。

それでもリーバは、ベルギー領コンゴへの進出を決意し、一九一一年、ベルギー政府との間に開発協定を結ぶ。リーバには、植物性油脂原料であるパーム油の確保をどうしても急がねばならない理由があった。それは、同社と激しくしのぎを削る老舗、ペアーズ石鹼の存在であった。

「ペアーズ石鹼は最高だ」　スーダンの奥地に描かれたメッセージとそれを崇める現地人という構図。タイトルは「イギリス征服の決まり文句」。*The Illustrated London News*（1887. 8 .27）

パッケージ戦略

リーバ兄弟会社に対抗して、一八七五年にペアーズ石鹼の共同経営に乗り出した女婿T・J・バラットがとった戦略は、有名画家のイラストをパッケージに使い、

ペアーズ石鹸のポスター　ジョン・エヴァレット・ミレイが描いた「しゃぼん玉」を買い取ったペアーズ石鹸は、絵の複製に商品名を書き入れて宣伝用ポスターに転用。ミレイはこれに激怒したが、この広告は大評判を呼び、以後、絵画を宣伝に使うことが流行した

「家庭の天使」たちの心をがっちりつかもうとするものであった。そして実際、これが大いに当たった。なかでも秀逸は、ジョン・エヴァレット・ミレイの「しゃぼん玉」（一八八六）であろう。「ローリーの少年時代」もそうだが、一八六〇年代以降、急速に高まったミレイの絵の人気は、彼が子どもを研究し尽くしたことにあったといえよう。この絵のモデルはミレイの四歳の孫。レトロ・ファッションに身を包んだ少年の姿は、ヴィクトリア朝社会で爆発的に売れ、イギリスで知らない者は誰もいないとまで言われた。この絵を買い取った『イラストレイティッド・ロンドン・ニューズ』の社主が、クリスマス増刊号にカラーの複製を載せ、それが各家庭を彩ったことも人気の一因だろう。もっとも、その後この絵の持ち主になったペアーズ石鹸が、無断でこの絵に「ペアーズ石鹸」の文字を入れたことに、ミレイは怒り心頭に発したと伝えられる。

興味深いのは、ペアーズ石鹸にもアフリカを強く意識したイラストが多いことだ。それは、「黒人も白くなる」といったびっくりするほどナイーブなコピーばかりではない。「石鹸を使うこと、それは富と文明、人びとの健康と浄化の手段」というコピーは、石鹸が、そして石鹸による清潔感が文明と不可分の関係にあることを謳いあげて、アフリカを植民地化する大英帝国を肯定していた。石鹸と帝国の関係は原材料だけではないのである。一八九七年、ヴィクトリア女王即位六〇周年を祝って、ペアーズ石鹸とサンライト石鹸のパッケージは女王の姿で飾られた。「モノをいかに見せるか」の競争は、女王をもパッケージに収め、消費しはじめた。

第六章　女王陛下の大英帝国

女王・帝国・君主制

二つの即位記念式典

明治一〇年代から二〇年代にかけて、日本が「皇位継承は男系男子に限る」とする新しい伝統を創ろうとしていたちょうど同じころ、イギリスの王室にも新たな伝統が創られつつあった。一八八七年の女王即位五〇周年式典《ゴールデン・ジュビリー》、その一〇年後の即位六〇周年式典《ダイヤモンド・ジュビリー》といった壮麗な王室儀礼は、その賜物《たまもの》である。

前者の式典について、女王の伝記作家のひとりは、「計画が持ちあがった段階で、国民は、階級を問わず、きたるべき式典に熱狂した」と綴《つづ》っている。式典当日、ハイドパークには貧民地区の子どもたちが集められ、女王の顔がプリントされたマグカップが配られ、労働者もみやげ用の安い記念磁器や女王の写真に殺到したと記録される。今に続く「王室の商品化」、すなわち王室を利用した商業戦略はここに本格化していく。

一方、一八九七年六月二二日におこなわれた後者、即位六〇周年式典は、前者以上に華やかで、かつ「帝国の祭典」であることを濃厚にうちだした。「第二の国歌」ともいわれる

ヴィクトリア女王即位60周年を祝う『イラストレイティッド・ロンドン・ニューズ』(1897.6.26)の表紙を飾った絵。さまざまな植民地から「息子」たちが「帝国の母」を祝いにかけつけた

「威風堂々」の作曲者エドワード・エルガーが記念賛歌「皇帝行進曲」で祝祭ムードを盛りあげるなか、帝都ロンドンを練り歩く植民地軍隊の行列に、沿道の大観衆は沸きかえった。式典の模様を伝える『イラストレイティッド・ロンドン・ニューズ』（一八九七年六月二六日号）の表紙は、イギリス国民のみならず、「帝国の息子」たちから敬愛される「帝国の母」としての女王を大々的に報じた。

ヴィクトリア女王は「帝国の母」である――この語りは、一八七七年、時の首相で保守党党首のベンジャミン・ディズレリによって女王に「インド女帝」の称号が付与されて以後、頻繁《ひんぱん》に見受けられるようになった。それ以前、たとえば世界初の万博が開催された一九世紀半ばのイギリス社会で、大英帝国の存在が人びとの心をしっかりつかんでいたとは必ずしも言えない。帝国史家バーナード・ポーターによれば、一九世紀の末近くまで、イギリス人の圧倒的多数、日々の暮らしに汲々《きゅうきゅう》としていた労働者たちは、帝国の存在とその意味にほとんど関心を払わなかったという。それを憂いたのが、ケンブリッジ大学歴史学欽定講座教授、J・R・シーリーだ。彼は、講義録『イングランドの拡大』

女王即位60周年記念式典でロンドン市内を行進するインドからの騎兵隊　Colonel P. Walton, *A Celebration of Empire,*1997

（一八八三）を出版し、「帝国はイギリス人がぼうっとしているうちに作られた」わけではないことを広く国民に訴えた。そうしたことからすると、女王を「帝国の母」として見る視線は、彼女が「インド女帝」となって以降、即位五〇周年、六〇周年式典という経験のなかで、広く定着していったといえそうだ。

興味深いのは、王室の伝統に新しい要素が加わろうとしていた時期――女王がインド女帝を兼ねた一八七七年から即位六〇周年にあたる九七年までの時期が、「大不況」とよばれる経済停滞と重なっていることだ。七三年のドイツにはじまる世界恐慌によって、イギリス経済は二〇年余りにわたって慢性的な不況を経験することになった。大不況は、後発の工業国、とりわけイギリスを激しく追い上げるドイツとアメリカが世界市場に参入し、経済のグローバル化が進展したことによる。それは、「世界の工場」イギリスの転落でもあった。自国工業製品の国際競争力低下という事態をつきつけられたイギリスは、打開の道を「世界の銀行」への転身に見いだす。

財政軍事国家の発展とともに成長したロンドンの金融街、シティは、一九世紀後半、ロスチャイルドのような外国人金融資本家らの参入を許す自由な空気にあふれていた。ここを中心にグローバルにはりめぐらされた金融・サービスのネットワークが、一九世紀末から二〇世紀初頭にかけてのイギリス経済に安定と繁栄をもたらした。この「世界の工場」から「世界の銀行」への構造転換の時代に、女王の即位を顕彰する二つの王室儀礼が創造され、イギリス社会が広く帝国への関心を強めたのである。

しかも、「帝国の時代」と呼ばれたまさにこの時期に、国民と王室の関係もまた大きく変化し、それが女王を時代のシンボル、「帝国の母」にしていた。つまり、大英帝国の存在が女王を通じて国民の前により鮮明に提示されるとともに、女王の存在もまた、帝国との関係を強めることで国民からの敬愛対象として明確化されたのである。それは、女王一家に理想の家庭像を見いだしてきたミドルクラスのみならず、一八七〇年代後半から演《だ》し物《もの》開始の直前に「女王陛下に乾杯！」を叫びはじめたミュージック・ホールの常連、労働者たちにもあてはまる。

国民に敬愛されるイギリス君主――それは、ジョージ四世の死去（一八三〇）とジョージ五世（在位一九一〇～三六）の病気との間に起きた一大変化であった。それを、政治学者ハロルド・ラスキは「政治的奇跡としか思われない」と語った。この間に流れた一〇〇年という時間の半分以上を占めたのが、ヴィクトリア女王の治世（一八三七～一九〇一）である。しかも、ヴィクトリア女王の戴冠式（一八三八）で見られた数々の不手際や当時のバラッドに謳《うた》われた女王夫妻の不人気を考え合わせると、それから半世紀を経ておこなわれた二つの王室儀礼に見られた国民の熱狂的な女王支持は、奇異にさえ映るだろう。だからこそ、二つの記念式典は、「新しい伝統の創造」と君主制の質的大転換を物語っているといえる。それはどのようにして起こったのだろうか。

女性君主のイギリス

イギリスでは「女王の時代に国が栄える」といわれる。ローマ総督の抑圧に抵抗して蜂起したブリトン人部族の女王、紀元一世紀半ばのボアディケア以来、神話や民俗世界において、君主に対する国民のイメージは女性の形象《フィギュア》と強く結びついていた。それは、この国の君主制再編の「現場」に立ち会ったのが女性君主であった事実と無関係ではないだろう。

ヴィクトリア女王が登場する以前、この島国は女性君主を四度戴《いただ》いた。テューダー王家のメアリ一世とその後を継いだ異母妹エリザベス一世はともに、宗教改革によって振り子が右から左へ大きく振れた社会で君主となった。二人は、新たな愛国心の基盤となるプロテスタンティズムをめぐる「光と影」であり、対照的なイメージで語られている。たとえば、カトリックを復活させてプロテスタントを弾圧した「血塗られた《ブラッディ》メアリ」に対して、カトリックの大国スペインの脅威に対抗してプロテスタントの「国民」を作り出し、海上帝国への道を模索した「良き女王《グッド・クィーン》ベス」「栄光あるグロリアナ」といったように――。

宗教対立が王位継承のあり方を大きく変えた名誉革命の時代、その現場にいたのも二人の女性君主であった。この政治革命で退位したジェイムズ二世の娘たち、長女メアリ二世と次女のアン女王である。長年奇妙な隣人関係にあったスコットランドとイングランドが正式に合併し、連合王国という現在の枠組みができたのもアン女王の治世であった。

この四人の女性君主には、いずれも、自分の子どもを後継者として残さなかったという共通点がある。それゆえに、彼女たちは、二つの王朝――テューダー家とステュアート家に、断絶の危機と王朝交代劇とをもたらした。

たしかに、王位継承にあたり、君主の性別がまったく問題にされなかったわけではない。たとえばテューダー朝では、メアリ、エリザベスという二人の異母姉より弟エドワード（六世）が優先されたし、二〇一三年の王位継承法改正までは兄弟姉妹における男子優先の原則が貫かれていた。それでも、即位にあたって国王の娘たちの性別――女性であること――に疑義が提示されたわけではなかった。王位継承順位の確定にあたっては、「嫡出」とともに、継承権を有する女性が兄か弟以外の男性によって後回しにされない、というルールは守られていた。その後、カトリックを王位（ならびに王位継承）から排除することを確定した名誉革命を経て、一七〇一年、王位継承は「ステュアート家の血をひいたプロテスタントに限る」という原則が明文化された。具体的には、ジェイムズ二世の息子や孫（あのボニー・プリンス・チャーリー）の存在と彼らからの王位請求を無視して、プロテスタントであるアンの継承が優先されたのである。

こうして王権神授説（絶対王政を支えた考え方）のいう「神の作った君主」に代わって、

「人間の作った君主」の時代が到来した。そこに、「国民の意志（議会）」が重視される余地も生まれた。つまり、「王位継承は国王がプロテスタントか否かで決まるが、国民が国王に忠誠を誓うか否かは、王が国制を守るかどうかで決まる」のである。アンの死後、王位継承法に従って有資格者からカトリックが慎重に排除された結果、ジェイムズ一世の孫娘ゾフィーの長男ゲオルク・ルートヴィヒがジョージ一世として王位に即《つ》いた。ここでステュアート王家は、女系のハノーヴァー王家へと交替する。

ヴィクトリア女王もこの王家に属するが、彼女の王位への登壇はやや異例であった。彼女は、王位継承法、ならびにジョージ三世が追加した「イギリス生まれ」というルールに準拠し、議会に代表される国民の裁定を仰ぎつつ、ジョージ三世の不肖の息子たち――ヴィクトリアが「意地悪な叔父たち」と呼んだ男性の継承者らを押しのけるかたちで、王位に即いたのである。そこに、彼女が、「パブリック」な業績とともに「プライベート」な生活態度も問われる初めてのイギリス君主として、王冠を戴く事情も隠されていた。

キャロライン王妃事件

ヴィクトリア女王即位の少し前、女性という性別が君主のプラスに働くような出来事がおこっている。キャロライン王妃事件だ。

キャロライン王妃とはジョージ四世の妻である。ジョージ四世といえば、その死を報じる『タイムズ』の主筆が、「親不孝、最悪の夫」とか、「だれが彼のために涙するだろうか」などこきおろした不人気の国王であった。浪費と放蕩三昧《ほうとうざんまい》で作った巨額の借金の帳消しと引き換えに正式な結婚を命じられた皇太子ジョージの相手が、従妹のキャロラインだった。ところが、一人娘のシャーロットが生まれる以前に不仲となった二人は、娘の誕生から三ヵ月後の一七九六年四月に別居し、ジョージは愛人と同棲をはじめる。ここに国民のブーイングが集中した。

二人が別居した時代は、帝国再編と並行して進められた政治改革、道徳改善と社会改良の時代である。高まる皇太子批判のなかで、皇太子妃キャロラインは、選挙権の拡大や無記名投票といった政治改革をめざす労働者や職人らの間で共感の対象となっていった。かくして、皇太子夫妻の不仲という王室のプライバシーは、国民の前にさらされていく。

興味深いのは、夫ジョージ四世から戴冠式への出席を拒絶されたキャロライン王妃を、幅広い層の国民が「夫から虐待された妻」と捉えて同情を寄せたことである。ジョージ四世は妻の不貞を理由に彼女との離婚を議会に願い出たが、議会はこれを否決した。それどころか、キャロラインを正当な王位継承者としてもちあげる共和主義運動さえ起こったのである。キャロラインを締め出して挙行された戴冠式の後、ロンドンを行くジョージには罵詈雑言が絶えなかったという。

キャロライン王妃事件には伏線があった。キャロラインとジョージの間に生まれた娘、シャーロット王女の死である。ヴィクトリアの従姉にあたる彼女は、父ジョージが推薦した結婚相手を拒否し、ザクス・コバーク家のレオポルド（後の初代ベルギー王）を自らの意志で選び、結婚した。ロンドン近郊で暮らしはじめた新婚の二人。身ごもったシャーロットは幸せの絶頂にいたことだろう。ところが翌一八一七年一一月、王位継承第一位の彼女は、四〇時間を超える陣痛のあげく、男児を死産した後、二一歳の生涯を閉じたのだった。女性であるがゆえの悲劇。人望の薄い父ジョージに代わり、「王室の救世主」となることが期待されていたがゆえに、彼女の死は国じゅうに深い悲しみと失望を与えた。各地で追悼の祈りが捧げられ、ウィンザーのセント・ジョージ礼拝堂内部の大理石の追悼像はじめ、彼女を記憶するメダルも作られた。『タイムズ』は、「悲嘆がこれほど強烈にあらゆる人たちに広がった経験はいまだかつてなかった」という社説を載せたうえ、シャーロット王女の死が悔やまれるのは彼女のすばらしい家庭生活の賜物であるというコメントを続報で発表している。後のジョージ四世の死に寄せた酷評の伏線がここにある。

それだけではなかった。シャーロット王女が死亡した一八一七年、ハノーヴァー家は王位継承権のある子どもが誰もいないという異常事態に直面したのである。急ぎ愛人たちと別れ、世継ぎの子どもをもうけるべく、外国人の王家の娘との結婚に走ったジョージ四世の弟たちの浅ましい姿と、キャロライン王妃とシャーロット王女の国民的な人気は対照的であった。キャロライン王妃は、戴冠式出席を拒絶された翌二一年、心労のために亡くなったが、事件の記憶はその後もしばらく消えなかった。二〇年代半ばには、王妃の名誉回復と王妃としての権利を守ろうとする動きさえ見られたという。

彼女たちをめぐる一連の出来事は、ヴィクトリア女王が十数年後に受け継ぐことになる君主制に変化が訪れつつあることをはっきりと物語っていた。すなわち、国王（や国王一家）のプライベートが国民の目にさらされるようになったこと、国民が国王一家に理想の家族像を重ねたがっていたこと、そして、そうした国民感情を君主が無視できなくなったこと、である。二人の不幸な女性の記憶——ひとりは夫による理不尽な虐待、もうひとりは「産む性」の悲劇——が広く国民の心を捉えた当時、国民が君主に求めはじめた理想の中身もまた明らかであった。家庭人としてのモラルだ。ジョージ四世の後を継いだ弟ウィリアム四世によって多少もち直した（ように見える）王室一家のモラル改革は、ウィリアムの二人の娘がすでに亡くなっていたことで、姪のヴィクトリアに引き継がれることになった。ヴィクトリア女王は、亡くなったシャーロット王女にかつて国民が期待した「王室の救世主」として、一八三七年、王冠を戴くことになる。

表象のヴィクトリア女王

ヴィクトリア女王の時代は、イギリスが工業化と都市化を経験し、ミドルクラスという階級が政治的、社会的な発言権を強めていく時代であった。それは、女性にたいする男性の優位、女性の男性への従属という考え方が顕在化し、「能動的な男性／受動的な女性」という境界線を越えることが困難な、徹底した男性中心の社会でもあった。彼女の名を冠した時代は、社会の基本的な部分で「男性性」が理想化されるとともに、女性を「道徳の守護者」として周縁に位置づけた。

不幸だった二人の女性の記憶がまだ消えていなかった当時、国民、とりわけミドルクラスの人びとは、女王に、君主としての「パブリック」な顔とともに、夫に貞淑な妻、子どもたちの慈悲深き母という「プライベート」な顔をも期待した。女王は、「君主であること」と「女性であること」とをどのように整合し、男性領域と女性領域との矛盾を解消しようとしたのだろうか。

そこで大きな役割を果たしたのは、絵画や写真のなかの女王イメージであった。一八三〇年代から急速に進展した自由主義経済のなかで、「知識への課税」が廃止され、新聞や雑誌、書籍が続々と刊行された。一八四〇年代には写真時代の到来も予感され、絵画の複製技術も進んだ。こうした動きを女王は見のがさなかった。メディア利用という点でいえば、ヴィクトリア女王はきわめて現代的な君主だったことになろう。

たとえば女王は、一八四〇年の結婚以降、単独で絵画に描かれたり写真に撮られることはほとんどなかった。彼女はたえず、夫君アルバート殿下とともに「女王夫妻」として、そしてそれ以上に、九人の子どもたちといっしょの「女王一家《ロイヤル・ファミリー》」というかたちで、国民の前に現われた。子どもを中心とする近代家族というミドルクラスの価値観を色濃く反映する「幸せな女王一家」という構図を人気のお抱え画家に指示したのは、ヴィクトリア女王その人であったといわれる。広く国民のまなざしにさらされたさまざまな絵画や写真のなかで、女王は、夫や子どもたちの配置や視線の絡ませ方、描きこまれた数々のモノたちとそのメタファーに助けられて、「夫と子どもたちに囲まれた幸せなミドルクラスの家庭」をつかさどる妻、母として立ち現われたのである。

『イラストレイティッド・ロンドン・ニューズ』や『グラフィック』といったミドルクラス愛読のイラスト入り雑誌や、一八五〇年代からミドルクラスの（とりわけ女性たちの）間でブームとなった名刺判写真（カルト・ド・ヴィジット）にも、「家庭的な女王とその幸せな家族」は頻繁に登場し、広く国民の目にさらされた。構図のなかでは、「良妻賢母」のみならず、たとえば動物愛護というミドルクラスの価値観も、「ウィンザー城で六〇匹の犬を飼う女王一家」というかたちで示された。また、度《たび》重なる一家での視察旅行にも、「夫婦が互いに深い愛情で結ばれ、子ども中心のくつろいだ雰囲気の家族像」が演出された。とりわけ、第一回万国博覧会の開会式は、進歩と繁栄を謳歌するイギリスの象徴として、「幸せな女王一家」を国内外に見せつける絶好の機会ともなった。

「ロイヤル・ファミリー」　幸福な女王一家というイメージを強調した作品。本来王妃が座るべき向かって右側にアルバートが腰掛けていることに注目。フランツ・ヴィンターハルター、1846年。イギリス王室所蔵

その一方で、どの構図にも、国王は向かって左、王妃は右というヨーロッパの図像学上の約束事がしっかり守られ、君主としての彼女のポジションはちゃんと確保された。構図

「女王一家の団欒」
Margaret Homans, *Royal Representations,* 1998

をながめる国民の視線のなかで、君主の「パブリック／プライベート」の境界は絶えず曖《あい》昧《まい》にされたかもしれない。しかしながら、君主が女性であったがゆえに、この境界の流動が「男性性／女性性」をめぐる社会通念に混乱をきたすことはなかった。

近年の伝記によれば、ヴィクトリア女王はよく笑い、歌や踊り、夜更《ふ》かしや社交が大好きで、官能的な一面も持っていたことがわかっているが、当時の女王をめぐる表象や語りにはこうした側面はほとんど払拭《ふっしょく》されていた。そして、「私の父であり、保護者、導き手であり、すべてにおける私の助言者、母であるとともに夫であった」アルバートに、妻として従順であり、なにごとにも控えめで、それでいて君主としての務めに忠実に励む、まじめで抑制のきいた人物として、女王は国民の前に現われたのであった。母として、妻としての女王イメージがあまりにも強烈なため、今では「ほんとうの彼女」と「そう見えた彼女」——たとえば、「子ども嫌い」と「慈愛にみちた母」——との間にある落差自体が、伝記作家や研究者らの関心の的になっている。

女性ゆえの戦略

人間、誰にでも「ほんとうの自分」と「そう見える自分」がある。そして、両者の間にさほど明確な境界線はない。だから、前者が後者を主体的に引き受けることはけっして不思議なことではない。ヴィクトリア女王に引きつけていえばこうなるだろう。

女性であるがゆえに女王の権力そのものが制限される可能性は否めない。それゆえに女王は、「パブリック」、すなわち政治に男性並みの関与をするのではなく、むしろ「プライベート」、すなわち当時のモラルが女性に求めた家庭的な役割を引き受けることで、国民の視線を君主制そのものからうまく逸《そ》らした。つまりは、「国民が見たい自分」を積極的にメディアに露出させることによって、君主制への批判を回避した。「パブリック／プライベート」を使い分け、その見せ方を工夫することによって、君主の権限自体はそれ以前よりも小さくなったかもしれないが、それが逆に、他のヨーロッパ諸国で君主制が共和制に凌駕《りょうが》されていく二〇世紀に入っても、君主制の温存と維持を可能にした――。

ヴィクトリア女王のおもしろさはまさにこの点に、つまり、女性であったがゆえに君主制自体が救われ、象徴君主制への移行を可能にしたことにある。それは、一九世紀初頭の王室スキャンダルを通じて、女王を見る国民のまなざしが、政治や外交といった公的領域以上に、健全なる家庭人という私的領域にまとわりついていたからでもあろう。国民にとって重要なのは、女王がどんな権力をもっているかではなく、彼女が社会や国民の生活に対して発揮する「影響力」の方だったのである。だからこそ、女王のプライベートは国民の目に絶えずさらされる必要があった。

パブリックではなくプライベートへ、強力な政治的存在ではなくモラルある家庭人へ――

ヴィクトリア女王は、君主のありようを根底から変質させてしまったといえる。この変質の最終章が冒頭に見た壮麗なる「帝国の祭典」、即位六〇周年式典なのだが、その前に、女王にはもうひとつ、彼女のプライベートに国民が強烈な関心を寄せる出来事があった。夫アルバートの急死によって未亡人になったことである。

女王の雲隠れ

一八六一年一二月、アルバート殿下は腸チフスのため、四二歳の若さで急死した。この瞬間、イギリスの君主制は前代未聞の危機的事態に直面する。未亡人となった女王が、いっさいの公務から姿を消してしまったのである。

女王の雲隠れは、当時未亡人の服喪期間とみなされた二年を大幅に超えた。たとえば、一八六二年以降、残された四〇年ほどの治世のなかで、彼女が公務である議会開会式に姿を見せたのはわずか六回だった。また、『イギリス国制論』(一八六七)を著したウォルター・バジョットは、女王の雲隠れによる宮廷の社交機能の喪失を嘆き、「女王蜂はどこかにいったが、巣箱の蜂は生きていた」という名言を残している。しかも、公務を代行すべき女王の子どもたちは、放蕩《ほうとう》者で知られた皇太子エドワード(後のエドワード七世)を筆頭に問題児ぞろいであり、女王不在の間隙《かんげき》を埋める才覚など期待できようもなかった。一八六〇年代末、自由党首相グラッドストンは、外務大臣宛の手紙で「女王は姿が見えず、皇太子は尊敬されていない」と書いている。

こうしたなかで問題となったのが、女王一家を養う費用、ウィンザー城やバッキンガム宮殿、女王専用ヨットの維持費を含む王室経費だった。一八六〇年代のイギリスでは共和主義が再燃しており、女王の雲隠れは「君主不在でもイギリスはやっていける」との口実を与え、やがて君主制不要論、廃止論へと発展していった。スコットランド人侍従ジョン・ブラウンと女王との（性を含むと思しき）関係も国民の不信を深めただろう。この時期、イギリス君主制が消滅の危機にあったことは、保守的な『タイムズ』の論説が女王の「公人」としての義務を指摘し、「それを無視すれば君主制そのものが失われよう」と論じていることからも想像できる。

ところが、ここで奇妙なことがおこった。共和主義の急先鋒であるジョン・ブライトが、「女王であろうと労働者の妻だろうと、愛情の対象を失った悲しみへの同情は心広くあるべきだ」と述べて、女王の雲隠れを擁護したのである。『タイムズ』が「公人」としての女王を重視したのに対して、ブライトは女王を「私人」として扱っていた。ここでも、君主の「パブリック／プライベート」の境界は揺らいでいたが、その後の君主制が後者、すなわち「君主の私人化」へと動いたことをわれわれは知っている。バジョットはこうも言っている。

王位にある一家という考え方は興味深いものである。この考え方によって、誇り高き君主が市民生活のレベルに引きおろされる。皇太子の結婚に対してイギリス人が示した熱狂ぶりは、子どもじみているように思えるが、しかし、少なくとも人類の半分を占める女性の注目度は、内閣のことより結婚の方が何十倍も高い。

すなわち、「君主の私人化」は、「君主制の女性化」をともなっていたことになる。女王の雲隠れとほぼ同じころから、ホワイトリー・デパートなど女性たちの新しい消費空間には、家庭用品のパッケージはじめ、女王イメージがあふれるようになるが、それもまた、イギリス君主制の女性化傾向を雄弁に物語っていた。

追悼しながら統治する

では、雲隠れの女王は何をしていたのだろうか。

それは、一八六三年一〇月、女王が久しぶりに公に姿を見せたとき――アバディーンでのアルバート像の除幕式で明らかになった。そう、彼女は夫を追悼していたのである。六七年五月、ロイヤル・アルバート・ホール定礎の際の演説も、女王が公に姿を現わした稀《け》有《う》な例だ。七二年七月一日、ロンドン、ケンジントン・ガーデンに、一二年もの歳月をかけたナショナル・メモリアル、アルバート座像が完成する。その他にも、六〇年代から七〇年代にかけて、アルバートの記念碑が全国各地で除幕された。

後に判明したことによると、アルバートの死後まもない一八六二年一月、早くも女王は彼の銅像用のデッサンを吟味し、発注しようとしていた。記念碑の建立だけではない。巨大な霊廟建立の準備が進むウィンザー城内では、女王の依頼で、アルバートの胸像を囲んで思い出を語る女王一家の写真が撮影され、広く国民に公開された。さらに女王は、夫と過ごしたスコットランドの思い出を『ハイランド日誌』（一八六八）として出版し、八四年には続編も出された。女王は、当時流行しはじめた弔慰アルバム作りにも熱心だったといわれる。

　こうした追悼のかたちにおいて、夫を追悼する未亡人、ヴィクトリア女王は、追悼される夫アルバートよりずっと鮮やかに人びとの記憶に刻まれたことだろう。女王は、「献身的な妻、慈悲深き母」という従来のイメージにくわえて、「悲嘆にくれながら夫の記憶に頭を垂れる未亡人」という、国民が期待する未亡人の理想像をも担うことになったのである。

　女王の雲隠れ――君主の公的領域（政治や宮廷儀式）において女王の姿が見えないことは、女王の不在を意味しなかった。そこには、慎重に女王の不在が「見える」仕掛けが幾重にも施されていたのである。「追悼する未亡人」という見えない見え方をつうじて、女王は文字通り、国民に見られ、親しみを深めたのであった。

追悼する女王　夫・アルバートの胸像を挟んで。右は次女アリス。次男アルフレッドが撮影した。
M. Homans, 1998

　「追悼する未亡人」に最終的な仕上げを施し、彼女を「帝国の母」として喧《けん》伝《でん》することになったのは、女王にインド女帝という称号を贈った保守党党首ベンジャミン・ディズレリであった。

実際、一八七四年から八〇年四月までのディズレリ内閣の時代、女王は少しずつ公務へと復帰しはじめた。彼女が庭先で摘みとった桜草《プリムローズ》を事あるごとにディズレリに贈ったというエピソードは、後に保守主義を広く大衆に浸透させることになる民間団体「プリムローズ・リーグ」誕生のきっかけともなった。この親密さをテコに、ディズレリは、女王と大英帝国とをより積極的に結びつけるパブリック・メモリーを作りだし、帝国の求心力にしようと試みた。そこで利用されたのが、「追悼しながら統治する慈悲深き帝国の母」というイメージだったのである。

このイメージゆえに、たとえば一八八五年一月、スーダンの反乱鎮圧に向かったゴードン将軍が援軍派遣の遅れから非業の死を遂げた時、アフガン戦争同様、スーダンからの軍隊撤退を強く拒んだのは女王その人であったという現実は覆い隠された。まさに、「追悼しながら統治する帝国の母」の妙——植民地で活躍する「息子たち」、あるいは「大英帝国の長女カナダ」のような「娘たち」に心を寄せる慈悲深き母という女王の表象は、「追悼する喪服の未亡人」と何ら矛盾することなく、「帝国の時代」を支え続けたのであった。

愛されるイギリス王室

もうひとつ興味深いことは、「帝国の母」という女王イメージが、労働者たちに積極的にアピールするかたちで創られたことである。ゴードン将軍の死の直前、第三次選挙法改正(一八八四)によって、有権者の過半数を労働者が占めるようになった。女王を主役とする壮麗な王室儀礼を立ち上げ、そこに誰もが参加できる仕掛けを施すことは、労働者を「モラルと愛国心にあふれる国民」へと変えていく作業でもあったのである。そのために、儀礼の舞台となる帝都ロンドンの改造も進められ、私有地の多かったロンドンに公共空間や沿道が増えた。ここに、沿道に詰めかけた国民が目の前の王室儀礼に熱狂するという構図も生まれた。

その結果、ヴィクトリア女王は、一八三七年に受け継いだものとはまったく異なる性格の君主制を、一九〇一年、後継者である息子エドワード七世に手渡すことになった。君主は政治権力の主体から親しみや敬愛の対象へと重心を移し、国民統合の象徴的存在へと変わったのである。

二つの世界大戦の間にはじまったBBCラジオ放送、つづくテレビ中継といったメディアの発達は、王室儀礼への国民および帝国臣民の「参加」をいっそう促した。その延長線上に、パパラッチの追跡をふりきろうとしたダイアナ元皇太子妃の悲劇も、彼女を「民衆のプリンセス」と呼ぶ土壌も育《はぐく》まれるのだが、勘違いしてはいけない。生前のダイアナはさまざまなメディアを利用して大衆にすり寄ったと批判されたが、そうではない。今のイギリス王室を支える伝統そのものが、雲隠れの女王が「帝国の母」としてよみがえる一九世紀末から二〇世紀初頭にかけて、大衆にアピールする方向で再創造されたのである。その意味で、ダイアナ元皇太子妃は、伝統の破壊者どころか、まぎれもなく伝統の忠実な継承者であった。

女王陛下の要請によりて

「女王への贈り物」

ロンドンの古本屋のカタログをながめていたアメリカのノンフィクション作家、ウォルター・D・マイヤーズは、紹介文のひとつに目を留めた。一九世紀半ば、アフリカで殺される寸前を救出され、その後イギリスで暮らした黒人の少女が書いたとおぼしき手紙の束が見つかったという。古本屋を訪ねた彼は、五〇通ほどの手紙と新聞記事などが入ったファイルを見せられた。手紙は、紙を惜しむかのように、一旦横書きで最後の行まで書かれた後、紙を九〇度回転させてさらに続けて文章が綴られており、非常に読みづらい。ファイルに挟まれた古びた新聞記事には、「サラ・フォーブズ・ボネッタ」という名前が見える。誰だろう。聞いたこともない。この手紙の束からどんな物語が浮かびあがってくるのだろうか……。その名を手がかりに、マイヤーズは手紙の主の人生を再構築する作業に着手した。そして書かれた物語が『女王陛下の要請によりて』（一九九九）である。この本によって、ヴィクトリア女王の身近にいたアフリカ人少女の記憶がよみがえった。

マイヤーズが同書を上梓《じょうし》する前年、一九九八年は、ジャマイカ移民を乗せたエンパイア・ウィンドラッシュ号がイギリスに到着してちょうど五〇年目にあたる。ウィンドラッシュ号の記憶は、「奴隷貿易の過去」をイギリス社会に再浮上させただけではなかった。第二次世界大戦後、かつての宗主国イギリスに移民した旧植民地の人びととその子孫たちにとって、この半世紀という年月は、イギリス社会における自分たちの存在について考え、悩み、そして語りはじめるために必要な時間だったのかもしれない。サラが残した手紙の束は、「帝国だったイギリスの過去」が再び注目を集めた二〇世紀末、一瞬顔をのぞかせたその過去が届けてくれた贈り物だったのかもしれない。

　贈り物――実はこの言葉は、手紙の主である「サラ・フォーブズ・ボネッタ」というアフリカ人少女を考えるうえで、大きな鍵を握っている。当時の新聞記事によれば、一八五〇年六月、この少女は、奴隷貿易で栄える西アフリカのダホメー王国（現ベナン共和国）で先祖供養の生贄《いけにえ》にされようとしたところを、西アフリカ沿岸で奴隷貿易の取り締まりにあたっていたイギリス海軍将校フレデリック・E・フォーブズによって救出され、「女王への贈り物」としてイギリスにやってきた。「女王への贈り物」という言説はその後の彼女にずっとついて回るが、それは、フォーブズが自著『ダホメーとダホメー人』（一八五一）に刻んだ言葉に由来していた。

サラ・フォーブズ・ボネッタ
W. D. Myers, *At Her Majesty's Request*, 1999

　この本はフォーブズ自身の航海日誌をもとにしているが、その内容は、軍事国家ダホメー王国とそこに生きる人びとの風習や儀礼に関するフィールドワークという趣《おもむき》が濃い。同書の最後、四ページにわたって記されたサラの救出劇こそ、西アフリカからやってきた幼い黒人少女が何者なのかという基本的な枠組みを提供し、救出後の「彼女の物語」をある程度固定化したといえるだろう。

一方、少女を「贈り物」として受けとったヴィクトリア女王は、彼女をいたく気に入り、養育費を捻出するように王室秘書官に命じた。以後、少女の運命は、その後ろ盾となったヴィクトリア女王とともにあった。王室文書館や当時の新聞記事などを補足的に用いながら、サラの人生を再構築したマイヤーズが、「女王陛下の要請によりて」という言葉をタイトルに選んだのもそのためであろう。その物語は次のように要約することができる。

再構築されたサラの人生

少女は、現在のナイジェリア南西部、ヨルバランドと呼ばれる地域を拠点とする民族集団であるヨルバ人の下位集団、エグバドという民族に属し、オケオダンなる集落に暮らしていた。当時のヨルバランドは、北方からはイスラム勢力が、南部の沿岸部からはイギリスを含むヨーロッパ諸国が侵入する内憂外患のなか、諸民族集団が互いに勢力を争う内乱状態にあった。

一八四八年、彼女が暮らす村をダホメーの奴隷狩りが襲い、壊滅的な被害を与えた。少女の両親、兄弟姉妹、親戚縁者全員が殺され、捕虜となった村人の大半がダホメーの港町ウィダーで奴隷としてヨーロッパ商人に売られた。そのなかで、この幼い少女（を含む選ばれた数名）に対する扱いは特別だった。その事情を、フォーブズは次のように述べている。

（ダホメー）国王のたっての希望で、もっとも良き生まれの者を確保し、亡くなった貴族の墓に生贄として供することが慣例であった。こうした目的のために、彼女は二年もの間、宮廷に留めおかれた。奴隷商人に売られなかったことが、少女が良家の出身である証だった。

加えて、現地の風習に従って彼女の頬に刻まれた細かな傷跡も、彼女がエグバド部族長の娘であることを物語っていた。

ダホメーの王宮で幽閉されていた彼女がフォーブズの目に留まったのは、まったくの偶然だったようだ。海軍将校フォーブズは、大英帝国内部で奴隷貿易や奴隷制度の廃止が布告されて以後もなお、西アフリカ沿岸部で密かに続行されていた奴隷売買を取り締まる沿岸警備についていた。一八四九年から五〇年にかけて、彼は二度にわたってダホメー王国の首都アボメーに赴き、当時の王ゲゾに奴隷貿易をやめるよう、説得を試みた。少女との出会いは、二度目の訪問時、彼がこの黒人王の招待で出席していた先祖供養儀礼の生贄として、彼女が連れてこられたときのことである。

黒人王の「贈り物」として少女を救出したフォーブズは、自分が指揮する軍艦ボネッタ号

西アフリカで作られたヴィクトリア女王の木像　女王の写真はさまざまな形や素材で複製されて帝国各地を彩り、現地の人びとの視線を集めた。ピット・リヴァーズ博物館

に彼女を乗せ、現ナイジェリアの港町バダグリーに行き、ここの国教会伝道協会（CMS）の手に彼女を一時委ねた。自分の名前すら思い出せない（ようにフォーブズには思えた）少女に、フォーブズが「サラ・フォーブズ・ボネッタ」と命名したのはこの時である。この瞬間から、少女は、「サラ・フォーブズ・ボネッタ」としての人生を歩みはじめた。

一八五〇年一一月、最初の謁見で彼女を「贈り物」として受けとった女王は、彼女に英語やピアノ、フランス語など、上流階級の娘と同様の教育を与えるよう命じた。翌年、西アフリカ、シエラレオネの中心地、フリータウンのCMSの女学校へ彼女が送られたのは、「野蛮を文明化する」宣教師にさせるためだった。それは、アフリカ各地に設けた伝道所を現地のアフリカ人に任せたいと願うCMS会長ヘンリ・ヴェン（同名の祖父は、クラッパム派結成のキーパーソン）の希望ともぴったり合っていた。

その後なぜか、一八五五年、サラはイギリスに戻り、再び女王の庇護《ひご》のもと、ジェイムズ・F・シェーンというCMS宣教師（ナイジェリアで初の黒人主教となるサミュエル・クラウザーとともにニジェール川流域を探検したことで知られる人物）の自宅に預けられ、数年を過ごすことになる。発見された手紙からは、彼女がシェーン夫人を「ママ」とよび、満ち足りた生活を送っていたことが知れる。

と同時に、サラは、女王一家とも親しく交流した。女王の長女ヴィクトリア、二女アリスの結婚式（それぞれ一八五八、六二年）や女王の実母ケント公夫人と夫君アルバートの葬儀（それぞれ一八六一年三月、一二月）でも彼女の姿が確認されている。

そんな彼女が女王の命令で突然ブライトンへの転居を命じられたのは、一八六一年春のことだった。海水浴場で知られるこの町でおこなわれたサラの結婚式が新聞各紙をにぎわせるのは、それからまもなく、六二年八月のことである。新郎は、ラゴスを拠点に海運業を営むジェイムズ・ピンソン・ラブロ・デイヴィスという人物。解放奴隷の息子であり、西アフリカ沿岸部とニジェール川で幅広い交易活動をしていた彼は、ＣＭＳ会長ヴェンとの強い師弟関係から、「ＣＭＳの優等生」として知られていた。デイヴィスは再婚だったが、彼の経歴は女王を満足させたようだ。二人の結婚は広くイギリス社会の耳目を集め、挙式当日はこのカップルを一目見ようと、ものすごい数の群衆が押し寄せたとブライトンの地方紙は伝えている。挙式直後に写真館で撮られた二人の写真も、「アフリカの王女」と銘うたれたサラの肖像写真も、ともによく売れた。

母と娘の帝国

挙式の翌月、サラとデイヴィスはシエラレオネへと旅立った。翌一八六三年、サラは妊娠と出産を契機に、デイヴィスの活動拠点であるラゴスに移った。ヴィクトリア女王は、生まれた女の子に「ヴィクトリア」と命名した。女王は、サラのように自らが後見となった現地人に子どもができると、男の子ならばヴィクター、女の子ならばヴィクトリアという名を与えるのが常であった。たとえば同じく一八六三年、ロンドン訪問中に生まれたニュージーランド、マオリ首長ヘア・ポマルの息子に、女王は亡き夫アルバートを偲《しの》んで、アルバート・ヴィクターの名を与えている。雲隠れしたはずの未亡人は、すでに「帝国の母」だったのである。

その後、さらに二人の子どもを得たサラは、ラゴスで現地の女性教育に尽力したと思われるが、このあたりの事情を伝える史料はごくわずかしか残されていない。最後の手紙は、一八八〇年三月九日、サラが肺結核の療養のため、ポルトガル領マデイラ島に赴いた時のものである。それから半年もたたない八月一五日、サラはこの島の中心都市フンシャルで亡くなった。死の知らせは、八月二四日早朝、偶然にも女王との謁見に向かおうとしていた彼女の長女ヴィクトリアに伝えられたことが女王の日誌からわかる。

昼食後、かわいそうなヴィクトリア・デイヴィスと会う。わが名を授けた黒いその子は、現在一七歳。マデイラで大切な母が亡くなったことを、今朝聞かされた。哀れ、その子はひどく動揺し、悲しみに沈んでいた。

この直後、女王は、上流階級の娘が学ぶ名門中等教育機関、チェルトナム・レディーズ・カレッジに、ヴィクトリアの受け入れと学費のいっさいを負担するよう手配した。後見となり教育費を負担するというかたちにおいて、女王とサラの関係は、ヴィクトリアとの関係に引き継がれたことになる。王室文書館の史料は、その後ラゴスの現地人医師と結婚したヴィクトリアが、第一次世界大戦の間も、女王の孫、時の国王ジョージ五世と親交を結んでいたことを伝えている。

黒人王、白人王に謁見す

目線を変えてみよう。イギリス人は、「女王への贈り物」であるサラに何を見たのだろうか。彼女はイギリス人の想像力をどのように刺激したのか。

それはおそらく、次の三つほどに整理できるだろう。第一に、サラの救出は、自分たちが奴隷貿易の犠牲者を救済する「慈悲深き博愛主義の帝国」であることを再確認させた。第二に、イギリス人は、救出した「野蛮な」非ヨーロッパ人を「文明化」する使命を負った国民であることを意識した。第三に、サラが「文明化」の可能性を証明する存在であったことだ。それゆえに、「贈り物」としてサラを受け入れ、その教育費（言うなれば文明化の費用）を捻出し、その後も親しく交流を重ねた女王は、まさしく、「恩恵と慈愛とにあふれた大英帝国」のシンボルであった。

それをかたちにしたのが、画家トマス・J・バーカーの大作、「イングランドの偉大さの秘密」である。国立肖像画美術館の二階に展示されているこの絵画は、正式なタイトルが一九九〇年代半ばに「発見」されるまで、その構図から、「謁見の間《ま》でアフリカ人の王に聖書を贈るヴィクトリア女王」と呼ばれてきた。

絵画前面にひときわ明るく描かれているのがヴィクトリア女王である。向かって左後方には夫君アルバートが、そのさらに後方には女官の姿も見える。向かって右後方に立つ二人の人物は、パーマストン首相（右）とラッセル外相（左）。女王の手に握られているのは、表紙の英語（The Holy Bible）から欽定訳聖書であることがわかる。

跪《ひざまず》きながら聖書に左手をのばしているのは、その外見から、サハラ以南のアフリカからやってきた王（あるいは貴族などの上流階層）だろう。この黒人王が白人王であるヴィクトリア女王にこう尋ねたというのが、この絵画の構図とされている。曰く、「イングランドの偉大さの秘密は何ですか」。その答えこそ、白人王から黒人王への「贈り物」――女王がこの黒人王に手渡そうとしている欽定訳聖書にほかならない。一六一一年に刊行された欽定訳聖書は、当時はプロテスタント国家イングランドの、そして一七〇七年以降は連合王国イギリスの、アイデンティティの根幹に位置づけられた。それが、CMSを含む民間伝道協会が続々と創設されて活動を展開した一八世紀末以降、帝国再編のプロセスとあいまって、またイギリス社会の「文明化の使命」意識への覚醒と浸透と重なる形で、「イングランドの偉大さの秘密」へと転換していったと考えられる。

絵画の構図自体は制作者バーカーの想像の産物であろうが、明瞭に描きこまれた登場人物の顔ぶれから、バーカーの想像力を刺激した時期をある程度絞り込むことができる。絵画の制作時期が一八六一年前後であること、パーマストンとラッセルとの組み合わせは第二次パーマストン内閣（一八五九年六月〜六五年一〇月）しかないこと、さらにここに一八六一年一二月に死亡したアルバートの存在を重ねて考えると、この構図に想定されている時期が、一八五九年六月から六一年一二月の二年半ほどの間だと推定される。

それは、サラがイギリスで暮らしていた時期（一八五五年六月〜六二年八月）とぴったり重なるのだが、これは単なる偶然なのか。

もうひとつ留意したいのは、欽定訳聖書を「贈り物」として黒人王に渡す女王（白人王）という構図自体は、バーカーのオリジナルではないということだ。それは、一八五〇年前後の時期に、CMSの西アフリカ伝道の一大拠点、サラの出身地でもあるヨルバランドでの布教活動のなかにすで

「イングランドの偉大さの秘密」　トマス・J・バーカー、1861年頃。国立肖像画美術館

に登場している。一八四八年三月、女王は、CMS会長を通じて、現地の首長のひとりから通商と友好を求める手紙を受け取ったが、このとき女王は、その首長に欽定訳聖書を贈ったと記録されているのである。

白人王から黒人王への「贈り物」の記録——これは何を物語るのか。

逆転した構図——白人王への「贈り物」の意味

はっきりしていることは、バーカーの絵画がサラの話を逆転させていることだろう。

サラは、黒人王であるダホメー王から、白人王のヴィクトリア女王への「贈り物」であった。ところが、バーカーの絵画では、ヴィクトリア女王から黒人王に欽定訳聖書という「贈り物」が与えられるのである。それぞれの「贈り物」にはどのような意味が込められていたのだろうか。

バーカーの絵の場合は、はっきりしている。女王が差し出す英訳の聖書は、大英帝国の拡大の原動力——「イングランドの偉大さの秘密」としてよく引き合いに出される「三つのC」を示している。三つのC——商業（Commerce）、キリスト教（Christianity）、文明（Civilization）は、この絵画の中心に配置されることで、黒人王に対する白人王の「贈り物」が「文明」だという強烈なメッセージを放っている。

では、その逆、黒人王から白人王への「贈り物」の場合はどうか。「贈り物」であった黒人の少女とはいったい何なのか。それを考えるには、「贈り物」というかたちでの救出自体を再検討してみる必要がありそうだ。

先のフォーブズの記述から確認されることは、少女が現地の理解と約束事に従って、二年の間命脈を保ってきたこと、フォーブズに「贈り物」として渡された後、少女の名をフォーブズ自身が与えたこと、それが当時の奴隷貿易の慣習に従うもの（奴隷を買い、新たに奴隷主となった者がその奴隷に命名する）であったこと、である。さらに、多くの生贄のなかで唯一、彼女が救出されたのはまったくの偶然であったことを加えれば、「救出」の主導権がイギリス側ではなく、ダホメー側にあったことは明らかだろう。つまり、サラの救出は、「慈悲深き大英帝国」の論理ではなく、フォーブズが著作で強調した「野蛮で残酷なダホメー王国」の論理によるものだったのである。

想起すべきは、イギリスがさほど遠くない過去に、ダホメー王国を潤す奴隷貿易の共犯者として、「野蛮で残酷な」供犠儀礼とも無関係ではなかったことだ。実際、奴隷貿易の繁栄を先祖に感謝して生贄を差し出す儀礼にゲストとして招かれたイギリス人は、フォーブズが初めてではなかった。フォーブズがサラを救った儀礼の場は色鮮やかな布や幟《のぼり》で飾られ、見世物気分を盛りあげていたが、幟のなかには「いつものように
ユニオン・ジャックが数枚あった（傍点引用者）」ことを、フォーブズは見逃していない。フォーブズが著作に入れた挿絵には、二枚のユニオン・ジャックがしっかり描き込まれている。イギリスが奴隷貿易の共犯であった証拠だ。だからこそ、フォーブズは、ダホメー王国とその人びとを、ことさら「野蛮で残酷なもの」として描く必要があったのだろう。つまり、「野蛮なダホメー王国」か

らのサラの「救出」は、奴隷貿易の共犯者から奴隷を取り締まる慈悲深き救済者への大英帝国の転身を、見事に演出したことになる。

しかしながら実は、この転身は、少女の救出を「女王への贈り物」と語ったフォーブズ自身によって、すでに裏切られていた。言い換えれば、奴隷貿易を取り締まるイギリス海軍にとって「救出」であったものは、ダホメー国王にしてみれば単なる「奴隷売買」以外の何物でもなかった。ダホメーの論理に基づいていたがゆえに、「救出」は「贈り物」でなければならなかったのだ。

それゆえに、二〇世紀末によみがえったサラ・フォーブズ・ボネッタというアフリカ人少女の記憶は、ある黒人少女が大英帝国によって救われた、という単純な話ではない。むしろ、イギリス国内のメディアで有名だったこの少女こそが、奴隷貿易と奴隷制度の廃止にともなう大英帝国の新しいアイデンティティ——博愛主義の帝国、自由主義の帝国、苦境に陥った現地人を救済する帝国——を救っていたのである。

こうして、サラの存在は、帝国拡大の口実に利用された「野蛮の文明化」が、そして「救う／救われる」、あるいは「救われる／救われない」のボーダーラインが、きわめて曖昧なものでしかなかったことを暴露している。と同時に、サラは、彼女を「贈り物」として受け取った女王が、ほんとうに「慈悲深き帝国の母」であったかどうかにも、疑義を差しはさんでいることに留意してほしい。たとえば、なぜ女王は、シェーン夫人のもとで幸せに暮らす彼女を無理やりブライトンに転居させ、「ＣＭＳの優等生」と結婚させようとしたのだろうか。母は慈悲深いだけではないのである。

それに何より、イギリス人が残した記録から再構築されたサラ・フォーブズ・ボネッタの物語は、「彼女の物語」の一部でしかないはずだ。われわれが目にする「帝国の物語」は、誰がどうやって書いたものなのか、われわれはしっかりと目を光らせておく必要がある。なぜなら、大英帝国は、「黒人王から白人王への贈り物」であったサラの存在を忘却の彼方《かなた》へと押しやり、「白人王から黒人王への贈り物」を刻み込んだ絵画しか残さなかったのだから――。

第七章　帝国は楽し

大英博物館はミステリーの宝庫

不幸のミイラの呪い

大英博物館二階、第二エジプト展示室、所蔵番号二二五四二。第二一王朝時代（紀元前一〇五〇年ごろ）、アメン・ラー神に仕えた巫女のものとされるこの木棺（ミイラボード）は、一八九九年、エジプト・コレクションのひとつとしてここに収められた。以来、（木棺なのに）「不幸のミイラ」と呼ばれ、数々のミステリーでイギリスのみならず、世界中で注目されてきた。

この木棺が運ぶ「不幸」は次のように伝えられる。一九世紀初めに三人のイギリス人がテーベでこの棺《ひつぎ》を購入したが、イギリスに運ぶ途中、一人が銃の暴発で片腕を失い、もう一人は行方不明となり、残ったひとりは怖くなって売却した。その後、棺を手にした三人が原因不明で亡くなり、七人目の所有者は知人の助言ですぐに手放し、八人目の所有者に撮影を依頼された写真家はまもなく死亡。しかも現像したところ、蓋《ふた》に刻まれた顔とは似ても似つかない、苦悶にあえぐ醜い顔が写っていた。原因不明の病に倒れた九人目の持ち主から大英博物館に収められた後も、展示室から夜な夜な女性のすすり泣きが聞こえたため、警備員も見回りを嫌がったという。

呪いに手を焼いた大英博物館はアメリカのコレクターへの売却を決め、一九一二年、処女航海に向かう豪華客船タイタニック号にこの木棺を乗せた。ところが、船は氷山と衝突して座礁、沈没。死者一五〇〇名余りを数えるあの大惨事となった。だが、木棺の蓋だけは奇跡的に引き上げられ、アメリカのある博物館に届けられたものの、そこでも呪いが消えなかったため、けっきょく大英博物館に返却された――これが、「不幸のミイラ」にまつわるまことしやかな伝説である。

実際は、このミイラボードは、一八九九年にここ大英博物館に収められて以来、何ら悪事を働いたわけでもなければ、タイタニック号の沈没ともまったく無関係である。にもかかわ

「不幸のミイラ」と呼ばれた木棺の蓋　エジプトのテーベで出土した、女性のミイラの棺のもっとも内側の蓋。大英博物館創立250周年記念図録より

らず、「不幸のミイラ」にまつわる話は絶えたことがない。長さ一六二センチの木製の蓋に「ミイラの呪い」を吹きこんできたものとは何なのだろうか。

大英博物館の誕生

大英博物館は、世界初の公共博物館（国立）であり、図書館を併設している。ブルームズベリーの博物館には七〇〇〇万点を超える文化遺産が、分館であるサウス・ケンジントンの自然史博物館には七〇〇〇万点ほどの標本が収められ、セント・パンクラスの大英図書館に収められた刊本、写本などの類は一億五〇〇〇万冊にのぼる。まさしく「人類の英知の宝庫」である。

大英博物館は、一七五三年、名代のコレクターとして知られたサー・ハンス・スローンの遺言を受け、議会が可決した特別立法（いわゆる大英博物館法）によって創設された。スローンはアイルランド出身の内科医であり、ニュートンの後を継いで王立協会《ロイヤル・ソサエティ》の会長を務めた博物学者でもある。彼の収集は、一六八七年、西インド諸島に渡った時にはじまった。現地で集めた動植物の標本を携えて帰国した彼は、資産家の未亡人と結婚し、財にあかしてコレクションを増やしていった。その内容は、大量の書籍、中世ヨーロッパやイスラムの写本、中国の絵画、ネイティブ・アメリカンの民芸品など多岐にわたる。なかでも多種多様な動植物の標本は、スローンと親交のあったベンジャミン・フランクリンやヴォルテール、ハイドンやヘンデルらの目を楽しませたと伝えられる。

時代は、啓蒙主義と呼ばれる知を渇望した時代。あらゆるモノがコレクションの対象となり、それを分類して命名し、序列化して理解しようとする発想が、知識人や文化人の心を捉えていた。人間を多様に収集し、分類して命名し、序列化する考え方——人種概念も、この時代の産物である。

一七四二年に八二歳で引退したスローンは、膨大なコレクションの散逸を恐れて遺言書を作成し、有識者から成る「管財人」集団を指名し、コレクションの管理を指示した。一七五三年一月にスローンが死亡すると、管財人集団は遺言に従い、今に継承されることになる次のような独特の方針を明らかにした。

一、一旦入手したコレクションは、完全に元の状態で、しかも永久保存されること（それゆえに、冒頭に紹介したエピソードのような売却はありえない）。

二、一般市民が自由にコレクションを見られること。

そのうえで管財人は、コレクションを管財人とその後継者たちが永久に手放さないことと引き換えに、スローンの相続人に対して二万ポンドを支払うよう、国王と議会に願い出た。議会の承認を経て、一七五三年六月、国王の裁可を得た後、管財人に代わって理事会が設置された。九万五〇〇〇ポンドの運営資金は公営の宝くじで賄《まかな》われ、五九年一月からは一般公開もはじまった。もっとも、一八一〇年以前は事前の申し込みが必要であったこともあって、訪れる人はさほど多くはなかった。一七七〇年代のキャプテン・クックの世界周航以降は、民族学的、自然史的な事物が増えたが、この知の空間をごく普通の人びとが楽しめるようになるには、動植物の標本や古文書、遺跡などの他に、もっと別の「何か」が必要であった。

エジプトへの開眼

その「何か」を連れてきたのは、ヨーロッパにおける最後の対仏戦争であった。一八〇二年、ナポレオンのエジプト遠征に同行したフランスの学術調査団、通称「学者の軍隊」によって発見されたロゼッタ・ストーンが、降伏協定第一六条（アレキサンドリア協定）によってイギリス王室に引き渡された後、時の国王ジョージ三世によって、他の出土品とともに大英博物館に寄贈されたのである。以後、英仏間で、ロゼッタ・ストーンに刻まれたヒエログリフ（神聖文字）の解読をめぐって激しい競争が繰り広げられたこともあって、大英博物館のエジプト・コレクションは大いに脚光を浴びた。そのなかで、イギリス人はエジプトという「新しいミステリー空間」を意識するようになっていったといえる。

とはいえ、当時のイギリスは、フランスに対して大きく出遅れていた。ナポレオンの失脚後、時を移さずエジプト・コレクション専用の展示室が作られたルーヴル美術館とは対照的に、一九世紀前半の大英博物館には古代エジプトを専門に扱う部門さえなかった。ハンス・スローンが残したコレクションのなかにすでにエジプトからの出土品が含まれていたし、開設三年後には早くもミイラが寄贈されてはいた。しかしながら、大英博物館がほんとうの意

19世紀末の大英博物館エジプト展示室の様子
1890年から電気照明が設置された。記念図録より

味でエジプト・ミステリーの魅力に気づくのは、一八二六年、文化遺跡部門（古遺物部門）の部長《キーパー》に就任したエドワード・ホーキンズのもと、カイロ駐在のイギリス総領事、サー・ヘンリー・ソールトのエジプト・コレクションの多くをオークションで競り落とした三五年以降のことだといえる。とくに、イギリスがエジプトを単独で占領下に置いた一八八二年以降、エジプト・コレクションの充実は加速度的に進められた。

その間、イギリス人がエジプトに無関心でいたわけではない。いやむしろ、エジプトへの関心や想いは、大英博物館とは別のところで、しかも大英博物館の当時の常連よりずっと下の階層にも刺激を与えるかたちで、イギリス社会でじっくりと熟成されていたのである。やがて大英博物館の展示室で爆発するエジプト・ブームを育《はぐく》んだもの——それは、一九世紀前半のロンドンで人気を集めた見せ物の館、エジプシャン・ホールと、そこで開催された「エジプト展」であった。

エジプシャン・ホールのエジプト展

エジプシャン・ホール、正式名ロンドン博物館は、旅行家で博物学者としても知られたリヴァプールの興

エジプシャン・ホール　R・D・オールティック『ロンドンの見世物2』小池滋監訳、1990年

行師ウィリアム・ブロックによって、一八一二年、ロンドン随一の繁華街ピカデリーに完成した。ファサードには、イシス、オシリスという二神の巨大な裸像やスフィンクス、そしてヒエログリフなどがちりばめられ、ロンドン子の度肝を抜いた。内部には、ブロックが集めた世界各地の珍しい動物や鳥、魚の標本や化石、工芸品や美術品などがところ狭しと並べられた。一六年には、皇太子（後のジョージ四世）から購入したナポレオン愛用の馬車の展示が、新しもの好きのロンドン子の間で評判となった。そんな雑多な見せ物館に一大プロジェクトが持ち込まれたのは一八二〇年のことであった。

　仕掛け人は、イタリア北東部、パドヴァ生まれのジョヴァンニ・バッティスタ・ベルツォーニという男。ナポレオン戦争中にイタリアを脱出し、イギリスに亡命した彼は、一九八センチの長身と恰幅《かっぷく》のいい体格を生かし、「怪力男」としてヨーロッパ各地を渡り歩いた大道芸人だ。

　一八一五年、エジプトに向かった彼のもとに耳寄りな情報が飛び込んできた。スイス人ジャン・ルイ・ブルクハルトが少し前にテーベで発見した巨大なラムセス二世の胸像が、動かせないまま放置されているというのである。ベルツォーニは、ローマで学んだ（と自称する）水力学の知識を駆使してこの巨像を動かすことに成功し、その運搬資金を援助したイギリス総領事、エジプト・コレクションで知られるサー・ヘンリー・ソールトからの寄贈というかたちで、一八一八年、胸像は無事、大英博物館に到着した。

この一件をきっかけに、総領事ソールトはベルツォーニにエジプトの発掘調査を依頼する。彼は、ナイル川に沈んでいたアブ・シンベル神殿、ルクソールにある王家の谷の王墓などを次々と発見し、一八二〇年、発掘した多くの遺跡を手みやげに、イギリスに凱旋した。その成果の展示会場として、エジプシャン・ホール以上にふさわしい場所はなかった。

一八二一年五月一日、一般公開されたエジプシャン・ホールのエジプト展は、すさまじい興奮を巻き起こした。その様子は、一九七二年に大英博物館で初公開され、約一七〇万人もの入場者を集めたツタンカーメン展に勝るとも劣らないといわれる。なかでもひときわ注目を集めたのは、セティ一世の王墓を六分の一の規模で復元した焼き石膏のレプリカと、一二〇分の一の規模のギザの第二ピラミッドの模型であった。その周囲に無造作を装って置かれたファラオやエジプトの神々の彫像、パピルスの古文書などが、いやがおうにもエジプト・ムードを盛り上げたことだろう。

もっとも、このときのエジプシャン・ホールにあったのは、イギリス人が想像した、彼らが見たいと思う「エジプト」であった。娯楽史の専門家によれば、このエジプト展を訪れた人のうち、エジプトがどこにあるかを知っていたのはごくわずかだったという。それでも、このエジプト展こそが、当時のイギリス人にとっての「エジプト経験」であった。ここに沸き起こったエジプト・ブームを背景に、幅広い層のイギリス人が大英博物館という空間に知的な親しみを深めていく。大成功のうちに幕を閉じたエジプシャン・ホールのエジプト展の二年後、大英博物館はソールトとベルツォーニから、展示品の彫刻類を購入している。

ミイラを展示する

一二世紀のアラブ人内科医にはじまるとされるミイラの粉末薬は、中世ヨーロッパ各地の薬屋で売られていた。大英博物館学芸員の調査によれば、エリザベス一世時代の哲学者であり、大法官でもあったフランシス・ベーコンは、ミイラの薬用効果を保証したひとりだったという。もっとも、ミイラを砕いた粉末を服用すると、本来の病気を忘れてしまうほど気持ちが悪くなった、というのが真相らしい。それに対して、当時エジプトを支配していたオスマン・トルコのスルタンは、ミイラの粉末薬の効用を疑問視して、一七世紀末、ミイラ取引禁止の通告を発令した。この通告こそ、商売としてのミイラ熱が冷める一八世紀初頭に「ミイラの呪い」という言説を生むとともに、ミイラそれ自体を「商品化」していくことになる。

一八五一年、ロンドンで開催された世界初の万博に刺激されて、同年、大英博物館の入館者は一〇〇万人を突破した。その翌年にはサー・ロバート・スマーク設計の博物館本館が完成し、増え続けるエジプト・コレクションの収納スペースも確保された。その後、一八八〇年代には、イギリスの支配下に置かれたエジプトで発掘調査が本格化するとともに、ミイラや木棺、彫像やパピルスなどの出土品も続々と博物館に運び込まれるようになった。それらを分類し、ケースに入れて展示するという体裁自体に、当時のヴィクトリア朝人は強いこだわりを見せた。それは、所蔵された膨大なコレクションが、古美術ではなく、考古学や民族学、人類学の研究対象として、その学問的価値が意識されるようになった証《あかし》ともいえよう。大英博物館が世界に誇るエジプト・コレクションはこうして誕生する。その立て役者であるサー・ウォリス・バッジも、ミイラに学問的な価値を見いだしたヴィクトリア朝人のひとりであった。

バッジは、一八八三年、二六歳で大英博物館の助手となり、九四年、その二年前に名称変更されたエジプト・アッシリア部の部長に就任し、一九二四年までその職に在った。一八八六年にはじめてエジプト入りして以来、公式訪問だけでもエジプトを訪れること一六回。そのたびに彼は、ミイラを含む大量のコレクションを購入して博物館に送りつづけた。彼は、優秀なエジプト学者であるとともに、大英博物館の部長という職責から、一般読者向けの解説書を数多く執筆し、エジプトに対するイギリス人の知的好奇心そのものを底上げした功績が高く評価されている。退職後に著した『ミイラ』（一九二五）は実によく売れた。

その一方で、バッジには「略奪者」「冒瀆者《ぼうとく》」といった非難も相次いだ。しかし、こうした批判に対する彼の答えはいつも同じだった。「大英博物館はミイラにとってもっとも安全な場所である」——これは、設立時に作られた先の二つの基本方針にプラスされた三つ目の方針、「大英博物館は専門家による研究機関たるべし」という言葉を裏付ける発言であろう。この確信に基づいて、バッジがエジプト・アッシリア部部長を務めた三〇年間に、大英博物館のエジプト・コレクションはそれまでの約三倍、六万点余りにまで増えた。現在、ここに収められている八〇体ほどのミイラの大半が、この時期バッジによって購入されたものである。

エジプト・ミステリーを収めた大英博物館は、帝国が知の娯楽空間でもあることを語って余りある。

ゴードン将軍を救出せよ――観光と帝国

旅の大衆化時代の到来

一八四一年七月五日月曜日。イングランド北部、レスター駅に集まった一〇〇〇人ほどの人びとは、ブラスバンド演奏に送られて、ラフバラまでの約一一マイルの鉄道旅行に出発した。彼らを率いるのは、印刷業を営むトマス・クック。熱心な禁酒運動家として知られた彼が、労働者を酒から切り離すために試みたこの企画こそ、近代観光の幕開けとされる。

もちろん、観光の仕掛け人は彼だけではない。すでにそれ以前から、ツーリスト・エージェントと呼ばれる人たちは数多く存在した。楽しみを求めての移動に「ツーリズム」という新しい英語があてられるようになったのも、この日より三〇年ほど前、一八一一年ごろだとされている。にもかかわらず、トマス・クックが「近代観光の父」といわれるのは、ツーリズムという言葉で表現される一九世紀の旅の特徴——大衆化を、彼が徹底して追求したからに他ならない。

旅の大衆化のシンボルは、何といっても、すべておまかせの添乗員付き団体割引パック旅行である。一八五一年、世界初の万博に際してトマス・クックがうちだした、個人の片道運賃よりも安い団体割引の往復運賃のパックツアーは、一六万人を超える人びとをロンドンに送り込んだ。この実績が、「みんなでいけば安くなる」という新しい「旅の常識」を一気にイギリスじゅうに広めた。その後も、荷物の運送や旅券の手配、ホテルの予約といった旅に関わる煩雑な手続きのいっさいを簡略化した宿泊代込みのクーポン券や現金に代わるトラベラーズ・チェックなど、トマス・クック社が送り出すサービスは、旅をシンプルでお手軽、かつ快適なものに変えた。同社発行のガイドブックや鉄道時刻表、機関誌『エクスカーショニスト』は、旅への関心を幅広く煽《あお》った。こうした「旅の商品化」とともに、旅行業務を半ば専門職化し、旅行を一大レジャー産業として確立したこと、「商品開発」をつうじて観光のグローバルなネットワークを構築したこと、それがトマス・クック社の大きな功績であった。トマス・クックの切符ならば地球上どこへでも、誰もが安く、安全かつ快適に行ける——それは、travail（苦労する）を語源とするトラベル（travel）をツアーに、トラベラーをツーリストに変える、文字通りの大革命であった。旅、ツアーは、この言葉の原義どおり、安全かつ確実に「元に戻ってくる」ことが保証された周遊旅行となったのである。

その背景には、一九世紀、とくにその後半、トマス・クック社が仕掛けた新しい旅の認識を受けとめる物理的、精神的な土壌が、イギリス社会に整備されたことがあげられる。ひとつは旅のハード面――蒸気船の改良や鉄道網の拡大による交通革命、宿泊施設の充実などであるが、それ以上に重要なのは、人びとを旅に出る気分にさせるソフト面にあった。その下地は、一八七三年から九六年までの二〇年あまりの大不況期に整えられた。失業の不安を抱えながらも、労働者たち、とくにその上層部は、物価の下落にともなう実質賃金の上昇と、銀行休日法(一八七一)による労働時間の短縮、それにともなう余暇時間の増大を経験したのである。労働以外の時間、余暇をいかにすごすか――労働者にもそれを考えるゆとりが生まれたことで、一八七〇年代以降は、レジャー全般にわたる大衆化が一気に進行することになった。

クック父子の対立

トマス・クック社が仕掛けた「旅の大衆化」に対する反動は、創設者トマスの足元で起こった。それも、息子との確執という形で、である。

トマス・クックの名を一躍有名にした一八五一年の万博ツアー直後から、同社は、国内旅行の充実とともに、レジャー産業としての新たなる展開の場を求めて、早々と海外に進出しはじめた。同社が謳《うた》う「グローバル・ツーリズム」を確立するにあたり、重要な役割を果たすことになるのが、トマスの長男、ジョン・メイスン・クックである。一八四一年、七歳でレスター―ラフバラ間の団体旅行に参加して以来、彼は父トマスとともに旅行業の道を歩むことを半ば運命づけられていた。一〇歳ですでに、少年五〇〇人のピクニック旅行で添乗員の役割を果たしたジョンは、その後、旅行宣伝用のポスターや同社の機関誌の編集に手腕を発揮した。列車の時刻表研究をはじめ、幅広い分野の新聞や雑誌を精力的に読みあさり、情報収集と旅の可能性を探る日々を楽しんでいた彼が、ロンドン万博で添乗員としての力量をみせつけたのは一七歳の時であった。

一八六五年、正式に父の共同経営者となり、新聞社が軒を連ねるフリート街にオフィスを構えたとき、ジョンの思考はもっぱら、旅をいかにビジネスとして成功させるかに向かった。毎年五万マイル近くの距離を仕事で旅し、一年の三分の一が旅にあったジョンは、「旅とは何か」をめぐって、しだいに父との認識のずれを意識するようになっていく。

禁酒運動の一環として「健全な娯楽」である鉄道旅行に着目した父トマスにとって、旅とは、それをつうじて労働者にモラルを教える手段、いうなれば社会改良の一手法であった。それゆえに、トマス・クック社が経営するホテルは禁酒・禁煙であり、それを教義とするバプティストらには、利益を無視した超低料金のツアーが提供された。そこから、「トマス・クックはツアー客に禁酒を誓約させている」と噂されたが、トマス自身はそれをまったく意に介さなかった。厳格なバプティストである彼の頭のなかで、旅の大衆化は、イコール信仰と社会モラルの向上だったからだ。その意味で、トマス・クックは、ヴィクトリア朝時代の典型的なミドルクラスの博愛主義者であったといえる。

それに対して息子のジョンは、同時代の典型的な企業家精神の体現者であった。経営を任されたロンドン支部で一日一〇時間以上働いたというジョンは、社員にも同様の勤勉さと仕事効率とを求め、能力給や昇格制度を取り入れて、観光旅行業務の専門職化と事業拡大に尽力した。そんなジョンにしてみれば、社会改良を事業に優先させる父トマスは、トマス・クック社を博愛主義という個人的な「趣味」の犠牲にしているとしか思えなかったようである。

一八七九年、実質的な経営権を握ったジョンは、父（そして父のアメリカのパートナーであるE・M・ジェンキンズ）に真っ向から対立する観光戦略を打ち出した。彼が掲げた新しいキャッチフレーズは、「限られた人数で、厳選された一流の旅をトマス・クックとともに！」──すなわち、ジョンは、父トマスがなし遂げた「旅の大衆化」に歯止めをかけ、洗練された知的で裕福な少数の人びとを対象とする個人旅行に力を入れようとしたのである。いうなれば、旅の大衆化に対する「旅の差別化」だ。それは、一八八〇年代に激しさを増した旅行会社間の競争を生き抜くための経営戦略でもあった。たとえば、クックの古くからのライバルであるヘンリー・ゲイズの「ゲイズ・アンド・サン」が、クック社とほぼ同じ低料金で似たようなサービスを提供して、九〇年代までに国内外に一〇〇近くの支店を抱えるまでに成長し、クック社を脅かしていた。

旅を社会改良と信仰の一環として捉えつづける父に対する息子の激しい抵抗は、個人的な感情によるものばかりではない。そこには十分な理由があった。

旅の差別化へ——海外旅行の拡大

後にジョンは、「父はアメリカへの拡大以外、何の貢献もなかった」とトマスを批判しているが、実際には、トマス・クック自身、海外への販路拡大を熱心に進めている。たとえば一八六〇年代の目玉商品、アルプス登山の旅がそうだ。おりしもアルプス登山史の最初の黄金時代。六五年にはエドワード・ウィンパーがマッターホルン登頂に成功し、イギリス人、とりわけミドルクラスの間で高まる登山熱をトマス・クックは見過ごさなかった。トマス・クックがツアー客を続々とアルプスの山々に送り込む様子を、評論家ジョン・ラスキンがつぎのように書いて憤慨したことは有名だ。曰く、「クックはアルプスを飼い馴らしてしまった。アルプスは、審美眼を備えた一部の知的エリートのためにあるべきなのに」。

やはり一八六〇年代後半、アメリカ人ジェンキンズと共同で、トマス・クックは、「同じ英語を話す民族の連帯と友好」を掲げ、南北戦争直後のアメリカに旅のネットワーク拡大を図った。六八年には中東・エジプトへも進出し、その後、地中海に浮かぶキプロス島をイギリス人のリゾート地として大々的に宣伝した。七〇年代には世界一周の旅も企画している。ただし、そのいずれにも、国内旅行と同じく、旅を信仰に基づく社会改良の手段と考えるトマスの信念が貫徹していた。「永遠に神とともに」という中東、エルサレムの旅のキャッチフレーズはその典型だろう。この信念ゆえに、父トマスが発信する旅は、つねに大衆化を志向していた。

その一方で、「大衆化」はたえず批判にもさらされた。「イギリス人団体旅行客が世界を汚染している」――トマスが海外旅行の開拓に着手した一八六〇年代、上・中流階級向けの雑誌は、トマス・クック社のツアー客に「クックの野蛮人」という罵声を浴びせた。旅すべきでない人たちが旅をしている――イギリスのツーリストに対するこの批判は、旅の大衆化にともなって観光地で進んだ有形・無形の環境破壊とともに、ヴィクトリア朝時代の観光の特徴でもあった。

イギリスのツーリストたちも、自分たちに向けられたこうした批判をよく知っていた。シーズンオフに旅をする人が増えたのはそのせいだろう。またこの時期、『エクスカーショニスト』の投稿欄には、ツアー参加者から、「旅先でイギリス人とは会わないようにした」とか、「ツーリストではなくトラベラーであるよう努めた」といった興味深い意見が寄せられている。つまり、「旅の大衆化」のなかで、旅する人びと自身が、「ツーリスト（観光客）ではなくトラベラー（旅行家）」という差別化を求めはじめたのである。雑誌投稿という世論（顧客の声）が、ジョンに路線修正の必要性を痛感させた。ヴィクトリア朝の典型的実業家であるジョンにとって、「旅の大衆化」による利益がさほど大きなものと感じられなかったことも、父の路線と決別する動機となっただろう。

ジョンは、機関誌のなかで「旅とは社会的威信に応えるものでなければならない」と述べ、「トマス・クック社は客を選ぶ」という斬新な方針を明らかにした。この経営戦略実行の場として彼が選んだのは、すでにイギリス人観光客によって「征服」された国内やヨーロッパ、アメリカではなく、父の貢献がほとんどない（とジョンが判断した）エジプトであった。それは、「ツーリストのいない場所へ、しかもシーズンオフに」を望むようになったイギリス人の希望にも叶っていた。この選択が、イギリスの観光開発を帝国の存在と不可分に結びつけることになる。

ゴードン将軍を救出せよ！

トマス・クック社一五〇年の歴史をまとめたピアーズ・ブレンドンは、観光地としてエジプトを「発見」し、宣伝した点において、ジョン・メイスン・クックの右に出る者はいないという。ブレンドンはそれをこう表現している。「エジプトで、スフィンクスが永遠の沈黙を破って最初に口にするのは、クックのナイル・エクスカーションの成功を称《たた》える言葉だろうと言われたほどである」。

一八八〇年、エジプト・ツアーを大々的に展開しようとしたジョンの前に、「帝国の戦争」が立ちふさがった。まずは一八八一年、英仏の内政干渉に抵抗するアラービー・パシャの軍事クーデター。それを契機に、翌八二年にイギリス軍がエジプトを占領した直後、八三年一月、エジプト支配下のスーダンでおこった民族主義抵抗運動、マフディの反乱軍が、西部の州都エル・オベイドを占領した。

マフディ（導かれた者）とは、イスラム原理主義運動を奉じる集団であり、エジプトからの独立を求めて決起した。イギリスは、中国、太平天国の乱の平定で知られるチャールズ・G・ゴードン将軍をスーダンに派遣する。このとき、ゴードン将軍をスーダン奥地へと運び、マフディの脅威にさらされたエジプトの軍隊や民間人を首都ハルトゥームから避難させたのが、ナイル川の汽船輸送を独占していたトマス・クック社であった。

ハルトゥーム入りしたゴードンは、マフディに囲まれて孤立無援に陥る。一八八四年四月一日付の『タイムズ』は、ハルトゥームからのつぎのような悲痛な伝言を掲載している。「われわれは、日々、イギリスからの援軍を待っている。われわれの命そのものがイギリスにかかっている。政府に見捨てられたとは思いたくない」。

野党保守党は援軍の派遣を強く求めた。ところが、もともとスーダン問題へのイギリスの関与を嫌っていた自由党内閣の首相グラッドストンは、援軍派遣になかなか承認を与えなかった。その間、新聞報道をつうじて、将軍の窮状は広く国民の注目を集め、「ゴードン将軍を救出せよ」の世論は高揚した。これに応えたのも、ジョン率いるクック社だった。すでに陸軍省からの打診を受けてナイル川の輸送に内諾を与えていたジョンは、アレクサンドリアからワディ・ハルファ（当時のイギリス軍が「血塗られた中間点」と呼んだ場所）までの輸送を担当したの

ナイル川を遡るゴードン救援隊　船の前部甲板と右手岩の上で手旗信号を送る兵士に注目。Byron Farwell, *Queen Victoria's Little Wars*, 1972

である。

ジョンが運んだ救援軍の規模は、最終的にイギリス・エジプト合同軍兵士一万八〇〇〇人、食糧一三万トンにものぼる。ジョンは、クック社が独自に開発したエジプト観光旅行のルートとともに、アスイットーアスワン間の高速蒸気船を提供し、石炭二万トン、二八隻から成る艦隊、二七台の貨車、ナイル川航行用の帆船六五〇艘なども個人的に手配し、ゴードン救出に対応した。こうした配慮は、情報が錯綜する陸軍省の命令系統の混乱を彼が認識していたからに他ならない。援軍輸送に当たったジョンは、イギリス軍の到着の遅れが、首相の責任以上に、陸軍省の情報管理、事務処理能力のお粗末さにあることをわかっていた。ジョンはそれをしたたかに利用したのだが、スーダン奥地で援軍を待つゴードン将軍はそうはいかなかった。援軍到着のわずか四八時間前、ゴードンは非業の最期を遂げた。

「ゴードン将軍の最期」　ジョージ・W・ジョイ、1893年。リーズ市美術館

将軍の死が伝わるや、イギリス全土では、援軍派遣の決断が遅れた首相に対する非難が巻き起こった。内情を知るジョンは、ゴードン将軍の記憶が鮮明なこのときを見逃さなかった。彼はひきつづき反乱鎮圧軍の輸送を担当するとともに、「ゴード

ン将軍追悼の旅」をハルトゥームに送り出し、イギリスじゅうで大喝采を浴びたのである。新聞は、「ゴードン将軍が遠征の全輸送をこの旅行会社に任せていれば、死ぬことはなかっただろう」と書きたてた。しかも、クック社のこの経験は、ジョンに、そしてやがて同社を継ぐことになる息子のひとり、イギリス陸軍の駐屯地ドンゴラまで父親ジョンに同行してナイル川を遡《さかのぼ》った三男トマスにも、大きな意味を持ったのである。ゴードン将軍救援にまつわる活動を通して、ジョンは、帝国の拡大が観光のフロンティアを押し広げることを確信した。帝国への関心と愛国心とが最高潮に達しようとしていた一九世紀末、目には見えない帝国を「観る」旅は、いまだ大衆化にさらされていないという意味でも、「旅の差別化」を志向するジョンの戦略と一致していた。

彼の路線はその後、三人の息子たちに継承され、一八九九年、南アフリカ戦争の勃発に際しても、クック社は、南アフリカへの兵士や物資の輸送を請け負うとともに、終戦後には戦地をめぐる追悼ツアーを企画して大きな利益をあげている。

野蛮と起源を観る旅

ジョン・クックのもと、帝国の拡大と手を携えて進められた「旅の差別化」には、もうひとつ見逃せない側面がある。それは、帝国を観る旅が、大英帝国の拡大を正当化したレトリック、「野蛮の文明化」ともぴったり合致していたことである。つまり、帝国とタグを組んだジョンの観光拡大戦略は、旅に「文明の使者」というお墨付きを与えることになったのだ。「ツーリズムは、レジャー産業であるだけでなく、平和産業でもあるべきだ」とジョンは言ったが、この言葉は、大英帝国独特の文明意識のなかで理解されるべきだろう。

ただし、「文明化」の印が押された瞬間から、観光地としての大衆化は時間の問題だった。帝国拡大の手先でもある鉄道敷設により、トマス・クック社のツアー行程表（一八九八年）によると、ロンドンからハルトゥームまでわずか一二日となった。「野蛮」は急速に「文明化」されていき、この延長線上に、ジョンがめざすグローバル・ツーリズムが姿を現わしはじめた。野蛮と文明、差別化と大衆化のいたちごっこ――ジョン・メイスン・クックが仕掛けた観光戦略は、二〇世紀を通じて各地で顕在化するツーリズムのパラドックスを先取りしていたといえる。

このパラドックスに耐える存在はやはり、ジョンが力を入れたエジプト・中東ツアーだった。一九世紀後半のイギリス人が、リヴィングストンやスタンリー、バートンらによるナイル川の源流を探る冒険と発見の旅に熱狂していたことは映画でもおなじみだが、そうした未知への旅のなかにイギリス人は何を見ようとしたのだろうか。「野蛮の文明化」もさることながら、イギリス人をわくわくさせたのは「源流」という言葉ではなかったか。源流、源、原点――エジプト旅行は文明の源への旅、中東エルサレムへの旅はキリスト教の原点への旅。同じエルサレムへのツアーを企画しながら、ジョンの思考は、そこに「神とともに」を求めた父トマスとはまったくちがっていた。それが父と子の時代の差だった。ヨーロッパの物質文明が空間的な限界点に達しつつあった当時、とりわけ領土的な拡大が前代未聞の帝国を招来しようとしていた一八八〇年代以降、先のいたちごっこを制するものは、「原点に戻る」ことでしかなかったのではないか。しかも、ピラミッドに苦労して登り、乾燥した砂漠を野外テントで移動するエジプト・中東の旅は、「ツーリストではなく、トラベラーでありたい」という人びとの希望をも満たすものだった。

同じねらいから、ジョンは「イギリスの過去への旅」にも力を入れた。たとえば、鉄道以前、人びとの足であった乗合馬車で行く国内旅行。「苦労する旅」、トラベルへの回帰――素早い移動に価値を認める社会において、時間の呪縛から解かれた旅は、大衆化が行きわたった国内旅行の新たな突破口として、時間的ゆとりのある人にしか許されない、差別化された旅の目玉となった。

帝国と与《くみ》するジョンの観光戦略は、逆方向の需要も見逃さなかった。インドに張りめぐらされたトマス・クックの支店は、「ピクチャレスク・インド」というキャッチフレーズに惹《ひ》かれたイギリス人ツーリストのみならず、間接統治で帝国に組み込まれたインド社会上層部のマハラジャたちをヨーロッパへと送り込んだ。エジプトやインドのムスリムに快適なメッカ巡礼の旅を請け負ったのもジョンとその息子たちだ。一八九七年、ヴィクトリア女王即位六〇周年式典に国賓として招かれたマハラジャ一行の訪英ツアーを担当するころには、こうした双方向のパッケージ・ツアーによって、トマス・クック社は大英帝国全体を包み込んでいたのであった。

ミュージック・ホールで歌えば帝国も楽し！

帝国を売るプロ

一八八五年一月、援軍到着のわずか四八時間前、スーダン奥地で孤立無援の状態にあったゴードン将軍は、マフディが放った銃弾によって非業の死をとげた。国民の非難は、援軍派遣の決断を渋った首相グラッドストンに集中した。彼に対する憤りを代弁したのは、当時全盛期を迎えつつあった労働者の娯楽施設、ミュージック・ホールの歌であった。人気シンガー、マクダーモットが、露土戦争時の大ヒット曲「バイ・ジンゴ！」につづいて送り出したその曲のタイトルは、ずばり、「遅すぎた！（Too Late!）」――この言葉、今風に言えば「流行語大賞」とでもなろう。マクダーモットはそれを巧みに織り込んでこう歌っている。

遅すぎた、彼を救うには遅すぎた。
救おうとしたけど、遅すぎた。
愛する人びとを救おうと戦い、死んで英雄となった彼。
遅すぎた、遅すぎた。
イギリスの栄光のために死んだ彼、
彼はイギリスの心に生きている！

ミュージック・ホールの舞台はさらに、それまで「GOM」(Grand Old Man)との愛称で親しまれてきたグラッドストンを、逆綴りの「MOG」(Murderer of Gordon)、「ゴードン殺し」と呼んで揶揄《やゆ》した。こうした素朴でナイーブな愛国心が、ミュージック・ホールの魅力でもあった。

レンガ積み職人から転身したマクダーモットは、一八八〇年代、「大英帝国を売るプロ」との異名で人気を博した歌手である。彼は、ロシアとトルコの間に起こった露土戦争(一八七七~七八)に「忠実なる仲介人」として介入した保守党首相ディズレリを諷刺した、政治色の濃い曲で一躍有名になった。その曲は、「俺たちゃ、戦いたかねえ!」といういささかなさけない曲名よりも、歌詞のコーラス部分で繰り返される「バイ・ジンゴ!」という威勢のいいリフレインで知られ、イギリス全土で口ずさまれた。

「バイ・ジンゴ」という言葉自体に特に意味はない。時に「はい、このとおり!」という手品のかけ声に、また「神に誓って、ぜったいに!」という意思表明の言葉として、一七世紀末以来使われてきた。この曲の大ヒットによって、盲目的愛国主義、戦闘的愛国心を意味する「ジンゴイズム」という新しい英語が生まれた。「俺たちゃ、戦いたかねえ!」から「徹底的にやってやろう!」という意味の単語が生まれたこと自体、イギリス的ユーモアかもしれない。

一八七五年にスエズ運河株を買収した首相ディズレリは、インドへの通路となる地中海とスエズ近隣の利権を守るべく、トルコに迫るロシアの脅威に警戒感を募らせた。これにミドルクラスも労働者も共鳴し、政治集会ではクリミア戦争以来の反ロシア感情が高揚を見せた。そのなかで、労働者の娯楽施設ミュージック・ホールが代弁したのは、露土戦争をめぐる労働者の率直な感情であった。「バイ・ジンゴ！」を繰り返しながら、マクダーモットはこう歌っている。

　俺たちゃ、戦いたかねえ、
　だけど、バイ・ジンゴ！　やるとなりゃ、
　船も兵士も金もある。
　少し前にも熊公（ロシア）とやりあったこともある。
　俺たちゃ、ほんとのイギリス人。
　ロシア野郎にゃ、コンスタンティノープルを渡さねえ！

都市化傾向を強める社会のなかで、「帝国」を舞台にあげたミュージック・ホールは、人びとにその楽しみ方を教えはじめた。

都市の娯楽の殿堂

世界初の万博がロンドンで開催された一八五一年の国勢調査で、都市人口が農村人口を初めて上回った。その翌年、ロンドンの片隅で生まれた「酒と演し物《だ》」の空間、ミュージック・ホールは、都市化の波に乗って急速にその数を増やし、第一次世界大戦後まで圧倒的な人気を博した。

テムズ南岸のランベスに誕生した第一号店「カンタベリ」の前身は、「カンタベリ・アームズ」というパブだ。パブの売り上げ増大のためにはじめた歌や踊りなどが人気をよび、そこに目をつけた経営者が、看板を「ミュージック・ホール」に改めた。二年後、このパブは、収容人員一二〇〇名、当代随一の音響装置を備えた一大ホールへと生まれ変わった。そして、舞台と客席とが一体となって口ずさむコーラスを最大の売り物とするミュージック・ホール「カンタベリ」は、大成功を収める。以後、ロンドンにはぞくぞくとミュージック・ホールを称する施設が増え、過当競争による演し物の充実とともに、客席を楽しませる才能をもった芸人が次々と誕生した。

彼らの歌や芸に熱狂したのは、労働時間の短縮による余暇時間の増大と実質賃金上昇の恩恵に与《あずか》った都市に暮らす人びと――階級社会のイギリスにあっては、店員や事務員といったミドルクラスの下層に属する人たちや労働者の上・中層に位置する熟練職人や工場労働者たちが中心だった。都市は匿名空間。袖振りあう者がたがいに名乗ることのない孤独な空間。そのなかで、舞台と客席が一体となったミュージック・ホールのコーラスは大いに当たった。しだいに酒への依存度を低下させたこの娯楽施設は、流行歌の拠点となり、家族で楽しめる「健全な」一大娯楽産業へと成長していく。そのきっかけとなったのが、「ライオン・

コミックス」とよばれるコミック・ソングであった。「シャンペン・チャーリー、それが俺の名、夜のお遊びお手のもの。さあ、いっしょにどんちゃん騒ぎをしようじゃないか！」というたわいのない歌詞だが、それが大ヒットしたこと自体、当時の人びとが何を求めていたかを物語るだろう。都市の気晴らし——。

一八六八年の調査ですでに、ロンドンだけで五〇〇を超えたミュージック・ホールは、その後、全国にその数を拡大した。その過程で、人びとの生活や労働、人生のみならず、政治や政治家などを次々と舞台にあげながら、この娯楽の殿堂は人びとと政治とを近づけた。そして「遅すぎた！」がヒットする八〇年代半ばにもなると、「ジンゴ・ソング」と称して、大英帝国とイギリスへの愛国心を歌いはじめたのである。その意味で、ここはまさに「気晴らしの帝国」であった。この娯楽空間のなかで、生き抜く労働者は息抜く労働者となった。

ロンドンの人気ホール「エンパイア」のプログラム
1880年代以降、演し物が多様化したホールはヴァラエティ・シアターと呼ばれた。
G. Weightman, *Bright Lights, Big City,* 1992

しかし、労働者を中心とするミュージック・ホールの客席で、帝国への関心はあくまで、彼らの想像のなかだけにあった。それゆえに、「気晴らしの帝国」は、想像の帝国でしかなかった。

もうジンゴ・ソングは歌えない

ミュージック・ホールから生まれた英語、ジンゴイズムで語られることの多い南アフリカ戦争だが、当時ここで好まれた曲は、たとえば人気歌手トム・ロイドのこんな歌だった。


戦争を歌わないでくれ。

隣で一杯ひっかけなきゃならなくなる。

二七の演し物で、歌うテーマは、女王とトミー・アトキンス（イギリス兵士）、そして緑のシャムロック（アイルランドのシンボル）。

舞台から逃げ出して、照明具をぶっこわしたくなる。

だから、戦争は歌わないでくれ。


一九〇〇年五月、長期にわたりボーア人に包囲されてきたマフェキングの解放を喜ぶ民衆のばか騒ぎは、「ジンゴイズム」の象徴と理解されている。だが、南アフリカ戦争で戦死した兵士の家族への募金を集めるため、キプリングが「心ここにあらず」という詩で帝国への貢献を賛美したのとは対照的に、ミュージック・ホールは次第に戦争を歌わなくなっていった。第一次世界大戦の時代を振り返ったJ・B・ブースは、感慨深げにこう書いている。「われわれの歴史上、最大の戦いと関わって初めて歌われた曲が、戦争を歌うどころか、ピカデリーやティッペラリーを想う歌だったとは、実に皮肉である」。

ブースのいう曲は、第一次世界大戦勃発の一九一四年ごろ、オーストラリア出身のミュージック・ホール歌手、フロリ・フォードが歌った「はるかなり、ティッペラリー」である。彼女自身にあまり人気がなかったことから、この曲は、ミュージック・ホールの客席ではなく、第一次大戦の戦場で兵士たちに口ずさまれた軍歌として記憶されている。ちなみに、ティッペラリーとは、アイルランド西南部、マンスター地方にある小さな町の名である。

はるかなり、ティッペラリー、そこへいく道は遠い。
はるかなり、ティッペラリー、いとしきあの娘のところまで。
さらばピカデリー、さらばレスター・スクェア、
　ティッペラリーははるかなれど、
　ぼくの想いはいつもそこに。

ミュージック・ホールの女王、マリー・ロイド　Gavin Weightman, 1992

後に述べる「フーリガン」の歌をはじめ、アイルランド人への露骨な偏見に満ちたそれまでのミュージック・ホールとはまったく違う世界がここにある。それは、南アフリカ戦争の時代以降、ここの常連の多くが、「帝国のために戦うぞ！」

とは歌えない現実と直面していたからだろうか。ミュージック・ホールの女王、マリー・ロイドは、この戦争の時期にたった一度だけ、ジンゴ・ソングを歌ったことがある。「あんたが軍隊に入るまではね、ジョン、あんたのこと、あんまり好きじゃなかったけど、今はとってもあんたが好き」——むじゃきに戦争を肯定した歌だ。それでもマリー自身は、戦争が終わった南アフリカ興行の移動中、道路沿いに立てられた無数の墓標に気づき、ぽろぽろ涙をこぼしながら、こうつぶやいたという。「なんて悲しいの。ここに眠っているのはイギリス人だけじゃない。ボーア人もいるにちがいない。これが戦争なのね」。だからこそ、マリー・ロイドは、ミュージック・ホール最大のスターだったのだろう。

一九二二年一〇月七日、舞台で倒れ、昏睡状態がつづいていた彼女が亡くなったとき、イギリスじゅうの通りという通りに、新聞売りの少年の声がこだましたという。「マリーが死んだ！　マリーが死んじゃったよ！」——この瞬間、ミュージック・ホールの時代は幕を閉じ、代わってアメリカ映画が大衆娯楽の王座へとのしあがっていく。彼女の葬儀にかけつけた一〇万人の人びとは、マリーの死にイギリスの古きよき時代の終焉《しゅうえん》を感じていたにちがいない。

第八章　女たちの大英帝国

女たちの居場所

帝国に白人女性の居場所なし？

ヴィクトリア女王の時代、大英帝国という空間は大きく三種類の地域で構成されていた。ひとつは、この島国から移民が入植し、新しいイギリス社会（白人社会）が築かれた地域——カナダ、オーストラリア、ニュージーランド、そして南アフリカ——である。これらの地域はすべて、二〇世紀初頭までに自治領となり、一九三一年のウェストミンスタ憲章によって実質的に独立国となった。二つ目は、大反乱（一八五七〜五九）を契機に、東インド会社からインド省へと移管され、イギリスの富の源泉として、帝国内で特別な意味を持ったインドである。そしてもうひとつは、少数のイギリス人が圧倒的多数の現地人を支配する王領植民地であり、さまざまな規模でアジアやアフリカ、太平洋上に広がっていた。これらについて、とりわけ三つ目の植民地に関して、呪文のように繰り返されたこんな言葉がある。「帝国に白人女性の居場所はない」——植民地行政官の夫とともに暮らした西アフリカでの生活を綴ったエリザベス・オークの回想録（一九三三）のタイトルともなったこの言葉が、ごく最近まで、帝国と女性の関係を象徴的に語るものと理解されてきた。

もちろん、帝国に女性がいなかったわけではない。それどころか、先に記した地域のいずれにも、女性たちの姿があった。一五八七年、エリザベス女王の寵臣、サー・ウォルター・ローリーが計画したアメリカ、ヴァージニア（ロアノーク島）植民のなかにすでに、総督ジョン・ホワイトの娘夫婦がいた。彼らの間に生まれた娘はヴァージニアと名づけられ、アメリカで生まれた最初のイングランド人となった。その後、この幼子を待ち受けていた運命は、帝国史そのものであったはずだ。また、帝国が最盛期へ向かう一九世紀後半ともなれば、白人入植地として発展しつつあった先の四地域への女性移民が強く推奨され、多くの女性たちがそれぞれの事情を抱えて海を渡っていった。アジアやアフリカの植民地でも、イギリスの女性たちはさまざまに、自分たちの居場所を確保しようとしていた。

一九世紀末から二〇世紀にかけて全盛期を迎えた女性移民（広くは女性の植民地への移動）は、国内の動き――女性の職業の専門職化や女性参政権運動――と密接につながっていた。たとえば、一九世紀後半、とりわけ初等教育の義務化（一八七〇）以後、女性の小学校教師が増えるなか、国内で職を得られない女教師たちに解決の道を開いたのは帝国であった。さらには、ブロードウェイ・ミュージカル『王様と私』で有名なシャム（現在のタイ）宮廷の女家庭教師、アンナ・レオノーウェンスのような事例も少なくない。

いずれにしても、女性の存在を無視した帝国史はありえない。とりわけ一九世紀後半、全盛期へ向かう時期の大英帝国は、イギリス社会自体が女たちを海外へ、植民地へと押し出す圧力をかけていたのだから……。

女余りのヴィクトリア朝時代

一八七一年　　五九万四三九八人
一八九一年　　八九万六七二三人
一九一一年　一三二万八六二五人

大英帝国の全盛期、一九世紀末から二〇世紀初頭にかけて問題化したこれらの数字こそ、イギリスの女性たちを海の彼方《かなた》へと向かわせる物理的、精神的な圧力となった。数字は、女性が男性よりどれくらい多いかを示したものである。女性余りのこの傾向は、ナポレオン戦争終結以後、一九世紀を通じて変わらなかった。

この過剰人口のうち、結婚適齢期である二〇代、三〇代の女性が占める割合は、一九世紀を通じてほぼ三分の一。彼女たち、結婚できない独身女性は、当時の新聞や雑誌、小説などで、文字通り「余分の女性」とよばれて問題視され、対策が模索された。ヴィクトリア朝時代に確認される慢性的な女性余りには、統計的に二つの要因が指摘されている。第一に、一五歳までの男性の死亡率が女性を圧倒的に上回っていたこと。第二に、帝国拡大にともない、軍人や行政官、商人、移民として男性が海外に出て行ったこと、である。これにくわえて、数字のうえには現われない当時の価値観、すなわち、「扶養家族」という新しい考え方

「長い婚約」　アーサー・ヒューズ、1853〜55年。バーミンガム美術館

の登場とそれと関わって進行した晩婚化の傾向も、女性余りの「感覚」を強めていたと思われる。「ローリーの少年時代」を描いたジョン・エヴァレット・ミレイに影響を受けたラファエル前派の画家アーサー・ヒューズの「長い婚約」（一八五三〜五五）と題する絵画には、もはや若いといえなくなった恋人たちが描かれている。服装からすると、男性は教会関係者だろう。彼の手を握りしめ、幹に目をやると、かつて彼が戯れで刻んだ彼女の名前の上をツタが這っている。残酷な時間の流れは、経済的な安定が得られるまで男性は結婚すべきではないとする当時の考え方のせいだ。彼女のまなざしが悲しい。

かくして、「女性余り」（という感覚）は、「女性は家庭の天使たるべし」というヴィクトリア朝の価値観や道徳観のなかで、半ば神話化された言説となっていた。当時の女性たち、とりわけミドルクラスの女性によく読まれた小説には、独身のヒロインたちの苦境がさまざまに描きだされ、この神話にそれなりの説得力を与えていた。たとえば、アイルランドの作家で美術評論家でもあるジョージ・ムアの小説『モスリンのドラマ』（一八八六）は、独身女性を次のように表現している。

そのこぎれいな小さな家で、彼女たちの人生は独り者の怠惰のなかで、こぼれる水のようにぽとぽとと過ぎていった。希望も絶望も彼女たちの日々の単調さを破ることはない。だが、それは彼女たちの落ち度だろうか？　否、だれも結婚してくれない以上、彼女たちに何ができようか。夫がいなければ女は何もできない。駄馬には存在理由がある。しかし結婚していない女にはそれがないのだ。（北條文緒他編『遙かなる道のり』国書刊行会）

問題は、「女性余り」の状態が、ミドルクラスの家庭――すなわち、「家庭の天使」という女性の理想像がもっとも重くのしかかり、それをもっとも真剣に受けとめた階級――の娘たちの間で、もっとも顕著に認められる、と主張されたことだった。未婚、既婚のいかんを問わず、働かなければならない労働者階級の女性とは違って、ミドルクラスの娘たちには生計を得るための労働が否定され、働くことは階級的な転落を意味した。そのため、この階級の娘たちには、結婚に対する思い入れや独身でいることへの危機感がいっそう強烈だった。とはいえ、一八七三年以後の慢性的な経済不況のなかで、事業の失敗や倒産などから苦境に陥る家庭も少なくなかった。

独身女性は、家族を単位とする従来の歴史人口学、数量的な人口史では、表面化したり問題化することのない存在だった。しかしながら、この影の数字こそ、ヴィクトリア時代のフェミニズム運動に新たな展開を準備するとともに、同時期、アメリカ、ドイツの追い上げに苦しむ大英帝国に新しい展望を与えることにもなった。

その好例を移民活動に認めることができる。一八七〇年代以降、それまでもっぱら男性中心だった移民に、女性の果たす役割が強調されるようになったのである。それは、国内における女性余りの現実への対応策であるとともに、移民先となった四つの白人入植地、カナダ、オーストラリア、ニュージーランド、そして南アフリカの変化を見すえつつ、「帝国統合」を深化させようとする戦略でもあった。

女性移民への期待——「娘たち」の反抗をくい止めよ

一八八〇年代から二〇世紀初頭、第一次世界大戦勃発直前までの時期は、イギリス女性移民の黄金時代といわれる。この時期、多くの女性が移民先としてめざしたのは自治領カナダであった。それは、西部開拓にともなってカナダ連邦政府がうち出した新たな移民政策と関わっていた。第三章でも見たように、それまで東部中心に発展してきたカナダ連邦に、マニトバ（一八七〇）、ブリティッシュ・コロンビア（一八七一）という西部二州が編入され、カナダ太平洋鉄道の開通（一八八五）によって西部への人口移動が加速化された。開発の進むカナダ西部で家事使用人が必要とされたことも、イギリスからの女性移民を促進した。

もちろん、彼女たちの移民には、単なる労働力不足以上の意味が込められていた。一九世紀末から二〇世紀初頭にかけて、今風にいえばダイレクトメールのかたちで広くイギリス社会に流布した奇妙な文面は、カナダ西部が抱える問題を浮き彫りにしてくれる。

至急!

カナダ西部は何千人ものすてきな娘さんを求めています。

二万人を超す男性が嫁がいないとため息をついているのです。なんということでしょう!

ためらわないで、すぐに来てください。

もしあなたがだめなら、あなたの姉妹を送ってください。

需要がとても大きいので、スカートをはいていれば、何にだってチャンスがあります。

申し出がちゃんとしていれば、拒絶されることはありません。

男たちはみな恥ずかしがりやですが、その気はあるのです。

空クジなし!

このチャンスをお見逃しなく。

もう二度とチャンスのない方もいらっしゃるはず。


ここには、カナダ西部における男性過剰、女性不足の現実が露骨に示されている。大英帝国とは、男たちにため息をつかせる場でもあったのだ。

さて、先の文面だが、女性に失礼な数々の表現は、「女性余り」のイギリス国内事情を念頭に置いているからだろう。国内で余っている独身のイギリス人女性と、カナダ西部に移民して嫁不足に悩むイギリス人男性とくれば、単純な算数だ。女性移民は、カナダやそれ以外

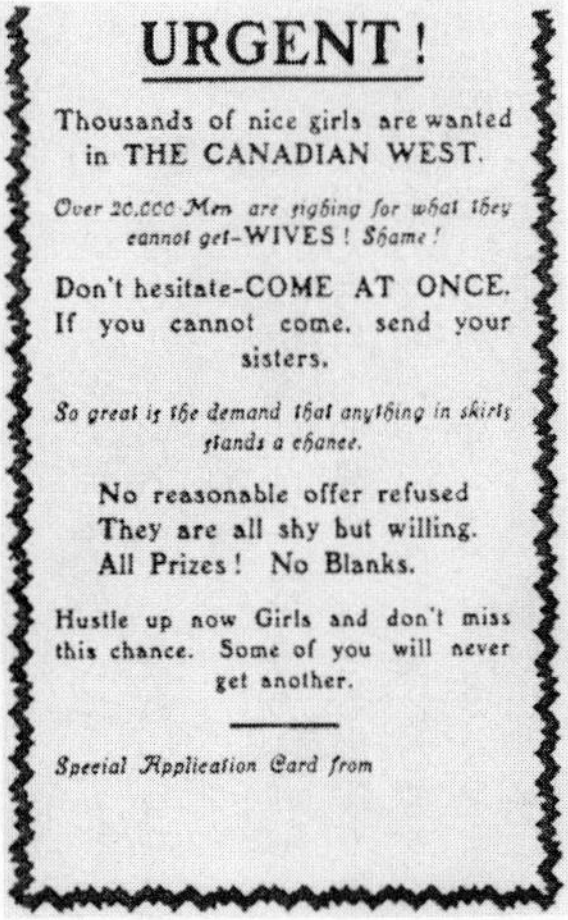
URGENT!
Thousands of nice girls are wanted in THE CANADIAN WEST.
Over 20,000 Men are sighing for what they cannot get-WIVES! Shame!
Don't hesitate-COME AT ONCE. If you cannot come, send your sisters.
So great is the demand that anything in skirts stands a chance.
No reasonable offer refused
They are all shy but willing.
All Prizes! No Blanks.
Hustle up now Girls and don't miss this chance. Some of you will never get another.
Special Application Card from

すぐに来てください　女性たちへ
カナダ西部への移民を呼びかけたカード

の白人入植地における男女比のアンバランス解消の有効策だったのである。そこに、自治領カナダでの「イギリス人」人口の増加が期待されていたことはいうまでもない。その背後には、同時期、カナダ西部に押し寄せたヨーロッパ諸国、とりわけ東欧からの移民ラッシュを危惧する事情があった。

大英帝国の全盛期であり、女性移民を含むイギリスからの移民の黄金時代ともなった世紀転換期、自治領カナダの舵取りを担ったのは、フランス系ローリエ内閣（一八九六～一九一二）であった。ローリエ首相は、フランス系とイギリス系のナショナリストが激しく対立し、「カナダとは、カナダ人とは何か」が問われた当時、植民地相チェンバレンらが求めたイギリス中心の帝国統合を強く拒否し、アメリカとの関係強化に努めた。一九〇七年の帝国会議で自治領に（外交権を除き）本国イギリスとほぼ同等の資格が与えられ、英連邦（ブリティッシュ・コモンウェルス）が発足したとき、南アフリカのトランスヴァール首相ボータとともに、第二次帝国からこの新しい連携への脱皮を促したのも、ローリエ首相である。と同時に、小麦ブームに沸く西部への農業移民誘致政策を展開したローリエ内閣は、都市貧困層を中心としたイギリス人移民ではなく、中・東欧、とりわけウクライナからの農業移民を歓迎し、大量に受け入れた。人口構成の変化、多様化する民族と言語、宗教、そのなかで形成されていく「カナダ人」としての自覚——そこにイギリスは、それまで従順だった「大英帝国の長女」の反抗を認めて困惑する。「カナダ人」意識の目覚めに抗い、カナダを大英帝国内部に留めつづける役割を、ヴィクトリア朝のイギリス社会は、女性の道徳と倫理の力、すなわち「文明化の力」に期待した。この新たな必要性が、結婚市場からも就職市場からもはじき出されたミドルクラスの女性たちに、新たな使命と居場所を与えることになった。

女性移民協会の試行錯誤

一九世紀半ば、ミドルクラス（あるいはそれ以上）の女性が、身分を損なわずに（すなわち、労働者階級に転落することなく）有償労働が許された唯一ともいえる職業は、住み込みの女家庭教師（ガヴァネス）であった。その一方で、同じ階層に属する女主人との関係や自分より下の階級出身の使用人たちとの確執はじめ、女家庭教師が置かれた立場は常に微妙であった。自らガヴァネスを経験したシャーロット・ブロンテの小説『ジェーン・エア』（一八四七）には、ジェーンの雇い主ロチェスター氏を訪れたイングラム母娘のこんな会話がある。

「家庭教師という問題でしたら、うちの母におききになるとよろしいですわ。私たちの子どものころには、メアリ（妹）と私は、少なくとも一ダースは雇ったと思います。半分はむかむかするような連中、あとの半分はくだらない連中で、どれもこれも、考えただけでうなされそうな人ばかり――そうではございませんでしたか、おかあさま？」「家庭教師のことなど、お言いでないよ。きいただけでもいらいらするからね。あの連中の無能さと気まぐれには殉教者のような苦しい思いをしましたよ。もうすっかり縁切れになったのを、神様に感謝しています」（『ジェーン・エア』上、大久保康雄訳、新潮文庫）

こうした偏見の払拭《ふっしょく》を含めて、一九世紀半ば、ガヴァネスの雇用口開拓と女子教育の向上をめざして設立された諸協会は、国内では限界のあるガヴァネスの就職口を、白人入植地、とりわけ金鉱発見後の発展めざましいオーストラリアに求めた。しかしながら、渡航の安全確保や現地での受け入れ態勢の不備などから、ほどなく挫折。その教訓に学びつつ、移民活動そのものへの見直しが進められた一八八〇年代、いくつかの民間団体を吸収して作られたのが、女性移民の全盛期を代表する全国組織、「イギリス女性移民協会」である。

ロンドンに本部を置き、全国に支部を広げたこの協会は、二〇世紀初頭、会長にエドワード七世の妻であるアレクサンドラ王妃を据え、本部運営委員会のメンバーに植民地相チェンバレン、南アフリカ高等弁務官アルフレッド・ミルナー卿、帝国記念日の主唱者であるミース伯爵といった当時の名だたる帝国主義者たちを迎え、帝国への傾斜を強めた。協会は、カナダ西部が必要としていた女性（家事使用人）を大量に送り出すとともに、ミドルクラスの女性に備わっている（と信じられていた）教養と道徳の力を移民政策の前面に掲げた。その結果、女性移民はある意味で「帝国のプロジェクト」となったといえる。そこには、この協会の運営委員を長らく務め、その後、本部の運営委員長となるエレン・ジョイスの帝国経験が生かされていた。

エレン・ジョイスのカナダ西部経験

聖職者の妻として、エレン・ジョイスはイギリス国教会を中心とする地域のボランティア活動をリードしてきた。福祉国家へ移行する以前のイギリス社会で、福祉活動の多くを担っていたのは、彼女のような聖職者の妻や娘たちである。「母親連合」や「少女友愛協会」といった国教会系の組織を中心に、彼女たちは、労働者女性の教育と熱心に取り組んだ。夫の死後、ジョイス夫人は、「少女友愛協会」を中心に活動するなかで、移民は貧しい女性の活路を開くとの確信を深めた。彼女が女性移民に帝国的な役割を痛感したのは、二〇世紀初頭、移民受け入れの実態把握のために訪れた十数年ぶりのカナダで見聞したショッキングな事実にあった。マニトバ州の州都ウィニペグで、新聞が英語、フランス語、ドイツ語、ロシア語の四ヵ国語で出されていたのである。イギリスの植民地であるはずのカナダで何が起こっているのか――。

帰国したジョイス夫人は、「少女友愛協会」の総会（一九一二年）でこう力説した。「カナダがブリティッシュ・カナダになるか、コスモポリタン・カナダになるかは、女性移民にかかっています」。

これは、それ以前から「イギリス女性移民協会」が進めてきた「帝国に貢献する女性移民政策」を追認する発言でもあった。たとえば、その四年前の年次総会では、次のようなメッセージが読み上げられ、女性移民への期待が高らかに謳《うた》われていた。

われわれの帝国は移民に依存しています。そして、女性移民の存在なくして、帝国はありえません。女性しか植民地に家庭を築くことができないのですから。女性移民を送り出すことによって、われわれは、われらアングロ・サクソンの理想を伝えることができるのです。(協会年次報告書、一九〇八年より)

英領加奈陀移民事情

こうして、女性移民には、女性余りの本国からの逃避ではなく、植民地にイギリス人の家族を作り、民族の血と文化を伝えるという積極的な意義が付与された。協会は、東欧からの移民ラッシュに沸くカナダ、そしてオーストラリアやニュージーランドでも、「文明の使者」である女性たちを続々と海の彼方に送り出した。移民する女性たちに求められたものは、正しい英語をはじめとする教養である。この帝国からの要求が、ミドルクラスの独身女性に新たな選択肢を提供した。そのために、労働者家庭出身の女性が就く「家事使用人」との差別化を図って、雇い主の話し相手というニュアンスの「ホーム・ヘルプ」とか「レディ・コンパニオン」という言葉も編み出された。

一九〇二年五月、ボーア戦争の終結により、南アフリカでも「文明の使者」としての女性移民への期待が高まった。「イギリス女性移民協会」に新設された「南アフリカ植民協会」は、発足と同時に教育委員会を設置して、教師志望の女性を大量に南アフリカ各地に送りはじめた。さらに、南アフリカが自治領化された一九一〇年の翌年には、「教養ある女性」を対象とする移民部門が独立し、「文明化と教育」に果たす女性移民の役割がいっそう明確にされていく。

帝国に貢献する彼女たちの様子は日本にも報告されている。一九〇八年一二月に編纂された外務省通商局の『移民調査報告』に、当時の駐オタワ総領事、清水精三郎は、「英領加奈陀移民事情、加奈陀入国本邦移民ニ係ル統計及諸外国移民竝ニ移住ノ状況」との見出しでこう綴っている。

またその学校の如きも英人の女教師を聘《へい》してもっぱら英語を習読せしめつつありと云えば、父兄の如き英語を解せざるも、子弟に至りては英語を習読し、従いて衣食の如き駸々として英人の嗜好に倣《なら》うに至ると云えり。（表記は現代かな遣いに改めた）

一九〇八年といえば、前年のヴァンクーヴァーで起こったアジア系移民に対する暴動を受けて、カナダ連邦政府が明治政府との間に、日本人移民を制限する条約を結んだ年だ。「英人の女教師」が活躍する背後で、多民族化するカナダ西部の人種序列もまた、構築されつつあった。

女性移民のその後

カナダに渡った女性たちはその後どうなったのだろうか。

働くにせよ結婚するにせよ、自分たちの文化や歴史、価値観や道徳観を背負って海を渡ったイギリスの女性たちは、植民地に落ち着く過程で、新しい生活環境に適応すべく、考え方や生き方を変えることを余儀なくされたことだろう。移民した女性の数だけ、物語もある。そのなかのひとつ、「イギリス女性移民協会」から移民の実態調査を依頼されてカナダに渡ったエラ・サイクスの言葉を紹介しておきたい。

サイクス自身は上流階級の生まれであり、一八九四年には兄のペルシャ旅行に同行し、カスピ海からインドまで馬で旅した最初のイギリス女性として知られる。協会の依頼を受けた彼女は、マニトバ、アルバータ、ブリティッシュ・コロンビアなどを回り、「ホーム・ヘルプ」（ないし「レディ・コンパニオン」）として移民した女性たちに、精力的な聞き取り調査をおこなった。同時に、自ら「貧しくも体面と品位を重んじるミドルクラスの家庭に育ち、レディにふさわしい仕事が限られたイギリスを脱出してカナダにやってきた」というふれこみで、ホーム・ヘルプとしてカナダの農場に「潜入」した。帰国後、その経験をまとめた

『カナダのあるホーム・ヘルプ』（一九一二）と題する彼女の本にはつぎのような言葉が見える。

カナダは、労働者階級の女性にとっては確かに天国です。しかし、イギリスのレディという名の下にここにやってきた女性たちは、自分の教養がほとんど、いやまったくといっていいほど、雇い主に評価されないことに気づくでしょう。私自身の経験ですが、カナダの諸都市で働くホーム・ヘルプは、単なる使用人です。

その一方で、アルバータ州の教育局長から、この州だけで毎年二〇〇名ほどの女性教師の募集があるとの情報を得たサイクスは、資格をもちながらもイギリス国内で教師になれない女性たちを思い浮かべつつ、つぎのように書いている。

イギリスの教員資格があれば、ここではすぐに採用されます。（中略）学校教師の見通しは、イギリスよりもカナダの方がずっといいし、教師の社会的な立場にも高い評価が与えられています。だから、各農場は、教師を下宿させるという名誉を競い合っています。

もっとも、広い平原に点在するカナダ西部の学校の規模はさまざまで、サイクスが見た学校の場合、一〇名ほどの生徒は年齢もばらばらで、国籍も六ヵ国ほどにまたがっていたという。そこで教えるイギリス人女性は、サイクスの質問にこう答えた。「でも、彼らは知的で学習意欲も旺盛で、学校をさぼろうなんていう生徒は誰もいないわ」——サイクスは、こう言葉を続けている。「彼女は、生徒らを忠実な帝国臣民に変えるべく、すばらしい仕事をすることでしょう」。

こうした記述からは、移民にともなう苦境や不満を感じつつも、エラ・サイクス自身、カナダへの移民をミドルクラスの女性たちの帝国的な任務とみなしていたことがうかがえる。

しかしながら、すでにこれまでも触れたように、現実のカナダは、「従順なる長女」を脱しようとしていた。イギリス移民の黄金時代（と同時に女性移民の全盛期）となる一九世紀末から二〇世紀初頭にかけて、カナダやオーストラリアでは「国民」創造のプロセスが本格化していく。言い換えれば、イギリスから移民した女性たちが植民地カナダに定着していくプロセスとは、彼女たちが「入植者《コロニスト》」からその地の「国民《ネイション》」へと変貌するプロセスでもあったことになる。そのプロセスは、一方で帝国という枠組みへの抵抗であるとともに、もう一方で、現地の先住民の従属化と彼らの「国民」からの排除をともなっていたのだが、ここから先は、各々の「国民の物語」に譲ることにしたい。

帝国に旅立つ女たち

「貧困の発見」と帝国

ミドルクラスの女性に「文明化の使者」を期待したのは、発展著しい自治領だけではなかった。白人入植地以上に、女性たちが主体的にこの役割を実践しようとしたのは、アジアやアフリカに拡大した保護領や直轄領――「白人女性に居場所なし」といわれた地域においてであった。

彼女たちの渡航の動機や目的は、前述した移民女性とはまったく異なっていた。何よりもまず、労働者階級出身者が大半を占めた移民とは異なり、アジアやアフリカの植民地に渡った女性は、もっぱらミドルクラス、時にそれ以上の階級に属していた。植民地官僚の夫に同行した妻もいれば、植民地化に先立ってアフリカの奥地に分け入った宣教師の妻もいた。同時代に盛り上がった福音主義や博愛主義のなか、ロンドン伝道協会（一七九五年設立）や国教会伝道協会（一七九九年設立）はじめ、続々と設立された民間の伝道団体からアフリカやアジアに送られた、あるいは自らかの地を希望した女性宣教師もいた。一九世紀末、イギリスの領土が熱帯地域に広がったことを受けて、リヴァプールとロンドンに熱帯医学研究所が設立されたが、これと呼応して一八九六年に結成された民間団体「植民地看護協会」の看護婦は、当時「白人の墓場」といわれた西アフリカ――アックラやケープコースト、ラゴス、カラバルなどを進んで志願したことがわかっている。現地人教育、とりわけ女子教育のために植民地に渡った女性教師もいれば、インドのサティー（未亡人の殉死）や幼児婚のような、現地の女性を苦しめる風習や慣習を撤廃すべく、立ち上がった女性改革者もいた。

ヴィクトリア朝社会は、「家庭の天使」の延長として、ミドルクラスの女性が広く慈善活動をおこなったことで知られるが、慈善活動こそ、女性たちが帝国の存在を意識する大きなきっかけでもあった。ロンドンでチャールズ・ブースが、ヨークではシーボウム・ラウントリが、それぞれ中心となっておこなった貧困調査には多くの女性が動員され、それが彼女たちの目を、豊かだと信じていたこの国に根強く残る貧困へと向けさせた。たとえば、ロンドンのドックランドにおける貧困調査にあたったビアトリス・ポター、後のウェッブ夫人は、社会主義団体フェビアン協会の有力メンバーとなり、夫シドニーと二人三脚で都市の貧困問題の解決に乗り出すことになる。

その一方で、ビアトリス・ポター同様、ロンドンドック周辺のスラム調査に加わり、調査中に目撃した少女売春の実態に激しいショックを受けつつ、自分たちの慈善活動が貧困の根本的、現実的な解決にならないことに空しさと失望とを隠せない女性も少なくなかった。そんな彼女たちの前に立ち現われたのが「帝国」であった。

フローラ・ショウのアフリカ

そんなひとりに、アイルランドのダブリン近郊の豊かなアングロ・アイリッシュの家庭に生まれたフローラ・ショウがいる。母の死後、父の再婚を機に家を出た彼女は、政治や社会、美術など多方面で評論活動をおこなうジョン・ラスキンと知り合い、彼の助言で児童文学を手がけるようになった。ところが一八八〇年、ロンドンドック周辺でボランティア活動をするミス・スティアなる女性から頼まれて加わったスラム調査で、彼女は恐ろしい貧困の現実を目《ま》のあたりにして愕然とする。狭くて不潔な部屋に詰め込まれた貧しい家族。路地裏には低賃金労働の歪みがのしかかった子どもたちがあふれていた。売春する幼い少女の口からは「これ以外に生きる道がないから」との哀しい言葉が漏れた。

もちろん、その地域でもキリスト教のミッション団体が慈善活動をしていたが、フローラには、それが少女たちを売春に追い込んでいる貧困を解決するとは思えなかった。「それは、ティーカップで大海の水を汲み出すようなもの、浜辺の真砂を掃除しようとするようなもの」――後年、彼女はそう振り返る。悩み、テムズ河畔《かはん》にたたずんだ彼女は、貧困の出口を「このテムズ川が注ぎ込む海の彼方、広大な大英帝国」に見いだした。それは、彼女に大きな影響を与えることになる「南アフリカの巨人」、セシル・ローズの経験と酷似していた。

ローズは、ロンドンのイーストエンドでおこなわれた失業者の集会で「パンをよこせ！」というシュプレヒコールを耳にした時、次のことを痛感したと回想している。「イギリス国内、四〇〇〇万の人びとを血生臭い内戦から守るには、帝国主義者にならなければならない」――。「貧困の発見」は、男女を問わず、その解決の場として帝国の存在を意識させ、多くの善良なる男女を帝国拡大の賛同者に変えた。一八八八年に設立された国策会社「帝国イギリス東アフリカ会社」が先鞭《せんべん》をつけた植民地ケニアの二〇世紀がイギリス人を中心とする白人移民で幕を開けたとき、やってきた貧困の白人たちは、「広大で肥沃な無人の地」という植民地政府の宣伝文句の陰に、この地を追われたアフリカ人がいたことに気づかなかっただろうか。一九〇一年、「ここは白人の国になる可能性を秘めている」と語ったウガンダ保護領長官ジョンストンにとっても、セシル・ローズ同様、大英帝国とは、何よりもまず、本国イギリスとイギリス人に資する空間でなければならなかった。フローラ・ショウも、この帝国の陥穽《かんせい》からのがれることはできなかった。

一八九〇年代、彼女は、『タイムズ』の植民地欄担当の記者として植民地情勢を伝え続けた後、北ナイジェリア保護領総督、および南北統合後初のナイジェリア総督を務める植民地行政官フレデリック・ルガードの妻となり、一九〇二年、夫の任地ナイジェリアへ向かった。ちなみに、「ナイジェリア」という名称は、彼女が『タイムズ』紙上で創造した言葉である。

しかしながら、アフリカの植民地で彼女は、（自身の言葉を借りれば）「怠惰な日々」を送るしかなかったようだ。この植民地とそこで暮らす多様な民族にどうしても関心がもてなかった彼女は、マラリアを患ったことで現地に失望し、帰国することになる。

植民地の奥方たち

植民地行政官の妻となったフローラ・ショウの「怠惰な日々」は、当時批判的にとりあげられていた「植民地の奥方（メンサーヒブ）」を思わせる。

少数の行政官が圧倒的多数の現地人を治める植民地にイギリス人の妻たちが登場しはじめるのは、一八八〇年代以降のことである。植民地省や陸軍が、行政官や将校の結婚、海外赴任地への妻の同行に否定的であったからだ。そのため、現地妻の習慣がはびこり、同性愛も少なくなかった。そうした状況は、まずは一八八〇年代のインドに、第一次世界大戦後はそれ以外の植民地にも、姿を見せはじめた妻たちによって大きく変わっていく。しかしながら、彼女たちに寄せられた風評、一般的な理解とは次のようなものであった。

奥方たちは、現地人社会とまったく隔絶した白人コミュニティに閉じこもり、あくまで本国の生活様式に固執した。狭いコミュニティで、夫の地位や役職によって自分たちを序列化し、体面を保つことに汲々《きゅうきゅう》としていた彼女たちは、コミュニティの外には目を向けようともしなかった。現地の風土や慣習にいらだち、使用人を現地語の命令形でどなることはあっても、彼女たちが現地の人びとに関心や理解を、ましてや共感をもつことなど、望むべくもなかった。奥方たちは家事のいっさいを現地人の使用人に任せ、自分ではなんら生産的な活動をすることなく、虚飾のパーティやくだらないおしゃべりに耽《ふけ》った。夫の「現地妻」に目を光らせる奥方たちの登場によって、植民地ではさまざまな軋轢《あつれき》が生まれ、白人と現地人の溝は深まった——。

ではなぜ妻たちが一身に非難を浴びねばならなかったのだろうか。そこにこそ、植民地支配とは何かを考える鍵があるのではないか。

現地人や現地社会と距離を置きたかったのは、奥方たちではなく、植民地支配そのものだったように思われる。たとえば当時の南アフリカでは家事使用人の大半が現地人男性であったが、妻たちの登場によって、植民地政府は「白人女性を黒人男性から守る」という口実を得て、現地人の行動をさまざまに制限するようになった。南アフリカ戦争にいたる過程で何度も繰り返された「ブラック・ペリル（黒い災禍）」という言説は、夫の「現地妻」にいらだつ奥方のものではなかった。にもかかわらず、南アフリカで「現地妻を恐れる奥方たち」というイメージが喧伝《けんでん》されたことで、一八八〇年代以降、イギリス人女性を家事使用人として移民させる動きが活発化する。戦争終結後に進行する「南アフリカのイギリス化」は、すでにはじまっていたのである。

植民地の奥方たちは、いわば白人社会と現地人社会との「境界線」であり、帝国支配のためにさまざまに利用された。それが、現地の女性や子どもたちの健康面の指導に努めたり、現地の伝統や生活文化をフィールドワークした多くの奥方たち――たとえば、妻フローラのために異動を申し出たフレデリック・ルガードの後任、アーサー・リース＝ロスの妻で、ナイジェリア北部の言語、フラニ語の辞典を初めて編纂したシルヴィアのような存在を隠してしまったといえるだろう。

レディ・トラベラーたち

植民地の奥方と並んで、ヴィクトリア朝時代、帝国と女性の関係を象徴する存在として注目されるのが、世界各地を旅して回ったレディ・トラベラーである。

たとえば、世界各地で植物画を描きつづけたマリアンヌ・ノース。王立キュー植物園にあるノース・ギャラリーでは、今なお彼女の描いた八〇〇枚を超す植物画を見ることができる。当時、植物を愛《め》でることは、女性らしさの特性として、編み物やピアノなどとともにレディにふさわしい教養として推奨されていた。だからこそ、植物画は、女性たちの帝国経験を描き込む作業ともなりえた。

あるいは、明治日本を訪れ、蝦夷と呼ばれた北の大地に足を運び、アイヌの記録を残したことで知られるイザベラ・バード。さらには、中東、メソポタミアを旅して回り、多くの遺跡発掘に立ち会うなかで砂漠に魅せられ、その民と彼らの文化に精通したガートルード・ベル。彼女は、第一次世界大戦中、「アラビアのロレンス」ことT・E・ロレンス少佐とともに諜報活動にあたり、やがてイラク建国の母となる（第一〇章参照）。

彼女たちには、いくつかの共通点を認めることができる。

第一に、団体旅行ではなく、女性のひとり旅、つまり白人の同行者がいなかったこと。第二に、旅した年齢が三〇代、四〇代（あるいはそれ以上）であり、多くが独身だったこと。第三に、旅の資金がすべて自己負担であり、多くが父親から譲り受けた遺産であったこと。彼女たちの出身階級はミドルクラス以上であり、その意味でまさしく、彼女たちは「レディ」であった。第四に、すべてがお膳立てされ、安全が保障された「ツアー」ではなく、「トラベル」への強いこだわり。彼女たちの旅は、トラブルと語源を同じくする「トラベル」でなければならなかった。

レディ・トラベラー五番目の共通点、それは、彼女たちが礼儀正しく、信仰心に厚く、道徳的に厳格かつ高潔であり、きわめて高い知性の持ち主だったことである。彼女たちは、熱帯ジャングルであれ氷河の大地であれ、そのままイギリスの公園でも散歩するような服装で旅した。その意味でも、彼女たちは「レディ」であることを堅持していた。また、彼女たちのずば抜けた観察力と情報収集力は、日記、あるいは家族や友人宛の手紙に残された旅の記録がはっきりと物語る。そこに色濃く認められる博物学（植物や動物、鳥、貝や化石など）への関心が、彼女たちの六番目の共通点だ。マーガレット・ファンテインは、新種や珍種の蝶を追いかけて世界中を旅し、トリニダード島で変死を遂げている。

当時高揚しつつあった女性参政権運動に無関心、あるいは積極的に反対していたことも、レディ・トラベラーたちの共通点である。そして最後に、彼女たちがほぼ例外なく、帰国後に自分たちの旅の経験を出版していることをあげておこう。近年、それらの多くが復刻され、同じルートを旅した男性の旅行家や冒険家との比較分析が進められている。注目されるのは、彼女らの旅の記録が、王立地理学協会のような男性中心の学術組織からは「非科学的な軽い読み物」として軽視される一方で、一般読者には実によく読まれたことだ。見方を変えれば、当時のイギリス人がほとんど知らなかった地に関する情報を平易な言葉で綴った彼女たちの旅行記こそ、その地域についてのイメージを、いやその地域そのものを「創造」したともいえるのである。

その好例が、「白人の墓場」とよばれた西アフリカを単身旅したメアリ・キングズリだろう。彼女の『西アフリカの旅』（一八九七）は、七〇〇頁を超す大著にもかかわらず、初版一五〇〇部がすぐに完売し、一九〇四年までに八刷された。帰国後、イギリス各地を講演した彼女は、時に二〇〇〇人を超す聴衆を集め、新聞や雑誌への寄稿も少なくなかった。一九〇〇年三月、突如南アフリカ戦争（第二次ボーア戦争）の戦場に看護婦を志願した彼女は、いろいろな意味で、全盛期へとひた走る大英帝国と女性との関係を考えさせる好材料でもある。

メアリ・キングズリのアフリカ

一八九二年春に相次いで両親を失い、「従順なる娘」である必要がなくなったメアリ・キングズリは、翌年、周囲の反対を押しきり、片道切符とマラリアの特効薬キニーネの瓶を携えて、ラゴス（現ナイジェリアの商都）行きの貨物船に乗った。西アフリカ沿岸部を中心とするこの最初の旅に続いて、彼女は、九四年末、ナイジェリア東部（オイル・リヴァーズ保護領）の総領事クロード・マクドナルドの妻エセルに同行する形で、二度目の旅に出た。約一年に及ぶこの旅で、当時の仏領コンゴを東西に流れるオゴウェ川を遡《さかのぼ》り、その支流のひとつに続く白人未踏の陸上ルートを、現地人——当時のヨーロッパで「人喰い」と呼ばれた部族ファン——とともにしたことで、彼女の名は一躍有名になった。

メアリ・キングズリが『西アフリカの旅』（一八九七）に描いた西アフリカは、男性の旅行家や冒険家と大きく異なっていた。たとえば彼女は、旅のなかで出会った現地の人びとを、「アフリカ人」や「黒人」といった言葉ではなく、ひとりひとり（本名でないにせよ）固有名詞で呼んでいる。また、約二〇年後に同じルートを旅したアルベルト・シュヴァイツァー博士が「どこまでいっても単調な流れ」と述べたオゴウェ川を、メアリは「生命力と美

メアリ・キングズリ　Katherine Frank, *A Voyager Out*, 1986

にあふれ、まるでベートーヴェンのシンフォニーのよう。パートが変わり、音符が絡み合い、そしてまた元の旋律に戻る」と表現するなど、イギリス人（広くはヨーロッパの人びと）になじみの表現を使って読者の想像力を刺激することに努めた。

　さらに旅行記では、「人喰い」といわれたファンの男たちが仕掛けた動物捕獲用の落とし穴に彼女が誤って転落した時、それを「かすり傷ひとつ負わなかったのは良質のぶ厚いスカートのおかげ」と書いてしまえるユーモアが、いたるところで発揮されている。逆に、男性の冒険記にはつきものの狩りや戦いといった血生臭い出来事の記述は、彼女の旅行記にはほとんど見られない。

　こうした感性で旅というアフリカ経験を重ねたメアリ・キングズリは、ある事実に気づいた。それまで、「文明と野蛮」という二項対立的に語られ、ヨーロッパ文明との対比から「野蛮」とのみ表現されてきたアフリカに、「ヨーロッパとは異なる文化」を発見したのである。彼女は二冊目の著作『西アフリカ研究』（一八九九）で次のように語っている。

　ヨーロッパ人は物質的な路線に沿って知性を働かせ、そこから鉄道などのモノを作り出す力がある。それに対して、アフリカ人は、人生に対するアプローチの方法がまったく違っている。アフリカ人の知性は、すべての問題を精神的なもの、心の問題として捉える。

アフリカにはヨーロッパとは異なる独自の文化や宗教、法が存在する――この「差異の認識」はきわめて重要である。それは、従来「文明化」の象徴として当然視されてきたキリスト教の布教が、異文化を有するアフリカ人を治めるには何の解決にもならない、ヨーロッパ文明を押しつけてその「コピー」を作ることはアフリカにとってむしろ不幸なことでしかない、という認識につながったからである。メアリは、アフリカにおける宣教師の活動を強く批判するとともに、西アフリカに貿易関係を超える政治支配を確立しようとしていたイギリス植民地省とその大臣であるジョゼフ・チェンバレンと激しく対立した。旅の経験が彼女に、植民地省や伝道団体とは異なる帝国のありようを考えさせたのである。

ファンの首長とその一家　メアリ・キングズリが撮影した

こうした論争のまっただなか、彼女は突然、看護婦を志願して、泥沼化しつつあった戦地、南アフリカへと向かった。それから三ヵ月足らず後の一九〇〇年六月三日、ケープタウンの南、サイモンズタウンの野戦病院でボーア人捕虜を介護中、彼女は腸チフスに感染して死亡した。だが、彼女のアフリカ経験は、コンゴで現地人虐待の実態を調査したアングロ・アイリッシュの外交官ロジャー・ケイスメントやジャーナリストのモレルらに受け継がれるとともに、メアリ追悼を目的とする民間団体「アフリカ協会」（一九三五年から王立）の設立にもつながった。アフリカ協会設立の主唱者アリス・グリーンは、当時ロンドン有数のサロンの女主人であり、メアリのパトロン的立場にあった人物だ。この二人の女性の友情がやがて、南アフリカ戦争で隠蔽《いんぺい》されようとしていた帝国の「別の顔」を暴くことになる。

レディ・ミッショナリーの帝国

帝国各地で伝道活動に従事していた宣教師に女性は少なくなかった。彼女たちの活動、とりわけ、現地人女性を取り巻く環境改善は、イギリス国内でミドルクラスの女性を中心に推進された社会改良運動（ホーム・ミッション）の延長線上に位置する。

すでに見てきたように、一八世紀末以降、いわゆる「信仰の復活」を経験したイギリス社会で、奴隷解放運動、刑務所や救貧院の改革、日曜学校運動などを推進したのはミドルクラスであり、スラム地区でのボランティア活動でもこの階級に属する女性の姿が頻繁《ひんぱん》に見受けられた。国内の「闇」の発見とその救済活動のなかで、信仰と社会改良は固く結びついていた。彼女たちが国外の「闇」の改良にも強い関心を抱いていたことは、同時期のイギリス各地で高揚したアフリカやアジアへの伝道を支持する募金チャリティーに明らかだろう。とはいえ、独身の娘が国内から植民地（あるいは植民地化以前の地域）へとミッション活動の場を飛躍させるためのハードルは、けっして低くはなかった。それゆえに、海外伝道を志願した女性の多くは、教会や修道院にゆかりのある人たち——男性宣教師の妻や娘たちだった。彼女たちは、海外での活動で求められる犠牲についても十分にわきまえていた。

キリスト教の効用を確信する彼女たちは、現地女性の居場所——イスラム世界のハーレムやインドのゼナナ（女性部屋）——へと飛び込み、家事や育児、出産などの改善に努めた。彼女たちは、ヴィクトリア朝の性別役割分担を守りながら、現地の女性たちに自分たちが信じるキリスト教のモラルを求めたのである。

しかしながら、ナイジェリア東部、カラバル奥地のオコヨン地区で活躍したメアリ・スレッサーには、こうしたレディ・ミッショナリー像はあてはまらない。彼女は、植民地の白人であることをできるだけ捨てようとしたのである。生水を飲む。蚊帳《かや》は使わない。炎天下でも帽子をかぶらず、素足で歩く——同僚は、真っ黒に日焼けし、櫛《くし》さえいれていないボサボサ頭の彼女を見て、唖然としたという。それが、現地アフリカ人の厚い信頼と深い尊敬につながったのだが、それは、彼女が、他の多くの女性宣教師と異なり、労働者階級出身であったことが一因かもしれない。あるいは、彼女の出身地スコットランドが関係していたのだろうか。

実際、ヴィクトリア朝時代のスコットランドは、植民地伝道の一大拠点であった。一八四〇年代以降、スコットランド各地ではジャマイカの解放奴隷を西アフリカに戻そうとする「カラバル帰還運動」が起こるとともに、同郷の宣教師リヴィングストンの死（一八七三）

が伝道熱をさらに高揚させた。それらが、メアリ・スレッサーの背中を西アフリカへと強く押した。

メアリ・スレッサーは（女性としては例外的に）オコヨン地区副領事の職を与えられ、死の少し前には、「エルサレム聖ヨハネ病院勲章」を受勲した。彼女の叙勲を推薦したのは、南北ナイジェリア統一をにらんで香港から呼びもどされたフレデリック・ルガード、フローラ・ショウの夫である。「レディ」であることを拒否して現地の白人社会と疎遠になっていた彼女だが、帝国各地に張りめぐらされた叙勲のネットワーク、「装飾の帝国《オーナメンタリズム》」は、そんな彼女をしっかり胎内に収めていた。

メアリ・シーコルのクリミア戦争

こうした博愛主義に基づく諸活動は、白人女性に限られたものではなかった。ヴィクトリア朝のイギリス社会には、帝国各地からやってきた非白人が少なくなかったからだ。「黒いヴィクトリア朝人」と呼ばれた彼らのイギリスでの生活に関する調査は今なお進行中だが、それは、第二次世界大戦後、急速に多民族国家化したイギリス社会の現実と無関係ではないだろう。白人のみならず、非白人もまた、帝国だったイギリスの過去に自分たちの「居場所」を求めている……。

そうしたなかで、BBCは、「偉大なる黒いイギリス人《ブラック・ブリトンズ》」の投票をおこなった（二〇〇三年一〇月一日～〇四年一月一日）。ひとり一票という制限にもかかわらず、合計約一〇万もの票が集まった。その結果、トップモデルのナオミ・キャンベルやカルチュラル・スタディーズで知られる社会学者スチュアート・ホールらを抑えて第一位に輝いたのは、一九世紀半ばのクリミア戦争で活躍したジャマイカ出身の女性、メアリ・シーコル（一八〇五ごろ～八一）だった。

　メアリ・シーコルは、ジャマイカ駐留のスコットランド人兵士を父に、イギリス人傷病兵の宿泊施設を経営する現地人女性を母とするクレオール（混血）である。西インド諸島を旅しながら薬草の知識を磨いた彼女は、一八五四年、イギリスがロシアに宣戦布告し、ジャマイカ駐留兵士の多くがイギリス経由で戦地に移動すると、自らもロンドンに向かい、ナイティンゲールに続けとばかりに看護婦に応募した。だが、彼女の希望は何度も却下される。その理由が彼女の肌の色にあったことは想像に難くない。あるいは、彼女が「レディ」ではなかったからだろうか。

　かつての看護婦イメージについてよく引き合いに出されるのは、チャールズ・ディケンズの小説『マーティン・チャズルウィット』（一八四四）に登場するギャンプ夫人である。産婆兼看護婦の彼女は、太って醜く、しゃがれ声で、酒に目がなく、常に自己中心的で人に気遣いを見せない。この看護婦イメージを一変させたのが、フロレンス・ナイティンゲールだった。クリミア戦争の激戦地、スクタリでの彼女の活躍は『タイムズ』の従軍記者によって大々的に報じられ、やがて看護婦という職業を「ランプをかかげるレディ」へと大変身させることになる。言い換えれば、看護婦には、医学上の技術や知識以上に、レディとしての資

メアリ・シーコル　発見された肖像画は、イギリスの歴史専門誌（2005年２月号）の表紙を飾った

質――女性の美徳として強調された自己犠牲的な献身や従順さ、思いやりなどが求められたのである。これらの資質を、ナイティンゲールは、クレオールであるシーコルに認めなかった。

それでも、彼女の思いは強く、結局独力でクリミア半島のバラクラヴァ近郊に向かい、そこで「ブリティッシュ・ホテル」という宿屋を開き、幼い頃より母から伝授され、旅のなかで鍛えた薬草の知識を駆使して傷病兵の介護にあたった。銃撃戦のなかで食事を提供し、献身的に尽くす彼女を、イギリス兵士たちは「シーコル母さん」と呼んで慕ったという。

イギリス兵士に対する彼女の献身は、従軍記者ラッセルや兵士たちの手紙を通じて本国に広く知られるようになった。戦争終結後の一八五七年七月には、私費を投じて兵士に尽くした彼女の困窮を救うべく、軍楽隊のチャリティ・コンサートが開催され、ヴィクトリア女王の従兄で陸軍総司令官のケンブリッジ公も参加した。同年に出された彼女自身の回想録もよく読まれた。しかしながら、その後しだいに、彼女の消息も、クリミア戦争における彼女の記憶も、忘れられていった。

クリミア戦争一〇〇周年を迎えた一九六〇年代初め、まずはジャマイカで彼女の記憶が呼び覚まされ、彼女の名を冠した看護婦協会や研究施設ができた。ついで七〇年代、彼女の墓がロンドンで発見されたことにより、イギリス社会にもメアリ・シーコルの記憶がじょじょによみがえった。二〇〇二年には表装された絵画の裏から彼女の肖像画が発見され、イギリスの国立肖像画美術館に所蔵されて、〇五年一月から一般公開されている。

メアリ・シーコルの例は、われわれが見過ごしてきた帝国と女性との関係を鋭く突いている。イギリス陸軍当局に拒否されながらも、なぜ彼女はクリミア戦争を志願したのだろうか。戦地でのシーコルの献身を知っているはずのナイティンゲールが、それを否定的にヴィクトリア女王に伝えたのはなぜか。白いヴィクトリア朝女性のみならず、「黒いヴィクトリア朝女性」にとって大英帝国とは何だったのか。彼女をめぐるこうした疑問とともに、国立肖像画美術館に展示された彼女の肖像画は、歴史のなかにはまだまだ忘却された女性がたくさんいることを物語る。それを「発見」するのは、われわれの歴史認識にほかならない。

第九章　準備された衰退

女たちの南アフリカ戦争

永遠の別れ

世紀が一九世紀から二〇世紀へと変わるころ、イギリスは南アフリカ戦争（第二次ボーア戦争、一八九九年一〇月〜一九〇二年五月）のさなかにあった。一九〇〇年三月一〇日、イングランド南部サウサンプトン港に停泊中のケープタウン行きの軍艦ムーア号のデッキに、メアリ・キングズリの姿があった。六五〇名余りの兵士、二つのブラスバンド隊、そして戦争関連物資の積み込みを終えた船が錨を上げると、彼女はもう一度埠頭を見つめ、その視線の先にいた小柄な女性、アリス・グリーンに向かって軽く手を振った。

アリスは、「見送りなどいらない」というメアリをなんとか説き伏せ、この日早朝、メアリとともにウォータールー駅から列車に乗り込み、兵士や水夫、別れを惜しむ見送りの人びとでごったがえすこの埠頭に到着した。このあわただしい別れが、アリスがメアリを見た最後となった。

それからわずか三ヵ月後の一九〇〇年六月三日、メアリ・キングズリはサイモンズタウンの古い兵舎でボーア人捕虜を介護中、腸チフスに感染して亡くなった。最期の言葉は「死んだら水葬にしてほしい」だったといわれる。水葬は、海上で死者を送る方法だ。そこに彼女はどんな思いを込めたのだろうか。

　水葬にいたる手順はすべて、海軍の形式にのっとっておこなわれた。彼女の遺体が納められた木製の棺《ひつぎ》は、ユニオン・ジャックにくるまれて砲車に乗せられ、軍楽隊の演奏とともに港へと向かった。サイモンズタウンの埠頭にたどりつくと、棺は「しかるべき荘厳さと礼儀作法でもって」魚雷艇に移され、三マイル沖合のケープ・ポイントへと運ばれた。ここから見える岬は、強い突風が吹き荒れることから、当初「嵐の岬（Cape of Storms）」と名づけられていた。それを「喜望峰（Cape of Good Hope）」と改めたのは、かのヴァスコ・ダ・ガマである。その岬を遠くに望みながら、彼女の棺は、ゆっくりと海面へと滑りおりていった。

メアリ・キングズリの葬列　K. Frank, 1986

　メアリ死亡の知らせが届いてまもなく、アリス・グリーンは、メアリが死の直前まで看護にあたったボーア人捕虜たちに会い、彼女の最期の様子を知るため、南アフリカ行きを決意する。なぜメアリはそこで死ななければならなかったのか——その答えを求めて訪れたセント・

ヘレナ島の捕虜収容所での経験から、アリスは南アフリカ戦争とは何かを見つめることになる。ちなみに彼女は、この戦争中、この島への立ち入りを許された唯一の民間人であった。

南アフリカ戦争の勃発

メアリとアリスが経験した南アフリカ戦争は、この地で発見された金とダイヤモンドに原因がある。

もともと一七世紀半ば、オランダ東インド会社の船医だったヤン・ファン・リーベックによってはじまったオランダ領ケープ植民地は、オランダに流れ込んだユグノー（フランスを追われたプロテスタント）を受け入れて基礎を固め、英蘭戦争後、一七九九年のオランダ東インド会社解散を機にイギリスが占拠した。ナポレオン戦争終結後のウィーン会議で英領ケープ植民地は正式に認められ、一八二〇年に約五〇〇〇人の大移民団を送り出して以後、新しい社会の建設が進められてきた。一方、それまでここで暮らしていたオランダ系移民、いわゆるボーア人たちは、現地のンデベレ人やズールー人らと戦いながら北へと大移動（グレート・トレック）し、二つの国家、オレンジ自由国と南アフリカ共和国（現在の国名との混同を避けるため、以下トランスヴァール共和国と記す）を築いた。

それまでヨーロッパから無視されてきた感のある南アフリカが急に脚光を浴びたのは、一八六七年にオレンジ自由国内キンバリー近郊でダイヤモンドが、八六年にはトランスヴァール共和国のヨハネスブルク近郊で金が発見されたことがきっかけだった。八一年にトランスヴァールとの武力衝突（マジュバ・ヒルの戦い）に敗北していたこともあって、金鉱発見とそれにともなうゴールドラッシュは、ケープ植民地相セシル・ローズ、そしてイギリス植民地相ジョゼフ・チェンバレンの帝国的野心をくすぐった。その結果起こったのが、九五年一二月末、トランスヴァール政府転覆のクーデター計画、ジェイムソン侵入事件である。この未遂事件の処理をうやむやのうちに終わらせたチェンバレンは、高等弁務官ミルナー卿が同

戦地へ赴くロンドンの「シティ帝国義勇軍」　留学中の夏目漱石もこうしたパレードを目撃し、日記に「非常の雑踏にて困却せり」と残した。*The Illustrated London News*（1900.1.27）

共和国大統領クリューガーにしかけた挑発も黙認した。そして九九年一〇月、南アフリカ戦争（第二次ボーア戦争）がはじまった。

「クリスマスまでには帰ってくるよ」――多くの男たちは、家族や恋人、友人にそう言って、イギリスを後にした。しかしながら、短期終結という当初の見込みは、現地の地理に熟知して巧みな奇襲作戦を展開するボーア人のねばり強い抵抗の前に、もろくも崩れた。開戦から三週間足らずの一〇月三〇日、レディスミスではわずか二四時間でイギリス軍は惨敗。南北ローデシアとケープ植民地を結ぶ交通の要衝、ベチュアナランドにあるマフェキングも、さらにはかつてセシル・ローズが「ピカデリーほどに安

「全」と豪語したキンバリーまでもが、次々とボーア軍に包囲され、イギリス軍は孤立無援に陥った。クリミア戦争以降、戦場に派遣されるようになった従軍記者は、度重《たびかさ》なる銃撃戦のなかで食糧不足と疫病の蔓延《まんえん》に苦しむイギリス軍兵士の叫びを連日伝えた。

一八九九年一二月、一週間足らずで三度もの敗北を喫し、多くの死傷者を出した「ブラック・ウィーク」は、ミュージック・ホールで生まれた新しい英語「ジンゴイズム（戦闘的、排外的愛国主義）」を高揚させた。その熱狂のなか、さらに多くの義勇兵が南アフリカに投入されたが、ケープ植民地内部でも、ケープ・ダッチとよばれるボーア人らの蜂起が続き、ボーア軍と合流してイギリス軍をさらに苦しめた。

戦況の変化と捕虜収容所の設置

イギリスに不利だった戦況は、一九〇〇年一月、一八万人余りのイギリス兵とともにケープタウンに到着したフレデリック・ロバーツ陸軍元帥と参謀長ホレイショ・キッチナー男爵によって大きく変化する。イギリス軍はようやく攻勢に転じ、二月半ばにはキンバリーの包囲も解かれた。二月二七日、ボーア軍はキンバリーの南、パーダベルクの戦いで大敗北を喫し、以後、両軍の形勢ははっきりと逆転していく。

パーダベルクの戦いの翌日には、一一八日間にわたってボーア軍に包囲されていたレディスミスが解放された。メアリ・キングズリがサウサンプトンを出航した三日後の三月一三日には、オレンジ自由国の首都ブルムフォンテインが陥落。五月一七日にはマフェキングが二一七日ぶりにボーア軍の包囲を突破し、イギリスじゅうが歓喜に沸きかえった。五月二八日にはヨハネスブルクもイギリス軍の手に落ち、六月五日、トランスヴァール共和国の首都プレトリアもイギリス軍が占拠し、三ヵ月後にはトランスヴァール併合宣言が出されることになる。

この戦争の転換点となったパーダベルクの戦いは、戦争捕虜問題に関しても大きな節目となった。この敗戦以降、ボーア軍の捕虜が急増したのである。彼らをどこにどう収容すべきか――イギリスは新たな問題に直面した。

捕虜収容所の必要性はそれ以前から指摘されていた。しかしながら、ずっと苦戦を強いられてきたイギリス軍は、ボーア軍の捕虜を、ケープタウンかサイモンズタウン周辺の平地、あるいは停泊中の船内に収容したにとどまる。とりわけ、湾内に停泊していた輸送船は、海に浮かぶ収容所として捕虜の受け皿となっていた。

その後、イギリス海軍の拠点であったサイモンズタウン郊外に捕虜収容所ベル・ビューが設置され、一九〇〇年二月から捕虜の移送がはじまった。三月半ば、ベル・ビューにはすでに二三〇〇人ほどの捕虜がいたと記録されている。

こうした捕虜収容状況を、ボーア軍最初の大敗北であるパーダベルクの戦いが大きく変えた。ボーア軍約四〇〇〇人が投降したのである。一気に膨らんだ捕虜の収容場所確保が急務となったこのとき、候補地として注目されたのが大英帝国の島々であった。島ならば捕虜の逃亡を防ぎやすいからだ。カナダやオーストラリアなどからの兵士の動員とともに、インドやカリブ海域に点在する英領の島々を捕虜収容所とした南アフリカ戦争は、イギリスにとって文字通り「帝国の戦争」となった。

メアリ・キングズリの到着

帝国の島々に続々とボーア人捕虜収容所が開設されるにあたり、移送直前まで捕虜を抑留するトランジット・キャンプとして、ケープタウンとサイモンズタウンのほぼ中間に、グリーン・ポイント・キャンプが設置された。ちょうどメアリ・キングズリがイギリスを後にした一九〇〇年三月半ばのことである。ここから初めて捕虜が移送された先こそ、アリス・グリーンが民間人として唯一訪問を許されたセント・ヘレナ島に他ならない。南アフリカ戦争初の海外捕虜収容所が設けられたこの島に、パーダベルクの戦いの捕虜第一陣が送られてきたのは、一九〇〇年四月一六日のことである。移送される直前まで、彼らは、先述したサイモンズタウン郊外のベル・ビューに収容されていた。ところが四月二日、サイモンズ湾内に停泊中の二隻の船に抑留されていた約八〇〇人の捕虜が、船内の衛生状態悪化からベル・ビューに移送されたために、ベル・ビュー収容の捕虜数は一気に膨らんだ。と同時に、サイモンズタウンに設営された野戦病院に運ばれる捕虜も急増した。急場しのぎに、この町の古びた兵舎に簡易病院施設が開設されたのはこの時のことだ。その直前の三月二八日、メアリ・キングズリはケープタウンに到着した。すなわち、メアリは、ボーア軍の捕虜急増という新たな局面を迎えた瞬間のケープタウンに行きあわせたことになる。

この状況、そして彼女がイギリス軍の傷病者ではなく、ボーア軍捕虜の介護にあたったことが、この戦争を見る彼女の目を規定したといえる。一日一〇〇人もの患者を看護したというメアリが、わずかな時間を割《さ》いて書いたアリス・グリーン宛の手紙には、この戦争を考えるいくつかのキーワードがちりばめられている。ボーア人の宗教心、礼儀正しさ。ボーア軍にいる多くの外国人義勇兵の存在。とりわけアリスの不安をかきたてたのは、「ボーア人捕虜はイギリス政府当局が認めたくない死に方をしている」という言葉だった。南アフリカでいったい何が起きているのか。

セント・ヘレナ島デッドウッド・キャンプ

大西洋に浮かぶ火山島、セント・ヘレナ島は、一八一五年に流刑されたナポレオンが死ぬまでの数年を過ごした島として、世界史に記憶されている。一五〇二年に無人島として発見されたこの島は、一六五九年、インドへの海上交通の要衝としてイギリス東インド会社の所有となり、入植が進んだ。一八三四年からは王領植民地となって総督が置かれ、現在にいたっている。もっとも近いアフリカ大陸本土まで一〇〇〇マイル以上の距離があり、周囲を高い断崖に囲まれたこの島は自然の要塞。捕虜収容所として最適の条件を備えていた。南アフリカ戦争勃発の一〇年ほど前、一八九〇~九七年にかけて、ズールー王セテワヨの息子、ディニズールーが、ズールーランドの英領化に反対して流されたのもこの島だった。

ここに設けられた南アフリカ戦争初の海外捕虜収容所デッドウッド・キャンプにメアリが

セント・ヘレナ島のデッドウッド・キャンプ
Fransjohan Pretorius, *The Anglo-Boer War 1899-1902*, 1985

介護したパーダベルクの戦いの投降者を含む五一四名の捕虜が到着したのは、一九〇〇年四月一一日と記録されている。以後、一九〇二年五月の終戦までに、この島に設置された三ヵ所の収容所には、一四回の移送でのべ五六八五人が収容された。当時の収容所とは、周囲に有刺鉄線が張りめぐらされ、要所に歩哨小屋が設けられた空間に粗末なテントが広がっているだけであり、各テントには一二人ほどの捕虜が暮らした。

同年九月半ば、デッドウッド・キャンプに到着したアリス・グリーンは、出迎えたイギリス軍将校に、メアリ・キングズリの最期の様子を知りたいのでサイモンズタウンから送られてきたボーア人捕虜に会わせてほしいと申し出た。数日後、キャンプで紹介された数人の捕虜にアリスはこう語りかけた。「私はあなた方と会い、ミス・キングズリのことを話すためにここにやってきました。どなたかサイモンズタウンで彼女といっしょだった人はいませんか？」

折悪《あ》しく、サイモンズタウンからここに移送された捕虜は、アリス到着の三週間ほど前に、全員、セイロン島に新設された収容所に移されていた。この事実自体、ボーア軍の捕虜数が依然増加傾向にあったこと、海外に作られた収容所間での捕虜の移動が頻繁《ひんぱん》だったこと、を物語っている。

陸軍省の統計によれば、同年一二月の時点で、ボーア軍捕虜全体の四七パーセントが南アフリカ本土以外の海外植民地に収容されていたが、その比率は、終戦時(一九〇二年五月)には七二パーセントにまで上昇する。その後、インド本土に設けられた一七ヵ所の収容所には合計九一二五人が収容され、さらに西インドのバーミューダ諸島でも七つの収容所に四六一九人が収容された。

メアリ・キングズリの最期を知るという訪問の目的は失われたが、それでひるむアリスではなかった。彼女は、その後一ヵ月余りをこの島ですごして捕虜たちに聞き取りをおこない、彼らの証言をできるかぎり正確に記録し続けた。帰国後、彼女はそれをもとに、陸軍省や植民地省にボーア人捕虜の待遇をめぐる問題点を指摘し、その解決策を提案するとともに、新聞投稿や雑誌への寄稿を通じて、自らの捕虜収容所経験を広く公表していく。

アリス・グリーンの捕虜収容所訪問日誌

アリス・グリーンがセント・ヘレナ島に渡った一九〇〇年九月半ばの時点で、ここに収容された捕虜の数はほぼ二五〇〇名。職業も階級も、生まれも育ちもさまざまだった。彼女はできるだけ多くの捕虜と会い、彼らに戦争、ならびに捕虜体験を語らせた。約一ヵ月の聞き取りを記した日誌はA4用紙三〇〇枚をゆうに超える。アリスの考察は捕虜収容所という空間の実態や問題点とともに、この非日常空間が大英帝国にとってどういう意味を持つのかにまで及んでいる。

彼女の日誌を読んでまず目をひくのは、この空間に存在する二つの立場――監視する側と監視される側――の双方に認められる多様性である。前者、捕虜を監視するイギリス軍の多様性は、カナダやオーストラリアはじめ、帝国各地から兵士が派遣されたことによる。そして、それ以上の多様性が後者、捕虜たちに認められた。ボーア軍兵士は、イコール「ボーア人」ではない。捕虜の多様性は、ボーア軍の多様性による。アリス・グリーンの捕虜訪問日誌の重要性はまさしくこの点に、つまりこの戦争が、従来語られてきたようなイギリス人とボーア人という「二つの白人の戦い」ではなかったことをはっきりと物語る点にある。近年この戦争については、「ボーア戦争」ではなく「南アフリカ戦争」との呼称が定着しつつあるが、それもこうした戦争の実態を反映しようとするからに他ならない（ちなみに「ボーア」とはオランダ語で農民を意味する）。

ボーア軍に多様性をもたらしていたのは外国人義勇兵の存在だった。彼らは、フランスやイタリア、ドイツ、ロシア、スカンディナビア、デンマークといったヨーロッパ諸国の出身者であり、アジアやアフリカ、あるいはラテン・アメリカ出身者はいっさい含まれていない。参戦の時期や方法はさまざまだが、いずれも、金で雇われた傭兵としてではなく、家族や故郷を思うボーア人への共感と自らが信じる正義に基づき、自分の意志でボーア軍に加わり、自分たちこそボーア軍の戦力だと自負していた。彼らの証言とボーア人の声とを照応させながら聞き取りを進めたアリスは、この戦争のなかでボーア人たちが「国民」意識を醸成しつつあることに気づく。

かつてハンナ・アレントは、『全体主義の起源』第二巻「帝国主義」のなかで興味深いボーア人論を展開していた。「二〇世紀の人種思想に決定的意味をもったのは、ヨーロッパ人がアフリカで味わった経験である」というアレントは、ヨーロッパ人がその経験を自分たちのものにしていくきっかけが「アフリカの争奪戦」にあったと解して、世紀転換期のボーア人の経験に注目し、否定的な意味で「ボーア人はもはやオランダ人の子孫ではない」と語った。捕虜への聞き取りを通じたアリスの経験は、このアレントの主張を想起させる。しかしながら、アリスの理解はもっと肯定的なもの、すなわち、「オランダ人」の子孫はアフリカでの経験を通じて、ヨーロッパ概念では捉えきれない独自の「国民」を形成しつつあるというものだった。

イギリスとの戦争がボーア人たちに「国民」という意識を育《はぐく》みつつある。そこにアリスは、自らの故郷アイルランドを重ねてこう記している。「南アフリカはアイルランドと同じである」――これこそ、アリス・グリーンの南アフリカ戦争経験であった。

戦略の転換

メアリ・キングズリの死からアリス・グリーンのセント・ヘレナ島到着まで、すなわち、一九〇〇年六月から九月にかけての三ヵ月余りは、この戦争の転換期にあたる。不利になった形勢を巻き返すべく、クリスチャン・デ・ウェットの指揮下、ボーア軍が駅や線路、道路

エミリー・ホブハウス（1860～1926、右）と、農場を焼き討ちされて避難するボーア人女性たち　新たな戦略の犠牲者である彼女たちの実態調査のため、1901年に現地へ赴いたホブハウスは、強制収容所におけるボーア人女性の窮状を目にして「南アフリカ女性・子ども救済募金」を立ち上げ、救出に奔走した。F. Pretorius, 1985

などを破壊するゲリラ戦へと戦略を大きく転じたのである。一九〇〇年六月の時点で二つのボーア人国家の首都を陥落させながらも、〇二年五月までイギリス軍が戦争を終えられなかったのは、もっぱらこのゲリラ戦法のせいだとされる。

これに対して、キッチナー参謀指揮下のイギリス軍が、報復を目的として新たに展開した戦略は、ボーア人の農場や家屋に火を放つ焦土作戦と、女性と子どもの強制収容所送りであり、いずれも非戦闘員をターゲットとしていた。

偶然にもアリス・グリーンは、こうした戦略転換がはじまった時期を、南アフリカ戦争初の海外捕虜収容所で過ごすことになった。言い換えれば、戦争を泥沼化させる新しい戦略の最初の効果が現われるころの捕虜収容所に、アリスは居合わせたのである。その結果、たとえば、農場を焼き討ちされたボーア人の老人たちから証言を得た彼女は、この戦争が、現実の戦闘に参加したか否かに関係なく、女性や老人、子どもまでをも巻き込んでいたことを知って愕然とする。ボーア軍の義勇兵となったあるドイツ人の証言として、アリスは日誌にこう綴っている。

インングランド人は財産保全を約束しながら、将校たちまで略奪に加わった。ほしくないものまで彼らは略奪した。それに比べて、スコットランド・ハイランド連隊の兵士たちがどれほど勇敢に戦ったことか！　彼ら以外の兵士は、戦闘など気にもせず、略奪に夢中だった。

「文明と野蛮」の境界線は、ある瞬間にいとも簡単に崩れてしまうものなのだろう。ハンナ・アレントはボーア人のことを、ヨーロッパ性を喪失し、「民族から人種へと堕落した初めての白人入植者」と手厳しい表現をしているが、そのボーア人は、この戦争をつうじて逆に、ヨーロッパ文明の頂点に立っている（と自負する）イギリス人の「野蛮」を経験したのである。いや、「イギリス人」という表現は正しくない。戦争中の蛮行から除外された（少なくとも、除外して語られた）スコットランドのハイランド連隊のような存在もある。「ブラック・ウィーク」の戦闘における彼らの勇猛果敢な戦いぶりは、今なお語り継がれる伝説だ。

そしてもうひとつ、ボーア人捕虜たちが賞賛を惜しまなかった「野蛮の例外」があった。アイルランド人である。捕虜たちが示したアイルランド人兵士への好意的な証言の数々は、捕虜の多様性の発見と並んで、アリス・グリーンの日誌の大きな特徴である。と同時に、それこそが、彼女自身にとってきわめて重要な南アフリカ戦争経験となった。

捕虜収容所経験のゆくえ

約一ヵ月の聞き取りのなかで、アリスはボーア人捕虜収容所にいくつかの問題を発見したが、その根はひとつ、収容所を監視する側にこの戦争に対する展望が欠けているからだ、と彼女はいう。帰国後、植民地相チェンバレンに宛てた手紙の冒頭、彼女はこう書いている。

私が言いたいことは、陸軍省の考えとは異なり、収容所と戦争捕虜の問題を戦後処理、すなわち未来の南アフリカに結びつけて考えるということです。ボーア人捕虜にとって、収容所とは、イギリス人による統治とはどういうものかを学ぶ場なのです。以下、収容所で目撃した状況とその改善策を、戦後のイギリス支配との関連において考えてみたいと思います。

すなわち、彼女は、戦争終結とともに解放されるであろう捕虜たちを、来るべき帝国の将来像と関連づけて、今なすべき改善策を提案しようとするのである。彼女は、ボーア人捕虜収容所という特殊な空間を、「やがてイギリスの支配下におかれるボーア人が、初めて大英帝国を経験する場」として、言い換えれば、ボーア人に「帝国のあるべき姿を示す貴重な機会」として捉えようとする。このユニークな理解から、彼女は、捕虜たちを「過去の行動によって捕らわれた人びと」とか、収容所を「過去の罪に罰を与える場」としてしか見ようとしない陸軍省にいらだちを隠さなかった。彼女が、戦争捕虜問題に対して権限のない植民地省の大臣であるチェンバレンにまで、自らの南アフリカ戦争経験とそこから得た収容所改善の提案を書き送った背景には、植民地省ならば別の目で捕虜問題を捉えられるかもしれない、という淡い期待があったからだろう。

アリス・グリーンは、ボーア人の捕虜収容所経験を「記憶」の問題として捉え直す必要性をイギリス政府に求めたともいえる。戦後の南アフリカをにらんで、やがて故郷に帰還する捕虜たちに、自分たちは理解され守られていたという「収容所の記憶」を与えること、そのためには個人的な信頼関係を築くしかない――だからこそ、捕虜たちの言葉にもっと注意深く耳を傾けよと、彼女は繰り返した。この彼女の主張には、相互理解のためには偏見を払拭《ふっしょく》して正確な知識と情報を得る努力こそが重要であり、その努力を怠っているのは、「彼ら」ではなく「われわれ」だというメアリ・キングズリのアフリカ経験が重なる。捕虜収容所を「世界史上例のない和解の機会」と捉えようとするアリスの南アフリカ戦争観は、民間人として唯一立ち入りを許され、捕虜の聞き取りができた彼女だからこそ、持ち得たものだろう。それは、近年のイラク戦争の際、イラク人捕虜を収容したアブグレイブ刑務所のアメリカ軍の対応とはまったく対照的な戦争の見方であり、戦後認識でもあった。

惜しむらくは、彼女が、南アフリカ戦争が「二つの白人の戦い」ではなかったことを示すもうひとつの存在、黒人にさほど注意を払わなかったことだ。黒人たちは、彼らの意志とは無関係に、イギリスとボーア双方の陣営に分断されて戦争を支えたが、「二つの白人の戦い」という言説によって、彼らの存在はごく最近までほとんど黙殺されてきた。黒人専用の捕虜収容所が南アフリカ本土に八〇ヵ所以上も設置され、アリスが改善を訴えたボーア人捕虜収容所以上に劣悪な環境にさらされた彼らに白人以上の犠牲者が出ていたことが一般に知られるようになるのは、もっとずっと後のことである。

南アフリカからアイルランドへ

アリス・グリーンの日誌からは、スコットランド人とともに、アイルランド人を賞賛する捕虜たちの声が彼女の心を捉えたことが伝わってくる。

南アフリカのアイルランド人——英領ケープ植民地やナタールに渡った彼らは、農場経営や各種取引に従事する以上に、植民地の行政や軍隊に活動の場を見いだしたといわれる。南アフリカ戦争が勃発すると、彼らは、ケープ植民地やナタールの軍隊を率い、イギリス軍の一員としてボーア軍と戦った。一方、戦争勃発時に、そしてブラック・ウィーク直後の大量徴用の際にも、連合王国では多くのアイルランド人が動員された。その結果、この戦争に投入されたアイルランド人兵士は、歩兵大隊一三隊、騎兵連隊三隊、合計三万人を超え、イギリス軍全体の一三・二パーセントを占めた。彼らはもっぱら、敵陣に切り込む「ミサイル隊」として使われたため、戦死者、負傷者ともに、スコットランドのハイランド連隊同様、軍全体に占める比率は高かった。彼らに、ボーア人捕虜たちは共感と親しみ、そして敬意さえ覚えたとアリスは記している。

アイルランド人の将校や兵士が親ボーア感情を抱いていたことについては、南アフリカの歴史家ドナル・マクラッケンの研究が多くの証言を紹介している。そのうえ、はるばるアイルランドから七〇〇〇マイルの海を渡り、ボーア軍に加わったアイルランド義勇軍もいた。ナタールの激戦地、スピオン・コプで戦ったアイルランド部隊――通称「マクブライド隊」である。

部隊を率いたジョン・マクブライドは、元々アイルランドの薬剤師だったが、一八九六年六月、トランスヴァールに渡り、ヨハネスブルクの鉱山地帯ラントのアイルランド人コミュニティにおけるリーダー的存在となった。やがて民族主義政党、シン・フェイン党を立ちあげるアーサー・グリフィスを南アフリカに招いたのも彼である。戦争勃発の一ヵ月前、彼はクリューガー大統領にアイルランド義勇軍の設立を提案。ここに、マクブライド隊の前身、アメリカ系を含む七五〇名のアイルランド・トランスヴァール部隊が結成された。

マクブライドが英雄視されるのは、戦争後半、ボーア人のゲリラ戦においてである。この新しい戦局のなかで部隊は分裂し、多くが逃亡するなか、マクブライドは最後までボーア人の大義を尊重し、アイルランド人を再編制してイギリス軍への攻撃の手を弛《ゆる》めなかった。

一方、戦争開始前にアイルランドに戻ったグリフィスは『ユナイティッド・アイリッシュマン』という週刊新聞を創刊し、親ボーア感情を訴えた。一八九九年一〇月には、詩人W・

イースター蜂起で破壊されたダブリン市内
(1916年) C. Haigh(ed.), 1985

B・イェイツが崇拝した若手女優モード・ゴンらとともに、ダブリン市内を流れるリフィール川の土手で、この戦争への大規模な抗議行動を呼びかけた。同時期、ヨーロッパ各地でおこなわれたデモのなかでもっとも有名かつ暴力的だとされるこの反戦デモに触発されて、二〇〇名ほどのアイルランド人が義勇兵として南アフリカ——すなわち「七〇〇〇マイル離れたアイルランド」へと渡っていったと記録される。

南アフリカ戦争の後、フランスでモード・ゴンと結婚してアイルランドに戻ったマクブライドは、一九一六年四月、イギリスからの分離独立を求めたイースター蜂起で処刑された。南アフリカ戦争中のアイルランドで高揚した親ボーア感情と数々のデモが、アイルランド史の画期といわれるイースター蜂起の予行演習といわれるのは、彼、マクブライドの存在が大きいだろう。いや、マクブライドやグリフィスのみならず、南アフリカ戦争前後の時期、アイルランドのナショナリズム運動の旗手たちの多くが、親ボーア・ネットワークの一角を構成しながら、さまざまにこの戦争を「経験」していたのである。

「南アフリカはアイルランドと同じである」――これがアリス・グリーンの南アフリカ戦争経験であった。経験は言語によって内面化される。アイデンティティを内面化するのもまた言語であろう。とすれば、捕虜とのインタビューを克明に記した日誌こそ、彼女が「アイルランド人」としての自己を再構築していく第一歩となったにちがいない。彼女の自宅サロンの空気が一変し、ロジャー・ケイスメントはじめ、アイルランド・ナショナリストらが常連となっていくのは、セント・ヘレナ島からの帰国後、まもなくのことであった。

子どもたちの堕落をくい止めよ！

フーリガン登場

一八九八年八月一五日、バンク・ホリデーの月曜日。イギリス全土が異常な猛暑に見舞われたこの日、ロンドンで大騒動がもちあがった。この大都会のいたるところで、街頭にたむろする若者が群れをなして暴行、暴動を起こしたのである。

彼らの行為の中身は多様だった。民家や商店、学校の窓を割る。パブやアイスクリーム売りの屋台を襲う。道路いっぱいに歩いて通行人のじゃまをし、それをとがめた市民を殴って金品を奪う。昼間から酔っぱらって相手かまわずけんかをふっかける。街頭を闊歩しながら、すれちがった他の若者グループと抗争する。それを制止しようとした警官に石を投げ、殴る蹴るの暴行を加える――この日、こうした騒ぎがロンドンじゅうで同時多発的に起こり、善良な市民をふるえあがらせた。警察に連行され、後日裁判所に出廷した若者の大半が一四歳から一七歳で、義務教育修了直後の労働者家庭の若者たちだった。ロンドン各紙には次の見出しが躍っている。「彼らは人間でフットボールをした」「フットボールのように人を蹴った」——。

さらに、若者たちの裁判を報じた新聞にはこうある。

襲われたアイスクリーム売りは、ヤングとサリヴァンという二人の若者がすごい勢いで公園をつききろうとしたとき、彼らの背中に向かってたくさんの人たちが、「フーリガンに気をつけろ!」と叫んだという。(『タイムズ』一八九八年八月一六日)
チェルシー・ボーイズと呼ばれるグループは、棒や石で武装し、バタシー地区からやってきた似たような一派と争った。彼らはフーリガン・タイプの不良だ。(『デイリー・グラフィック』一八九八年八月一八日)

この事件によって、「フーリガン」という言葉がイギリス社会に浸透していくことになった。先の新聞の見出しからは、この言葉がすでに、フットボール(サッカー)と関連していたことは明らかだった。

もちろん、若者集団による不良・逸脱行為は、一八九八年夏に突如としてはじまったものではない。すでに二〇年前くらいから、イギリス全土で若者の非行が急増していた。だからこそ、注目すべきは、一八九八年夏の事件をきっかけに、新聞各紙が、彼らのように街頭で徒党を組んで社会的逸脱行為をはたらく若者を「フーリガン」と呼ぶようになり、それが一般名詞としてイギリス社会に急速に広まり、定着していったことにある。すでに日常茶飯事と化していた若者の行為に、「フーリガン」なる新しい言葉をあてたのはなぜだろうか。

フーリガンという言葉

フーリガン（hooligan）――英語ではなく、アイルランドのゲール語起源だとされるが、その原義は今なお明らかではない。『オクスフォード英語大辞典』には、一八九八年夏の事件で逮捕されたアイルランド人ボクサー、フールハン兄弟、通称フーリー・ブラザーズをリーダーとする不良グループ、フーリー一家（フーリーズ・ギャング）を、逮捕にあたった警官が誤って発音したことから生まれた、とある。他にもいくつか推測される語源があるが、それらに共通しているのは、当時のロンドンになわばりを持つ、もしくはすでに悪党としてその名を知られた、いずれにしてもアイルランド人の名前だということである。

いや、実は、アイルランド人だけではない。「フーリガン」という言葉は同時期、全盛期をひた走るミュージック・ホールで、アイルランド人コメディアンのオコナー＆ブラディが歌う「オー、フーリガン！」という曲によって広く知られるようになっていくのだが、その作詞者は当時のインタビューで、この言葉はアメリカ起源だと語っている。あるいは、オーストラリアで不良若者集団を指して使われた「ラリキン」と重ねて、この言葉をオーストラリア起源だという人も少なくなかった。

いずれにしても、当時のイギリス社会は、「フーリガン」という新しい言葉を、本来のイギリス英語の語彙にはない「外来語」として捉えようとしていた。そこには、当時顕在化しつつあった若者の集団逸脱行為を、イギリスとは本来無関係の、非イギリス、非イングランド的な現象として見ようとする、いや、見たいと願う気持ちが働いていたと思われる。

と同時に、「フーリガン」という言葉には、フットボール場、そしてミュージック・ホールという、労働者の娯楽とのつながりが強調された。それは、この時期の少年少女や若者が、これらの娯楽施設の入場料を払えるくらいには豊かになったこと、あるいは、揃いのスカーフやベルトを買えるくらいの現金を手にしていたことを示している。その背後に、都市型消費社会のなかで、子どもや若者でも簡単に現金が手に入る仕事が大量に出現したという事情があった。

都市型消費社会の若者たち

いわゆる「少年労働」と呼ばれる仕事は、熟練を要さない、それゆえに低賃金の単純労働を指す。それは、産業革命以前から家内労働というかたちで日常化していた児童労働とも、あるいは一九世紀前半に工場法の禁止対象となる工場労働とも、本質的に違っていた。一九世紀末に「フーリガン」と関係づけられた「少年労働」とは、工場などの生産部門ではなく、イギリスの経済構造転換のなかで開かれた新しい労働カテゴリーであり、そこには、駅やホテルでの荷物運び、メッセンジャー・ボーイ、ゴルフのキャディ、果てはビリヤード・キューのチョーク塗りなどが含まれる。これらは、誰もができ、嫌ならば簡単にやめられるが、昇給はおろか、それで生計が立てられる種類の仕事ではない。いわば少年時代にしかできない一時的な仕事でしかなく、ある一定の年齢――ヴィクトリア朝社会で成人とされた一八歳――にもなってまだそんな仕事をしていれば、軽蔑の対象になるような仕事であった。そうした袋小路の仕事に、(一応の)義務教育修了年である一三歳前後の労働者階級の若者の三分の二が就いていたと、当時の記録は伝える。

「少年労働」は、一〇〜一七歳の、若者への移行期にある子どもたちに、手軽に現金が入る仕事として歓迎された。たしかに平均収入は高くないものの、親や親方、工場長などの監視の目を気にしなくてもいい気楽な仕事であることが、何よりも魅力的だったと思われる。「少年労働という臨時仕事の溜め池」に飛びこむ子どもたちへの批判がある一方で、快適さを求める都市型消費社会は、そうした「大人になれない若者たち」を必要としていた。

他方、若者たちもまた、大人たちが自分たちにあてた「フーリガン」という言葉で自己表現しはじめたことはおもしろい。彼らはミュージック・ホールやフットボール場をシンボルとしていたが、そこには、彼らを「フーリガン」と呼んだミドルクラスの大人たち、つまり(もっと高尚な)劇場やクリケット場をよしとする人びとへの反発が込められていたと思われる。

当時典型的なフーリガンのスタイルは、ミュージック・ホールの舞台で人気のあった呼び売り商人（コスター・モンガー）――一九世紀前半までロンドンの風物詩的存在だった――の衣装に、マフラーを首の回りにねじって巻き、つばなし帽を目深《まぶか》にかぶり、膝のところで締まって足元がだぶだぶのファスチアン織りのベルボトムのズボンにブーツをはく、というもの。それに、重そうな金属バックルがついた革ベルトがあれば完璧である。こうした服装で自己の存在をアピールしたこと自体、匿名社会である都市文化の産物であり、フーリガンがロンドンにとどまらず、広く全国の若者現象となっていった理由でもあった。彼らには、服装を整えるだけの小金を稼ぐことができたのだ。

この点に、大人たちの批判が相次いだ。社会主義団体フェビアン協会のシドニー・ウェッブは、一九〇九年、救貧法委員会の席上、つぎのように憤った。「今やあまりにも多くのポケット・マネーを持つ若者が、あまりにも早く家から自立し、あまりにも簡単に悪の道へと入っていく。若者たちは規律を無視して早々と悪に染まり、生活するに十分すぎる給料を一七～一八歳で得ている。彼らをもっと効果的な管理のもとに置き、一八歳以下の若者すべてに、身体訓練や技術教育を強制する制度を適用すべきである」。

すべては労働者階級が分不相応に豊かになったせいだ――憤慨する大人たちは、フーリガンという言葉に若者の精神的な堕落を重ねて批判した。しかも、弛緩していたのは精神だけではなかった。

国民の退化

一八九八年夏の事件の翌九九年にはじまった南アフリカ戦争（第二次）のなかで、あるショッキングな事実が明らかになった。

すでに述べたように、この戦争初期、ミュージック・ホールが育んだジンゴイズムも手伝って、苦戦を強いられたイギリス軍に全国からあらゆる階層の若者が志願した。ところが、その約六割が、身長が低すぎる、痩せすぎ、心臓や肺の欠陥、リューマチ、あるいは虫歯などの身体的な理由で兵士として不適格であると判断され、入隊を拒否されたのである。なぜイギリスの若者はこんなにも貧弱になってしまったのか。

当時のイギリス社会では、統計上、一八七五年ごろから認められる出生率の低下が問題視され、イギリス人の量的な減少が招くであろう大英帝国の衰退が論議の的となりつつあった。当時の知識人や教育者、文化人らの共通認識はこうである。大英帝国の維持には、植民地におけるイギリス人の比率を高めること、それも質・量ともにすぐれたイギリス人の割合を増やすことが不可欠である。にもかかわらず、帝国の中心部において、未来のイギリス人が減っている。このままでは、イギリス本国の空白を植民地の他の民族で補完しなければならないという最悪の事態を招きかねない――。こうした発想には、生存競争原理を説くダーウィンの進化論を社会や民族に応用した社会進化論の影響が認められる。

かくして、一九世紀末の出生率低下、すなわちイギリス人の量的減少の問題は、帝国問題と化した。ここに、南アフリカ戦争志願兵を通じて明らかになった若者の身体水準の低下、つまりイギリス人の質的低下が重なり、当時の有識者の危機感をさらに煽《あお》った。イギリスの未来、帝国の未来に深刻な影を落とすこの問題は、「国民の退化」問題と呼ばれて、世紀転換期のイギリスで激しい論議の的となった。その解決策と目されたのは、「国民効率（国民の身体能力）」を高めることである。それはパブリックスクール教育の特徴であるアスレティシズムをはじめとする「男らしさ」の向上と同一視され、問題を労働者階級の若者の心身に絞り込んだ。

一九〇四年、身体能力とモラルの低下がはなはだしい労働者の若者をこのまま放置することは自殺行為に等しいとの認識から、その名も「身体的堕落防止委員会」なる団体が設立された。この団体は、若者の堕落を都市化の悪弊だとして、次のように批判している。

移り気でかっとしやすい若者たちの気質からあきらかになったこと、それは、予測不可能な行動をする新しい種族が、重要な分野に侵入しつつあることだ。都市住民に現われた身体的特徴はこうである。発育不良、胸が薄く、すぐに疲れ、おしゃべりで興奮しやすく、落ち着きも体力も忍耐もほとんどない。

都市の群衆は一瞬のうちにわれを忘れた暴徒に変わる。（中略）マフェキングという新しい言葉ひとつとっても、変化を示すには十分だろう。

南アフリカ戦争のなかでイギリス人を狂喜させた一九〇〇年五月の「マフェキングの解放」そのものが、若者の退化の兆候と理解されたのである。この時、帝国の未来を担う若者の一大事に立ち上がったのは、解放の英雄、陸軍少将ロバート・ベイデン－パウエルであった。

ボーイスカウト運動

一九〇三年、南アフリカから帰国したベイデン－パウエルを、びっくりさせる事実が待っていた。南アフリカ戦争が勃発した一八九九年に彼が著した『偵察の助け』が、初等教育や中等教育で、そして全国で展開されつつあった少年・若者運動においても、手引き書として使われていたのである。彼が軍隊経験から得たルート開拓や敵地偵察の方法などを兵士のマニュアルとして綴った同書が、である。この本を高く評価する人たちの助言で、ベイデン－パウエルは、それを少年向きに書き直した。こうして生まれた『ボーイスカウト読本』（一九〇八）は、全国的な反響を呼んだ。ここに、ボーイスカウト運動がはじまる。運動開始にあたり、ベイデン－パウエルは次のように若者に語りかけた。

　わが民族の堕落に関する最近の報告は、とりかえしのつかなくなる前に手段を講じなければならない警告として受けとるべきだ。ローマ帝国崩壊の一因は、ローマの若者たちが、兵士として、かつて祖先が持っていた身体的な水準から後退してしまったことにある。

豊かさのなかで、闘技場の剣闘士の試合に熱狂し、兵士としての鍛錬を忘れてしまったローマ人の若者に代わって、ゲルマン人傭兵に帝国防衛を任せたローマ帝国は、やがて彼らに帝国を乗っ取られて滅亡した――。ローマ帝国衰亡とのアナロジーで大英帝国の将来を懸念する声は、一九世紀末から二〇世紀初頭にかけてイギリス各地で認められた。それは、ちょうど当時、ローマ帝国支配下のブリテン研究の基礎が確立したことと無関係ではないだろう。

当時のオクスフォード大学教授フランシス・ジョン・ハヴァフィールドは、ローマ時代のブリテン研究を進めながら、大英帝国の植民地支配とのアナロジーも議論している。たとえば、一九世紀末以降、インド高等文官になったオクスフォード、ケンブリッジ両大学出身者は、パブリックスクール時代から古典教育が中心であり、インドへの任官にあたっては、自分たちをはるか昔ブリテン支配にやってきたローマのエリート属州総督になぞらえたという。ハヴァフィールドがローマ人総督に認めた文明化の使命は、当時の大英帝国が世界に示そうとしたものでもあった。歴史から教訓を学びたいと願ったヴィクトリア朝の人びとにとって、ローマ帝国、とくにその衰退と大英帝国とのアナロジーは説得的だっただろう。

ベイデン‐パウエルは、ローマ帝国の運命を大きく狂わせた若者の肉体的、精神的堕落の原因、いわゆる「パンとサーカス」を、当時のイギリスの若者が熱狂したフットボールとミュージック・ホールとに重ねてこう続けた。

　すべてが若い諸君にかかっている。愛国心を失い、中身のない怠け者によって祖先の築いた大帝国を失ったローマの若者のように、諸君が堕落することはぜったいに許されない。

覚えておきなさい。富める者も貧しき者も、城に生まれようとスラムの出身であろうと、君たちはみなイギリス人である。イギリスを頂点に留めておくために、君たちは肩を寄せあわねばならない。君たちは互いの差異を心の奥に沈めねばならない。

かくしてボーイスカウト運動は、階級を超える活動を展開しながら、イギリス各地に、そして帝国へと急速に拡大していった。『ボーイスカウト読本』が出された年にはケープタウンとシドニーに、翌一九〇九年には、ベイデン－パウエルが訪れた南米チリやアルゼンチン、ブラジル、そしてインドでも、ボーイスカウトが結成された。その一方で、やはり一九〇九年、ロンドンのスカウト・コミッショナーであったフランシス・ヴェインのように、ベイデン－パウエルが唱える軍国的、帝国主義的なあり方を批判して脱会し、労働者の少年たちを対象に、あくまで平和を希求する組織を別に設立した人もいた。少年に「少年らしくあること」を強《し》いるベイデン－パウエルに反発を覚える者も少なくなかったという。

ボーイスカウトが帝国への傾斜を弱めるのは、第一次世界大戦後の一九二〇年、ロンドン

『ボーイスカウト読本』
1908年に出版された表紙

で初の「ジャンボリ」が開催されて以降のことである。ベイデン=パウエル自身が作ったこの新しい英語は、以後「陽気なお祭り騒ぎ」を意味する言葉として広く使われ、ボーイスカウトを若者の国際交流の場へと変えていった。

日英同盟の顚末

『緋色の研究』

「はじめまして」——初対面のシャーロック・ホームズは、思いがけない強さでワトソン博士の手を握りしめながら、こう話しかけて博士をびっくりさせた。「あなたはアフガニスタンに行ってこられたのでしょう?」

まもなく同じベイカー街二二一番地Bに下宿するようになったワトソンに、ホームズは当時の推理をこう説明する。

ここに医者タイプのジェントルマンがいる。しかし軍人らしいところもある。してみると軍医だろう。顔は黒いけれど、手首は白いから、生まれつきの色ではなくて、熱帯地方から帰ってきたところなのだろう。やつれた顔から見ると、明らかに困苦の生活をおくり、病気になったのだ。左腕を負傷している。そのこなしがぎこちなくて不自然だ。熱帯地方で、しかもわが国の軍医が腕に負傷するほどの苦難にあわねばならなかったところはどこか。アフガニスタンにきまっている。(『緋色の研究』阿部知二訳、創元推理文庫)

ホームズ物には、事件そのものはイギリス国内で起こっても、事件の種は植民地で蒔《ま》かれたという設定の作品が多い。ホームズとワトソンが初めて出会うこの場面にも、帝国が深く関わっていた。作者コナン・ドイルの設定はこうである。ワトソン博士は、一八七八年にロンドン大学で医学博士の学位を取った後、陸軍病院で所定の学科を修了して軍医資格を取得し、第五ノーサンバランド・フュージア連隊付の軍医補となった。同連隊が駐屯するインドへ向かう途中で第二次アフガン戦争が勃発したため、アフガニスタンの山岳地帯に入ったワトソン軍医は、バークシャー連隊付に転勤となり、アフガン戦争の激戦地、カンダハルの郊外、マイワンドの戦いに参加して、肩にひどい重傷を負った。部下の助けでペシャワルの病院に入院中、腸チフスを患った彼は、数ヵ月間死線をさまよった後、ひどい衰弱から任務を解かれて帰国し、フラットメイトを探していたホームズと出会った——。

アフガン戦争　イギリス軍の輸送車を攻撃するアフガンの山岳兵。B. Farwell, *Queen Victoria's Little Wars,* 1972

ロシアとの領土獲得合戦、いわゆるグレート・

ゲームの一場面を飾る第二次アフガン戦争は、ワトソン博士が軍医資格を取った一八七八年一一月にはじまった。その約二〇年後、帝都ロンドンでおこなわれる女王即位六〇周年を記念する植民地軍隊の行進で先頭を務める陸軍元帥フレデリック・ロバーツが初めて本格的な植民地戦争を経験したのが、ここアフガニスタンだった。

和平条約締結（一八七九年五月）後もアフガニスタン側の抵抗は収まらず、八〇年七月のマイワンドの戦いでは、イギリス軍二五〇〇人余りから四割近い戦死者を出した。『緋色の研究』の出版が八七年だから、ホームズが推理したアフガン戦争敗退の記憶——わが国の軍医が腕に負傷するほどの苦難にあわねばならなかったところ——は、当時まだ薄れていなかっただろう。何よりも作者ドイル自身の脳裏から、「アフガン戦争の記憶」は消えなかったと思われる。後年の作品、『空家事件』（『シャーロック・ホームズの生還』所収）のセバスチャン・モラン大佐もこの戦争に従軍した勇士であり、『まがった男』（『回想のシャーロック・ホームズ』所収）のヘンリー・ウッド伍長も、この戦いでイギリス軍の戦友に裏切られ、長年にわたって辛酸をなめた。

ごく最近まで「世界でもっとも見捨てられた場所」であったアフガニスタンは、イギリスが思い出したくもない「帝国の負の記憶」を背負った場でもあった。

グラッドストンの失策

イギリスは、戦後処理に失敗した第二次アフガン戦争と同じ頃から、帝国に関して取り返しのつかない失策をいくつも重ねている。
一八八一年二月の南アフリカ、マジュバ・ヒルの戦い（第一次南アフリカ戦争）で、イギリス軍はボーア軍に敗退し、その雪辱が第二次南アフリカ戦争につながった。八一年の軍部のクーデターで親英政権が崩壊したエジプトでは、八二年にアレクサンドリアで起こった反英暴動を機に、九月には英軍がエジプトを占領するが、同時期のスーダンで発生した民族主義抵抗運動、マフディの反乱に投入されたゴードン将軍の戦死により、激しいグラッドストン首相非難が巻き起こったことについてはすでに見た。さらに、八四年末から翌年にかけてのベルリン会議では、ヨーロッパ諸国によるアフリカ分割がおこなわれ、この大陸に大きな禍根を残すことになった。

こうした失策の責任を問われたのは、「ゴードン殺し」と揶揄された自由党首相グラッドストンである。一八八〇年四月から内閣（第二次）を率いたグラッドストンが政治生命を賭けて実現を試みたアイルランド自治問題も、イギリスを大きく揺るがした。第三次内閣が八六年四月に提出した第一次自治法案は却下され、それが七月の総選挙の敗因ともなった。アイルランド自治をめぐって自由党は分裂。離党したジョゼフ・チェンバレンは、自由統一党を樹立し、保守党と連合した統一党内閣で植民地相となった。帝国統合を求めるチェンバレンの構想と絡んで起こった南アフリカ戦争が、「なぜイギリスは勝てないのか」という素朴な疑問をひき起こし、フーリガンに象徴される「国民の退化」は善良な人びとを愕然とさせた。このとき、イギリスの政治家や知識人、文化人の目は、東洋で驚異的な躍進を続ける小さな島国に向けられた。

日本へのまなざし

二〇世紀には、イギリスが日本に熱いまなざしを向けた瞬間が（少なくとも）二回あった。ひとつは、日本のバブル期である一九八〇年代。イギリスが英国病に苦しんでいた当時、経済再建のカンフル剤としてサッチャー首相が日本式経営に注目したことで、日本企業のイギリス進出が歓迎された。そしてもうひとつが、世紀初頭、一九〇二年一月三〇日に締結された日英同盟前後の時代である。

当時日本は、文明開化と富国強兵を合い言葉に、欧米列強に追いつき追い越せを掲げ、一丸となって、「国民」創造のさなかにあった。一八七二年（明治五）の初等教育の義務化と、翌七三年（明治六）の徴兵制を両輪にして、明治日本は、国家に忠誠と愛着を抱く「日本人」という国民を創ってきた。その成果が試された場こそ、一九〇四年に勃発した日露戦争にほかならない。

もちろん、当時のイギリスの政治家やジャーナリスト、作家らが日本に注いだまなざしには、その一〇年ほど前、日清戦争後の三国干渉で露わになった反日感情や黄禍論が依然、存在しただろう。ヨーロッパ中心の人種概念と偏見とに基づく日本への冷ややかな目線は、その後、第二次世界大戦で、あるいは戦後の経済戦争でも、繰り返されることになる。しかしながら、二〇世紀初頭のイギリスには、黄禍論とは別の目を日本に向ける事情があった。

日露戦争勃発の一九〇四年といえば、イギリスでは、南アフリカ戦争中に判明した「国民の退化」の実態がさまざまに調査、報告され、議論されていた時期である。この時、二年前の日英同盟締結時を上回る注目が日本に集まっていたことは、当時の政治家やジャーナリストらの言葉から読みとることができる。たとえば、保守的帝国主義者として知られるフィリップ・リットルトン・ゲルは、南アフリカ高等弁務官ミルナー卿への手紙（一九〇四年五月六日付）でこう書いている。

私が目を向けたいのは日本人です。彼らは少なくとも考えて行動し、しかも寡黙です。日本人を外交、組織、戦略、男らしさ、献身、自制心の手本とするヨーロッパ人がいるでしょうか。わけても、独立独歩、自己犠牲、黙して語らずという国民的能力はたいしたものです。

また、『タイムズ』の軍事特派員であったレピントン大佐は、日露戦争中、武士道に強い関心を示し、「わがアジアの同盟者が実践する自己犠牲」に感動した（一九〇五年二月二一日）と書いたし、数年後にタイタニック号とともに海のもくずと消えることになる敏腕ジャーナリスト、アルフレッド・ステッドは、『偉大なる日本――国民効率の研究』（一九〇六）と題する著作を出した。序文を書いたのは、グラッドストン引退直後に自由党党首となり、「国民効率（国民の身体能力）」の熱心な信奉者だったローズベリーだ。さらには、やはり日露戦争の時代、社会主義作家のH・G・ウェルズは、『現代のユートピア』(一九〇五)のなかに「サムライ」という自己抑制の強い階級を登場させ、彼らが自らに課す規律のなかに次の一文を加えている。

定期的な性交渉の抑制——五日のうち少なくとも四日間は、ひとりで眠らねばならない。

ローズベリー同様、国民効率という言葉を重視する自由党国会議員R・B・ホルデインは、エディンバラ大学での講演(一九〇七年一月一〇日)で、「日本人を見よ。集団への忠誠心はなんとすばらしい」と語り、従来の自由放任政策の見直しを迫った。この信念に基づき、ホルデインはベイデン-パウエルに、軍隊を退いてボーイスカウト運動に専念するよう、助言している。

二〇世紀初頭の日本をめぐるこうした言説からは、日露戦争が、実際の戦闘とは別のところでも、日本イメージが構築される大切な機会となっていたことがわかる。帝国とは、実態やリアリティだけの問題ではなく、構築されるイメージの問題でもある。そのことを、日本を標的とする黄禍論の再燃を阻止すべくイギリスに送り出されたその日本人は、よく理解していた。

末松謙澄の渡英

ロシアとの衝突が時間の問題となったとき、日本がもっとも恐れたのは三国干渉の再現であった。「この戦争について日本の立場への理解と同情を求める」という首相桂太郎と外相小村寿太郎の要請で、一九〇四年二月、ニューヨーク経由で渡英したその日本人は、末松謙澄《すえまつけんちょう》という。伊藤博文の次女、生子《いくこ》の夫である。

福岡県行橋市で庄屋の四男として生まれた謙澄は、家運が傾いたために上京し、一八七二年、設立まもない東京師範学校に入学。後の日銀総裁、高橋是清と知り合って英語を学び、英文記事の翻訳を通じて東京日日新聞に入社。黒田清隆に随行して韓国に行った後に官僚となり、七八年に在英公使館一等書記生見習いとしてイギリスに渡った。七九年、ケンブリッジ大学に入学して歴史学（学士）と法学（修士）を学ぶ。八二年、部分的ながらも初めて『源氏物語』を英訳出版したのは彼である。八六年に帰国し、八九年、生子と結婚。翌年国会議員となり、九六年には貴族院議員となった。

渡英にあたり、伊藤博文は女婿のために、ランズダウン外相へ推薦状を書いている。同時期、桂と小村は、同じ目的でアメリカに金子堅太郎を派遣した。

一九〇四年三月にロンドンに到着し、長期滞在用ホテルに落ち着いた末松は、日本に対する好意的な世論を形成すべく、精力的な活動を開始する。五月五日、政治家に多くの会員を抱える国政クラブで「極東問題への日英観」と題する演説をおこない、ロシアの膨張が続く極東において日英同盟こそが確実な解決策であると主張した。これを皮切りに、〇六年一月一日に帰国の途につくまでのほぼ一年半にわたって、謙澄は講演や論文、新聞への投稿などを通じて、日露戦争中の日本に好意的な世論を獲得するために奔走する。彼は、日英関係史にロシアの動きを絡めながら、中国との差異を強調して日本の近代化の現状を語り、日本人が好戦的な国民でないことを示しつつ、アングロ・サクソン世界との連帯を強く訴えた。

彼の活動からは、当時のイギリス社会が日本の何に関心を抱いていたかが容易に想像できる。「日本とロシア」「日本における兵士の育成」「腹切り、その真の意義」「日本の道徳教育」「日本人の性格」「日本の教育」――謙澄のとりあげたテーマは多岐にわたったが、講演では、日本軍に関して、とりわけ兵士の確保と将校の訓練について質問が集中したという。イギリス人が知りたかったのはただひとつ、「なぜ日本の兵士（軍隊）はあれほど強いのか」であった。それに対する謙澄の答えは、いつも決まってシンプルだった。「徴兵制」、そして「戦争では精神的なものが三、物質的なものは一だけ」――謙澄は「イギリス人が知りたい、見たい日本」に照準を合わせてうまく日本をアピールし、イギリス人の親日感情を引き出すことに成功した。

チェンバレン父子の苦悩

イギリス滞在中の謙澄は、活動を展開するにあたり、ある人物のネットワークを最大限に利用した。ケンブリッジ大学時代の友人で、当時バルフォア内閣の大蔵大臣を務めたオースティン・チェンバレンである。

オースティンの父、植民地相だったジョゼフ・チェンバレンは、一八九八年三月、駐英公使の加藤高明との東アジアの利権をめぐる会談のなかで、日英同盟をほのめかしたといわれる。司馬遼太郎の『坂の上の雲』には、ドイツの駐英代理公使ヘルマン・フォン・エッカルトシュタインなる人物が、南アフリカ戦争中、チェンバレンと駐英日本公使の林董《はやしただす》にロシアを仮想敵とする同盟を密かに提案したが、ロシア、ならびにロシアと友好関係にあるフランスとの対立を避けたいドイツ皇帝の反対でドイツが抜け、けっきょく日本とイギリスが同盟を結んだ、とある。もっとも、当時激しい建艦競争を展開していた英独が同盟を結ぶ可能性は、もともと少なかった。

鉄鋼を中心とする重工業の町、バーミンガムの市長から国会議員となったジョゼフ・チェンバレンは、一八九五年、外務省やインド省と比べて格下の感があった植民地省の大臣を自ら希望し、南アフリカ戦争を誘発した。彼が日本との同盟に関心をもったのは、東アジアにおけるロシアの帝国主義的拡大を封じ込めるためだったが、謙澄が渡英したころのチェンバレンは、関税改革構想なる自由貿易見直し案のために、一大キャンペーンを展開中であった。

それは、高関税によって自国の農・工業を守りながら、経済的に台頭するアメリカやドイツに対抗すべく、また、都市のインフラ整備を含む社会政策を実行するためにも、外国からの輸入品に関税をかける保護貿易への移行と、本国と自治領との間に帝国特恵関税を通じた同盟関係を強化することを柱とした構想であった。自治領の強い反発によって一八九七年の第三回植民地会議では否決されたが、南アフリカ戦争終結後の一九〇三年からは、戦争によって抱えた膨大な財政赤字の清算をも視野に入れて自由貿易を見直すべく、彼は関税改革運動を再燃させつつあった。末松謙澄は、このチェンバレン・キャンペーンのまっただなかに渡英したことになる。

けっきょく、イギリス国民は関税改革を受け入れなかった。その大きな理由は、自由貿易への固執にあった。このキャンペーンのさなかに出版された『飢餓の四〇年代』（一九〇四）が、労働者たちに、穀物法によって海外からの安い食糧の流入が阻まれていた時代の暗い記憶をよみがえらせたことも、チェンバレンにとってマイナスに作用した。自由貿易堅持を主張する自由党はもちろん、チェンバレンに与《くみ》する統一党でさえ、彼の保護貿易政策への転換に反対したのである。

それ以上に大きかったのは、チェンバレンが連帯を求めた自治領側の反発である。経済発展と政治的な成長が、各自治領に「大英帝国の娘たち」とは異なるアイデンティティを育みつつあったのだ。それが、日英同盟の将来をも左右することになる。

一九二一年、日英同盟更新否決

謙澄の帰国後まもなく、関税同盟構想が最大の争点となった一九〇六年初頭の総選挙で、自由党が圧倒的勝利を収めた。敗れたチェンバレンは体調を崩し、政界を去った。翌年、ロンドンで開催された第五回植民地会議（会期末に帝国会議と改称）では、帝国特恵という経済ブロックの考え方自体が完全に否定された。この会議では、カナダ、オーストラリア、ニユージーランド、南アフリカ、ニューファンドランドに自治領のステイタスを認め、それまでのイギリス中心の帝国構造ではなく、原則的に本国と自治領が対等の関係を維持するという新しい「帝国の形」が発足する。

帝国総動員となった第一次世界大戦以後、戦争協力によって発言権を増した自治領では、相互の見解の相違が顕在化していく。一九二一年、戦後初めて開催された帝国会議で、イギリス首相ロイド＝ジョージは、オーストラリアやニュージーランドとともに、太平洋の軍事防衛面から日本との同盟関係の継続、すなわち日英同盟の更新を求めた。それに対して、カナダは、日本を脅威とするアメリカとの関係から日英同盟の破棄を主張。けっきょく、イギリス政府は、大戦におけるアメリカの協力とカナダの主張に配慮して、日英同盟の更新を却下した。チェンバレン構想を拒否した自治領の成長が、日英同盟の更新をも阻んだのである。

日英同盟の破棄は、大英帝国に新しい時代——コモンウェルス体制——が到来したことをはっきりと物語っていた。

第一〇章　帝国の遺産

イラクに迷う大英帝国

イラク建国の母

イラク戦争開始からまもない二〇〇三年四月、イラク博物館から所蔵品が多数略奪されたというニュースが全世界に配信されたとき、この博物館を愛する人の多くは、ひとりの女性の名前を思い浮かべたにちがいない。ガートルード・ベル——一九二二年、イラク考古局名誉局長に就任し、古代メソポタミア、ウル遺跡からの出土品を整備して文化財法を制定し、二六年六月、イラク博物館の開設にこぎつけた人物である。二一年三月、当時の植民地相ウィンストン・チャーチルが主宰するカイロ会談に外務省アラブ局オリエント部事務局長パーシー・コックスとともに出席し、チャーチルにイラク建国計画を提言したのも彼女だった。第一次世界大戦後、ドイツと組んだオスマン・トルコ帝国瓦解《がかい》に大きく貢献した「アラブの反乱」をめぐって揺れるイギリス中東外交のなかで、彼女はこう進言した。「アラブのことはアラブに任せよう」——。このとき、彼女には、「意中の人」がいた。アラブの名門、ハーシム家の三男ファイサルである。同年八月二三日、初代イラク国王として即位したファイサルの横にも彼女の姿があった。

大英帝国の二〇世紀——その大きな特徴のひとつは、イラクやパレスチナといった中東をその胎内に抱えたことにある。イギリスの論理や欧米の世界観では捉えきれない中東の砂漠を六回も旅したガートルード・ベルは、この地をどう理解していたのだろうか。

名門実業家の娘の旅

ガートルード・ベルが中東と結びつくきっかけは、北ヨークシャー屈指の実業家一族、ベル家にあった。スコットランドにルーツをもつベル家は、同郷の発明家、科学者や実業家らとともに、イギリス産業革命の立て役者として知られる。ガートルードのミドルネームにその名を刻む祖父ロウジアンは、「世界の工場」イギリス有数の製鉄業者、「ベル・ブラザーズ」の代表取締役社長であり、冶金学者としても有名だった。一八四六年、イギリスに初めて高炉を導入したのも、六〇年にイギリス初のアルミニウム生産に着手したのも、この祖父である。ニューカースル市長、自由党国会議員、イギリス鉄鋼協会会長などを歴任した祖父は、まさしく地元の名士だった。

ガートルード・ベル（1868〜1926年）

会社を継いだガートルードの父ヒュー・ベルも、祖父同様、冶金学を修め、地元の公職をいくつも務めた。　一八六八年七月、ガートルードは、「ワシントン・ホール」なる祖父の館で生まれた。三歳で母を亡くすが、継母フロレンスとの折合いもよく、彼女は何不自由なく娘時代を過ごしたようだ。一六歳でロンドン、クィーンズ・カレッジに学んだ後、オクスフォード大学の女子カレッジ、レディ・マーガレット・ホールに入学。二年後、近代史で女性初の「ファースト（最優秀）」を獲得した。良家の娘が学問することに否定的だった当時にあって、彼女のこの学歴は異色であろう。

カイロ会談（1921）時、ピラミッドの前で　左から３人目がベル、左隣はウィンストン・チャーチル、右隣がT・E・ロレンス。J. Wallach, *Desert Queen*, 1996

とはいえ、それが彼女の未来を拓いたわけではなかった。

　転機は旅のなかで訪れた。彼女の旅は、ガートルードと仲良しの伯母で、継母の実姉であるメアリの夫、伯父のフランス・ラセルズが外交官だったことと深く関わっている。とりわけ、伯父が駐ペルシャ公使となった翌年、一八九二年に伯母や従妹とテヘランを旅したときに初めて目にした砂漠は、彼女を強烈に魅了した。西回り、東回りの二度にわたる世界一周の旅をはじめ、二〇代、三〇代の彼女は旅に明け暮れた。それを許す十分な資力がベル家にはあった。

そのなかで彼女の心を捉え続けたのが砂漠、そしてその下に眠る遺跡であり、それを調査研究する考古学という学問であった。とはいえ、イギリスは、考古学という学問において、かつて「学者の軍隊」を擁したフランスや、自伝『古代への情熱』（一八九一）で知られるシュリーマンを抱えるドイツなどに比べて、大きく立ち遅れていた。

このことが、レディ・トラベラーに介入の余地を与えた。同じことが、「後発の学問」である人類学や民族学についてもいえるだろう。しかも、彼女たちの旅には、単なる金持ちのお嬢様の趣味で終わらない「何か」があった。大英帝国の中心に位置するレディであるがゆえに発生する「白人女性の責務」――。たとえばエジプトを旅したアメリア・エドワーズは、収集したコレクションをロンドン大学に寄贈するとともに、エジプト学講座の開設資金を寄付している。

ガートルード・ベルもまた、そうしたレディ・トラベラーのひとりだった。彼女はペルシャ語とアラビア語を学び、大学時代の親友の兄、オクスフォード大学アシュモリアン博物館館長である考古学者デイヴィッド・ホウガースから考古学の手ほどきを受け、砂漠と考古学にうち込んだ。

ただし、彼女が選んだ地域、そして旅した時代が、彼女の貢献を学問の枠内に閉じこめておくことを許さなかった。

レディ・トラベラーを超えて

一九〇四年、パリで古代美術と建築学のイロハを学んだ彼女は、メソポタミア遺跡の発掘へと向かった。〇五年、シリア、アナトリアの旅で耳にした日露戦争の噂は、大英帝国とロシア帝国の間で繰り広げられたグレート・ゲームにピリオドをうった英露協商締結の年、〇七年に刊行された『シリア縦断紀行』（東洋文庫、原題『シリア――砂漠と耕地』）にも記されている。〇九年にもメソポタミア、アナトリアを旅し、バグダードやモスルを訪れた。一一年にはシリア砂漠を旅し、ユーフラテス河畔のヒッタイトの副都カルケミシュ遺跡を調査し、無数の碑文を発掘している。「アラビアのロレンス」ことT・E・ロレンスと初めて出会ったのもこの時だった。

その後、王立地理学協会で天体観測や測量、地図の作製技術を習得し、バグダードからダマスカスを旅した彼女に、同協会は金賞を贈った。オーストリア皇太子夫妻がセルビアの青年に暗殺され、第一次世界大戦がはじまるのは、それからまもなくのことである。当時の多くの女性の例にもれず、彼女も赤十字支援の活動に従事した。

そんな彼女に、一九一五年一一月、カイロのイギリス軍情報部から外務省アラブ局への招請状が届く。東部戦線、すなわちドイツと同盟関係にあるオスマン・トルコ帝国を切り崩すため、メソポタミアの砂漠を六回にわたって単独行したガートルードの知識と経験が必要とされたのである。カイロの軍情報部で主任政務官コックスとともに彼女を待っていたのは、あのデイヴィッド・ホウガースやカルケミシュ遺跡の発掘にあたったキャンベル・トムソンといった考古学者であった。T・E・ロレンスの顔もあった。

ガートルードより二〇歳年下のロレンスは、考古学の発掘調査だけでなく、ドイツが建設中だったバグダード鉄道の偵察を兼ねて中東に派遣されたといわれる。メソポタミアの発掘は、ベルリン、ビザンチウム（イスタンブール）、バグダードを結ぶドイツの3B政策の通過点でおこなわれており、それが考古学を大戦の戦略と結びつけ、考古学者に諜報という任務を与えていた。

新設のアラブ局は、ガートルードにアラブ諸部族の動静を探る任務を割りあて、バスラ連絡員、さらには主任政務官付き特別秘書官（オリエンタル・セクレタリー）とした。ほぼ同じころ、外務省や軍同様、彼女の経験と知識を高く評価するインド省も彼女に接近し、彼女をインド遠征軍所属連絡将校に任命した。当時の大英帝国で唯一の女性将校、「ミス・ベル少佐」の誕生である。

T・E・ロレンス（1888～1935年）

このとき彼女は、弱体化したトルコ帝国を切り崩す秘策、「アラブの反乱」をめぐって揺れるイギリスの内部対立を経験する。インドのムスリムを刺激する危険性から反乱に否定的なインド省に対して、アラブ局は反乱の有効性を確信していた。もちろんガートルードも、それまでの旅の経験とアラブ諸部族長との関係から、彼らを味方につける重要性を強調した。一九一七年七月、自ら反乱軍を率いてアカバを攻略する「アラビアのロレンス」についてはいうまでもないだろう。

しかしながら、砂漠とも砂漠の民とも直接触れた経験のないイギリスの政治家や外交官は、インド省のように反乱を否定することもなければ、アラブ局のようにそれを信じたわけでもなかった。彼らはただ、疑いを差しはさんだのである。ここに、悪名高いイギリスの「三枚舌外交」が展開される。現在の中東、イラクやパレスチナの混乱はここにはじまる。

イギリス外交の三枚舌

一九一五年一〇月、イギリスは、メッカのシャリーフ（守護職）、ハーシム家のフサインとの間に密約、フサイン＝マクマホン協定を結び、オスマン・トルコに対して反乱を起こす見返りに、ハーシム家によるアラブ全体の統一（ハシミテ王国の樹立）とその独立を約束した。この約束に基づいて、一九一六年六月、フサインは「アラブの反乱」に立ちあがった。

ところが、その一ヵ月前の一九一六年五月、イギリスは、オスマン・トルコ領土を英仏間で分割するというサイクス＝ピコ協定を密かに結んでいたのである。それは、メソポタミアをイギリスの、ユーフラテス川上流の大シリアをフランスの、それぞれ保護領として中東を植民地化するという密約であった。そこには、フサインとの間に約束したアラブの独立、アラブの主権への言及はいっさいない。この密約の存在は、一七年一一月、レーニンによるロシア革命直後、政権に就いたボルシェヴィキによって暴露されるのだが、その直前、イギリスはさらにもう一枚、「三枚目の舌」を使っている。同月のバルフォア宣言である。外相アーサー・バルフォアの名前でイギリス・シオニスト連盟会長ライオネル・ロスチャイルドに送った書簡で、ユダヤ人の戦争協力と引き換えに、パレスチナでのユダヤ人国家建設に合意を与えたものだ。これが、フサイン＝マクマホン協定とまったく矛盾していたことは、当のイギリス政府自身、よくわかっていただろう。

ガートルードもロレンスも、この三枚舌の陥穽《かんせい》に落ち込んでいく。「アラブの反乱」によってトルコ帝国は足元から掘り崩され、一九一七年三月、バグダードは陥落した。翌月、民政移管となったイラクの戦後処理にあたるべく、ガートルードはバスラからバグダード入りする。一九年三月のパリ講和会議に連絡係として出席したガートルードは、ここで初めてファイサルを紹介される。「アラビアのロレンス」同様、彼女もまた、彼の人格に魅せられた。「アラブのことはアラブに任せよう」――彼女の胸のなかですでに、イラク建国案とその初代国王は決まっていた。

一九二〇年四月のサン・レモ会議で国連の委任統治下におかれた旧オスマン・トルコ領のうち、シリアとレバノンはフランスの、イラクとパレスチナはイギリスの、それぞれ委任統治領となることが決まった。怒るアラブ諸部族は、六月以降、各地で反乱を起こした。いわゆるメソポタミア暴動である。この混乱のなかで、ファイサルが国王となるはずだったシリア、ダマスカスの民政政府は瓦解《がかい》した。英仏にメソポタミアを治めることはできない――この教訓を、大英帝国はこのときアラブの怒りから引き出すべきではなかったか。

だが、イギリスはメソポタミア統治をあきらめなかった。一九二一年三月のカイロ会談では、ガートルードの原案に従い、イギリスの委任統治下でファイサルをイラク国王とする方針が決定した。それがメソポタミアの自決権と矛盾することを重々知りつつも、彼女は、このときはまだ、大英帝国がアラブ諸部族に与える明るい未来を信じていた。

砂漠に国境線を引く

カイロ会談の三ヵ月後、ガートルードはファイサルとともに、バスラからイラク領内に入った。しかしながら今と同様、当時のイラクもばらばらだった。しかもファイサルは、ムハンマドの血をひくイスラム世界きっての名家の出ではあっても、西欧化したトルコ軍で鍛えられた軍人を中心とするメソポタミアのアラブ人にとっては、あくまで「外国人」であった。実際、彼は、それまでイラクの土を踏んだことがなく、自分とは違うアラビア語方言を話すイラクの歴史や文化にも無知だった。わけても、当時一五〇万人を数えたシーア派は、スンナ派のファイサルに対して否定的であった。イラク領内のスンナ派は当時一一〇万人ほど。しかも、トルコとの国境に五〇万人ほどのクルド人地域を抱えることになったのである。

こうした現実への対応策として、ガートルードはファイサルに、二ヵ月後に予定された国民投票の根回しを兼ねて、バスラ上陸後、シーア派の拠点であるナジャフ、カルバラを通ってバグダードへ向かうルートを提案した。彼にイラクの民族分布状況や彼らの気質をレクチャーしたのも彼女である。彼女がもっとも心を砕いたのは、イラクの人びとに、彼ら自身がファイサルを選んだと錯覚させることだった。その点、ファイサルは実に出来のいい生徒だった。一九二一年八月、彼は国民から（少なくとも形だけは）大いに祝福されて、初代イラク国王として即位する。ただし、それは何の問題解決にもならなかった。

即位したファイサルとその私設顧問であるガートルードの当面の課題は、宗教的、民族的にばらばらな人びとをまとめて「イラク国民」を創造し、どこからどこまでがイラクなのか、国境を画定することだった。前者に関して、イギリス政府は、当初から人口の過半数を占めるシーア派を除外して考えていたようである。彼らを抜きにして「国民創造」などできるはずもないのに——。また、後者に関して最大の難関は、南のサウジアラビアとの国境画定作業にあった。サウジアラビアとは「サウード家のアラビア」の意味。創始者であるイヴン・サウードは、一九〇二年に二〇人の仲間とリヤドを占領した、いわば新参者であり、名門ハーシム家とは対立関係にあった。それに何より、砂漠に「国境」を引くことなどできるのだろうか。常に移動する砂漠の民にとって「国境」と

イラクの国境

は何なのか。その線引きにどんな意味があるのか。実際、イヴン・サウードは、「配下のベドウィーンたちの移動範囲を境界とする」という従来の見解を繰り返したに留まる。

今地図を見ると、実に不自然な直線がこの二国の間に引かれている。この国境線は、一九二二年一一月から一二月にかけてのウカイル協議で、ガートルードが提示した原案に従うものである。後年、微調整は加えられたが、今なお基本的に彼女が引いた線が踏襲されている。とはいえ、この直線にもっとも不自然さを感じていたのは、ガートルードその人ではなかったか。

祭りのあと

馬に乗って砂漠を旅しながら、ベドウィーンのテントで語りあうガートルードの写真が何枚も残されている。ムスリムの一派、ドルーズの男たちに分け入り、ベールに包まれた彼らの実態を初めて記録したのは、彼女の『シリア縦断紀行』だ。彼らは、ガートルードを「ハートゥーン（貴婦人）」と呼び、信頼を寄せた。そんな交流のなかで、各部族を生活単位とする彼らが欧米の国民概念とはまったく異なる世界観をもっていることも、彼らの社会が個人とのつながりを何より重んじることも、イギリス主導の「国民国家」づくりが砂上の楼閣であることも、彼女にはわかっていたのではないだろうか。イラク建国という「祭り」が終わったとき、彼女の脳裏をよぎったものは何だったのか。

イラク博物館設立の約一ヵ月後、一九二六年七月一一日深夜、翌朝六時に起こすよう使用人に命じた彼女は、いつものように睡眠薬を飲み、ベッドに入った。翌朝発見された時、彼女はすでに冷たくなっていた。五八回目の誕生日を二日後に控えての突然の死をめぐっては、さまざまな憶測が飛び交った。「孤独に耐えかねての自殺」とささやく人も少なくなかったが、仮に彼女が死につながるような孤独感にさいなまれていたとしても、それは彼らが口にした実家の破産や弟の死、あるいは協議離婚中の恋人との別れなどではなかっただろう。「イラク建国の母」の孤独――それは、信じ続けた大英帝国への失望をともなっていたがゆえに、どうしようもなく深かったにちがいない。

一九三二年、ファイサル国王のもとでイラクは国際連盟への加入を認められ、イラク王国としての独立が正式に承認された。翌年、休暇先のスイスで急死したファイサルの後を息子ガージが継ぐが、統治能力には恵まれなかったようで、さしたる業績のないまま、交通事故で世を去った。その後、わずか三歳の息子が、伯父を後見役にファイサル二世として即位し、イギリス留学を経た五三年、成人と同時に国家元首となる。だが数年後、スエズ戦争（一九五六）で「アラブの英雄」と謳われたナセル・エジプト大統領に共鳴する軍人らによるクーデターで王位を追われ、家族とともに射殺された。時に一九五八年七月。同時に出された共和国宣言によって、ガートルード・ベルが建国を支えたハーシム家のイラクは崩壊した。

彼女の記憶がよみがえったのは、二〇〇三年三月にはじまったイラク戦争とその後の混乱のなかにおいてだった。もっとも、何がイラクで起きているかをメディアを通じて世界中の人びとが瞬時に知るようになったことは、彼女の時代との決定的な違いだろう。そこに情報操作が介在することをわかったうえで、それでもなお、イラクのリアリティを知りたいと思う国際世論が、今はある。〇六年秋、イギリス国民は、ブッシュ大統領とタグを組んでイラク戦争を遂行してきた首相トニー・ブレアに退陣を覚悟させた。この世論を支えた多民族化するイギリス社会もまた、すぐ後に見るように、「彼女の時代」との大きな違いである。それでも、実は何も変わっていないのではないか、と思わせる戦後のイラク――。ガートルード・ベルは、イラクについてこんな言葉を残している。

ここイラクのほんとうのむずかしさは、私たちが何をこの国でしたいのか、私たち自身が正確にわかっていないことにあります。私がもっとも重要だと思うことは、戦争そのものではなく、戦争が終わった後をどうするか、にあるのですが、問題を整理するにあたり、われわれに何ができるのか、私たちにはそれすらわからないのです。

帝国の逆襲?

ノッティングヒル暴動とカーニヴァル

ロンドンの中心部から地下鉄セントラル線に乗り、少し西に行ったところに、西インド諸島からの移民地区として知られるノッティングヒルがある。ここでは、一九六五年以来、毎年八月下旬のバンクホリデーを含む三日間、カーニヴァルがおこなわれる。リオのカーニヴァルを思わせる色鮮やかな衣装を褐色の肌にまとった住民たちが、ノン・ストップのカリプソやレゲエなどに合わせて歌い踊り、街頭を西インド一色に染めあげる。街頭のフェスティバルとしては、ヨーロッパ最大級といわれる。

カーニヴァル（謝肉祭）とは、もともとキリストが断食修行した四旬節（復活祭前の四〇日間）に肉を断つ前、二月下旬から三月上旬の時期に、思い切り肉を食し、大騒ぎするカトリックの祝祭である。緯度の高いイギリスでは春の訪れを感じることさえむずかしい季節だが、南半球、ブラジルのリオは真夏を迎え、灼熱の太陽がお祭り気分を大いに盛りあげる。サンバのリズムは真夏にぴったりだ。だから、西インド移民の祭典、ノッティングヒル・カーニヴァルは八月なのか——という解釈は間違っている。この祭りの起源は、一九五八年八月の人種暴動にある。

一九五八年八月二三日、やがてノッティングヒルに飛び火する人種暴動は、イングランド中部の町、ノッティンガムではじまった。西インド系を中心に非白人移民三〇〇〇人ほどが暮らすこの地方都市でも、同時期のロンドンと同じく、テディー・ボーイとよばれる不良少年たちによる非白人住民に対する襲撃、「黒人狩り」が続いていた。そんな状況が極限に達したのだろう、この日の午後一〇時ごろ、パブでのささいな口論から、非白人青年が白人男性を刺殺する事件が起きた。これが大暴動へと発展していく。

事件から一時間足らず後、ロンドンでは、テレビやラジオで事件を知った若者たち、テデ

「キープ・ブリテン・ホワイト！」1959年にロンドンで開かれた、白人防衛同盟の集会。

イー・ボーイたちが、鉄パイプや自転車のチェーン、ナイフなどを手に、ノッティングヒル地区に集結し、「黒人狩り」がはじまった。少年たちは、当時の右翼のスローガン、「イギリスの有色化を許すな！」や「黒人はジャングルへ帰れ！」などとともに、「黒人にリンチを！」と叫びながら、西インド移民の家々に石やレンガ、火炎ビンなどを投げつけ、路上を行く非白人を無差別に襲った。「黒人狩り」はまもなく、この地区と並ぶ西インド移民地区、市南部のブリクストンや東部のハクニーなどに波及し、暴力をエスカレートさせた。騒ぎは一週間以上にも及び、その間、白人の暴徒は数を増し、九月に入るころには数千人にも膨れあがった。少年らの暴力が、非白人住民を受け入れていたはずの白人の心に潜む人種偏見を一気に解き放ったかのようだった。白人たちは口々にこう叫んだ。「キープ・ブリテン・ホワイト！」。

非白人住民は外出を避け、恐怖に怯えながら、「黒人狩り」の嵐が収まるのを息をひそめて待つしかなかった。その間に、ジャマイカからやってきた少年ら、五人の西インド系住民が撲殺された。

こうして一九五八年の夏は過ぎていった。それは、西インド諸島からの移民に、かつての宗主国イギリスが「慈悲深き母」ではないことを教えた。

バナナ・ボート航路に乗って

第二次世界大戦が終わるまで、イギリスに流入する植民地の非白人の数はさほど多くなかった。「イギリス臣民」である彼らは「外国人法」が規制対象とする「外国人」ではなく、イギリスへの自由な出入りが保証されていた。それでも彼らの流入が少なかったのは、彼らにその気がなかったからである。当時の国際経済がそのあたりの事情を物語ってくれる。

一八三三年に議会を通過した奴隷制度廃止法案によって、奴隷はすべて解放されることになった。黒人奴隷に依存していた西インド諸島の砂糖きび農園では、奴隷から年季契約労働者へと労働形態が変わり、カリブ海域の人の流れを大きく変えた。年季契約の労働者としてインドや中国、アフリカ諸地域から移民が続々と流入するとともに、カリブ海域内の労働力移動を激化させたのである。それが、カリブ海域以外への人の流出を抑えてきた。

カリブ海域で人の流入と流出の逆転がはじまるきっかけは、一八八〇年のパナマ運河建設だった。運河建設の労働力として、ジャマイカやバルバドスなど西インドの島々から大量の人が中米に流れ出したのである。この流れは、労働力の過剰供給から失業が目立ちはじめる一八八九年、フランスが運河工事をストップさせたことで一時的に止まったが、一九〇四年、アメリカによって工事が再開されると、再び西インドの島々から労働移民が流出し、運河完成

（一九一四）以降は、砂糖産業の発展で労働力を求めていたアメリカへと流れはじめた。

一九世紀後半に盛んになったジャマイカのバナナ栽培に目をつけたアメリカのフルーツ会社は、腐りやすいバナナをすばやく運ぶため、ジャマイカとアメリカの間に独自の定期航路を開設した。それが、ジャマイカ経済をますますアメリカへと傾斜させた。この定期航路——通称「バナナ・ボート航路」に乗って、ジャマイカの人たちはアメリカに渡っていった。とりわけ、一九一一年からの一〇年間は、ハリケーンによるバナナ農園の大被害とアメリカの第一次世界大戦参戦でジャマイカのバナナ栽培地区が急速に貧困化したことから、もっぱら、ボートに乗ったのはバナナではなくジャマイカ人であった。この一〇年間だけで約三万人のジャマイカ人がアメリカに移民し、さらに約二万二〇〇〇人が砂糖産業の発展著しいキューバに移民していった。

その後、アメリカは移民規制を強化させ、たとえば一九二四年（関東大震災の翌年）には日本人移民を事実上全面禁止する移民排斥法を成立させた。その影響はカナダの対日政策にも及び、アメリカ、カナダという移民先を失った日本は、経済不況や人口・食糧問題の解決を、満蒙開拓を中心とする大陸政策に集中させるようになっていく。

ところが、こうした移民規制は、ジャマイカはじめ西インド諸島からの移民には適用されなかった。アメリカが彼らを「イギリス人」としてカウントしていたからである。彼らのアメリカへの移民は途切れることなく続いた。

このように、「イギリス臣民」である西インド諸島の人びとにとって、アメリカはイギリスよりずっと身近で魅力ある移民先だった。この状況を大きく変えたのが、彼らを「イギリス人」から除外するマッカラン＝ウォルター法の制定（一九五二）である。日本移民史では日系一世の帰化を認めたことで記憶されている法律だが、この移民法改正によって、西インド諸島からの移民数は年間数百名（ジャマイカの割当は年間一〇〇名）に大幅削減された。この瞬間から、失業にあえぐ西インド諸島の人びとの目は、イギリスへと注がれていく。

ウィンドラッシュ号以後

第二次世界大戦後のイギリスは、戦後復興のための労働力を必要としていた。ただし、政府が求めていたのは、雇用契約に違反した場合には即刻本国に送還できる「外国人」、つまりこの大戦で難民となったヨーロッパの「白い移民」たちであった。だからだろうか、一九四八年六月二二日、ジャマイカ人四九二人を乗せたエンパイア・ウィンドラッシュ号が到着した時、その後の彼らの大量移民を予想したイギリス人はほとんどいなかったといわれる。彼らの大半が、イギリス側で大戦を戦った退役兵士であったが、五〇周年にあたる一九九八年、「ウィ

ジャマイカからやってきた移民船、ウィンドラッシュ号

ンドラッシュ号の記憶」を証言した彼ら、移民一世によれば、当時の彼ら自身、短期間で帰国するつもりであり、その後の爆発的な流入は予想外だったという。

イギリス、ジャマイカ双方の予想を裏切ったのは、先述したアメリカの移民法改正であった。一九五二年の施行直前まで年間一〇〇〇名ほどに留まっていた西インドからイギリスへの移民は、二年後にはその一〇倍に、翌五五年には二〇倍を超えて二万二〇〇〇人ほどにのぼった。戦後復興のなかで、イギリス社会もそれだけの労働力を必要としており、それが西インド移民に対する反発を封じ込めていたといえるだろう。

ところが一九五〇年代後半、イギリス経済の悪化にともない、雇用状況は大きく変化する。その一方で、ふと気がつけば、一〇年足らずの間に「黒い肌」は目に見えるかたちで数を増していた。人が動けばモノも文化も生活も動く。「黒い肌」への反感は、「ジャマイカ移民地区から強烈な騒音が聞こえてくる」といった日常レベルの生活感覚の違いからしだいに波紋を広げ、五八年夏のノッティングヒルで暴走した。この暴走が、「イギリス臣民の入国自由の原則」を掲げてきた政府に、移民政策の転換を迫っていく。

その直前、イギリスは「帝国の遺産」をめぐって手痛い失敗を経験していた。一九五六年のスエズ戦争（第二次中東戦争）である。エジプト、ナセル大統領のスエズ運河国有化宣言に対して、豊かな石油資源を有する中東への発言力を失いたくないイギリスが、フランスと手を組んでしかけたこの軍事行動は、米ソはじめ、世界じゅうで世論の反発を呼んだ。中東におけるイギリスの権威を失墜させたこの戦いの余波のなかで、かつての植民地の独立が相次ぎ、ヨーロッパ経済共同体（ＥＥＣ、後のＥＣ）加盟交渉の開始とも相まって、イギリスは帝国の見直しを迫られていく。「帝国の代償」は支払わねばならない。だが、その方法が問題だった。

一九六一年一一月、「コモンウェルス移民法案」が議会を通過し、翌六二年七月一日から新しい移民規制法が施行された。イギリスで労働もしくは定住を希望する「イギリス臣民」に、労働省発行の雇用証明書の提示を義務づけたものだが、規制施行までの八ヵ月間の駆け込み移民は一八万人を大きく超えた。この数字は、それ以前に入国した西インド移民の数とほぼ同数である。

その後も、非白人に対する移民規制は、白人の反発に押される形で強化された。一九六五年には、旧植民地で失業中の者には雇用証明書の発行が停止され、就職を希望する本人はもちろん、家族についても厳しいチェックが課せられるようになった。六八年、イギリス政府は、「英連邦（ブリティッシュ・コモンウェルス）からの移民希望者は、両親、もしくは祖父母がイギリス生まれであることを証明できる者に限る」という新しい規制を成立させるとともに、英連邦のパスポートのない、独立後の自国政府の発行したパスポートしか持たないアジア系移民の入国を拒否した。七一年には、イギリスへの入国は「本人、もしくは両親がイギリス生まれのコモンウェルス市民」に限定され、このころから西インド系移民は激減しはじめた。

ノッティングヒル・カーニヴァルの組織化がはじまるのは、こうした状況においてであった。

カーニヴァルの叫び

一九五〇年代の西インド系移民に次いで、六〇年代にはインド・パキスタン系、そして独立後のアフリカ諸国から追放された東アフリカ系アジア人がイギリスにやってきた。アジア系移民の多くは英語が理解できず、シク教やヒンドゥー教、イスラム教などの信仰を固持し、民族と血の絆を重んじる閉鎖的なコミュニティを形成して、イギリス社会になかなかなじもうとしなかった。彼らは、移民当初からイギリス社会に溶け込もうとする意志を示してきた西インド諸島からの移民とは対照的であった。

この差は、両者における「大英帝国という経験」の差であろう。西インド系移民の故郷では、帝国に組み込まれてきた一七世紀以来の歴史のなかで、生活のさまざまな面で「イギリス化」が進行していた。彼らは英語を理解し、クリスチャンとなり、イギリスの習慣や法に関してある程度の知識も情報もあった。この帝国経験が、他の地域からの移民と比較した場合、西インド系移民に「プラス」に働いたといえるかもしれない。その一方で、彼らにとって苛酷な試練となったノッティングヒル暴動を記憶するために構想されたカーニヴァルの組織化には、ここイギリスでどうしても暮らしていかねばならないという、西インド系移民の覚悟が込められているように思われるのである。

リオのカーニヴァルでは、経済的に苦しいスラムの住人が一年の稼ぎの大半をつぎ込み、年に一度その主役となる。貧富の差が激しく、社会や経済に対する不安と不満が途切れることのないブラジルで流血の革命を阻んできたのはカーニヴァルだ、とする見方さえある。彼らは同じ願いをここ、イギリスでのカーニヴァル再現に託したのだろう。実際、ロンドンでの祝祭もまた、西インド系移民の正と負のエネルギーを解き放つ格好の場となってきたようである。

当初、カーニヴァルを見る「白いイギリス人」たちの目は偏見に満ちていた。暴動直後から六〇年代にかけて、ノッティングヒルという言葉は、民族抗争、暴力、貧困というイメージを植えつけたし、カーニヴァルがはじまってまもない七〇年代にも、この祝祭は「西インド移民の規律なき暴力だ」との悪評が少なくなかった。しかしながら、地域イメージの向上とあいまって、女王と首相のメッセージで幕を開ける今日のカーニヴァルは、夏の風物詩としてロンドンの街並みにすっかりなじんだかに見える。彼らの音楽、レゲエやカリプソは、今や世界商品だ。

ノッティングヒル・カーニバル

もちろん、それでイギリスにおける人種対立が解決したわけではない。多民族国家と化した今のイギリスでも、「白いイギリス人」と「黒いイギリス人」の意識の違い、前者の後者に対する偏見がどこかつきまとって離れない。また、移民二世、三世には、親の世代とは異なる悩みがある。イギリスで生まれ、イギリスで教育を受けた彼らは、「イギリス人」であるにもかかわらず、たえず有形無形の差別の対象ともされてきた。非白人移民と「白いイギリス人」との結婚にも、同じような問題が絡みつく。彼らを悩ませている問題――自分はいったい何者なのか。このアイデンティティの危機を彼らはどうやって乗り越えていくのだろうか。

「黒いイギリス人」の可能性

一九九八年、五〇年目を迎えた「ウィンドラッシュ号の記憶」をめぐるイギリス内部の状況は、ノッティングヒル・カーニヴァルがはじまった一九六五年当時とは大きく様変わりした。最大の違いは、この記憶と直接関わる西インド諸島からの移民一世、二世らが、イギリス社会に確実に根を下ろしたことだろう。そのプロセスで、彼らが「イギリス人」という意識を自問自答しつつあったことも、五〇周年を祝う多くの行事のなかで明らかとなった。「ウィンドラッシュ号の記憶」がよみがえった二〇世紀末のイギリスでは、「イギリス人とは誰か」を問う、いわゆるアイデンティティ論争が活発に闘わされていた。そのなかで、カルチュラル・スタディーズという新しい学問分野の第一人者、ジャマイカ出身のスチュアート・ホールを中心に、「イギリス再創造」なるプロジェクトが動き出した。そのねらいをホールはこう説明する。

文化的な多様性とは、外からやってくるものではない。「イギリスらしさ」と関わりながら、その内側でそれを動かし、「イギリスらしさ」そのものを変えていくことである。

非白人、非ヨーロッパ人である旧植民地からの移民を「イギリス人」として胎内に抱えることによって、「イギリスらしさ」自体が移民の経験や価値観をどのように内在化できるか、それが問題だというのである。

興味深いのは、ホールらが再構築を試みる「イギリスらしさ」が「白人性」を問わないことである。従来、「イギリスらしさ」という言葉で表現されるイギリス人のアイデンティティは、基本的に、「イギリス人」を「白人」として想像していた。しかしながら、非白人移民が定着した二〇世紀末、「イギリス人」に「白人性」を主張することはもはや不可能なのである。「オリンピックのナショナル・チームにはかならず黒い顔がいる」のだから……。ホールが鋭く指摘するように、「今やブラックであることはイギリス人のひとつの正常なあり方」なのである。

二〇世紀末のアイデンティティ論争は、「ブラックであること」の再構築を図ろうとするホールらに好機を提供したといえる。と同時に、新たに構築されるであろう「ブリティッシュ・ブラック」を内包することで、「イギリスらしさ」もまた、構築し直されることになる。「帝国の遺産」によって、「イギリス人」意識の変革は急務となったのである。

しかも、ここで言う「ブラック」には、西インド系、アフリカ系、アジア系など、イギリス国内の非白人移民すべてが含まれる。ホールは、オクスフォード大学に入学するためにジャマイカを離れるまで、自分を「ブラック」と意識することはなかったと語る。ジャマイカの祖母は一五種類の「ブラウン」の皮膚の色を見分けることができたというが、それを祖母は「ブラック」と呼んだわけではなかった。ホールは、大学入学と同時に、イギリスがブラウンとブラックとを同一視する世界であることを知ったのである。そのうえで、「ブラック」を核とするコミュニティの構築をめざしてきたホールだが、今直面しているのは「ブラック」内部に生まれつつあるいくつかの亀裂だ。とりわけ、イギリス社会にうまく居場所を確保した西インド系と、そうではないアジア系（インドやパキスタン、バングラデシュからの移民）との対立は深刻である。ホールが「ブリティッシュ・ブラック」という新しいアイデンティティの再構築をめざすのは、それが、複雑化する移民コミュニティ再生にとってプラスに作用するかもしれないとの期待があったからだろう。

しかしながら、問題はそれほど単純ではない。自分たちは何に忠実であるべきか——この問題を、二〇〇五年七月のロンドン同時爆破テロがさらに複雑化させた。パキスタン系移民二世でクリケットが大好きな「ごくふつうのイギリス人」と思われていた青年が、イギリス人を無差別に殺そうとしたのである。彼が忠実でありたいと願う対象がイギリスではなかったことが、「イギリス人」を苦しめ、「われわれイギリス人とは何か」という問いを改めて投げかけた。それは、単純な移民規制で解決できる問題ではない。

こうした状況に、ホールらが先鞭をつけた「イギリス再創造」プロジェクトはどのような可能性を拓いていくのだろうか。

おわりに――なぜ今われわれは「帝国」を語りたがるのか

帝国の氾濫

このところ、われわれの周辺には「帝国」という言葉があふれている。新聞や雑誌の見出しはもちろん、書店にならぶ本のタイトルにもそれは明らかだ。アントニオ・ネグリとマイケル・ハートの『帝国』、スティーヴン・ハウの『帝国』、ミッチェル・イグナティフの『軽い帝国』、藤原帰一の『デモクラシーの帝国』。人口学者のエマニュエル・トッドと社会学者のポール・ギルロイが各々の自著に掲げたタイトルは、奇《く》しくも『帝国以後』だった。分野を問わず、学問の世界にも「帝国」が闊歩《かっぽ》する。今われわれはなぜこんなにも「帝国」を語りたがるのだろうか。

今日の帝国論の多くは、現代版「帝国」である今のアメリカを意識したものだ。冷戦体制崩壊後、唯一の超大国となったアメリカを語るキーワードとして、「帝国」は一九九〇年代から国際政治の世界で頻繁《ひんぱん》に用いられるようになった。それを顕在化させたのが二〇〇一年九月一一日のアメリカ同時多発テロだった。この日付につきまとう記憶を媒介としながら、アフガニスタンやイラクでの戦争が傍証となって、アメリカを「帝国」として読み解く解釈は、それなりの説得力をもって各地で受けとめられているようにみえる。

このアメリカ「帝国」理解のなかで頻繁に引き合いに出されるのが、イギリスの帝国、大英帝国である。アメリカはそれに抵抗し、戦争をしかけてそこから離脱し、独立国家となった。以後、アメリカにとって大英帝国は、肯定・否定の両面においてつねに参照軸となってきた。『帝国ではなく共和国』（一九九九）の著者パトリック・ブキャナンは、自戒を込めて書いている。「今日のアメリカは、かつて大英帝国が歩んだのと同じ道を、同じ運命に向かって進みつつある。イギリスが二〇世紀を終えたやり方でアメリカが二一世紀を終えたくなければ、われわれは歴史の教訓に学ばねばならない」――こうして、「帝国」という言葉によって、過去と現在、そして未来もまた、いとも容易《たやす》く結びつけられてしまった。

こうした国際情勢と相まって、大英帝国が現代のグローバリズムの重要な前史であることも強調されるようになった。正式な領土をもたず、（よって）領土拡張ではなく、他国に対して圧倒的に優位な（軍事、経済、金融、文化上の）力関係から生じる影響力を広げながら、「自由、解放」を掲げて他国に干渉するというアメリカの手法が、かつて大英帝国がラテン・アメリカ諸国やオスマン・トルコ、中国など、政治的な独立国を「非公式の帝国」として傘下におさめた状況を連想させるからであろう。最近では、独立後のアメリカが中・西部へと拡大して大陸横断国家となっていった動き自体に、アメリカの「帝国的野心」を見ようとする向きすらある。

まさに、帝国は時代を超える、のである。

イギリス人の絆を取り戻すために

一方、帝国の「本家」イギリスでも、二〇世紀末から二一世紀初頭にかけて、これまでになく、社会全体に「帝国だった過去」への関心がよみがえった。帝国史の書き直しが進められ、メディアへの露出も増えた。歴史研究の成果が社会に還元されること自体は大歓迎だが、気になるのは、その過去を肯定的に評価しようとする姿勢が強く見受けられることである。「なぜわれわれにはいまだ帝国が必要なのか」（『オブザーバー』二〇〇二年四月七日）しかり、「われわれはもう謝罪しなくてもいい」（『BBCヒストリー・マガジン』二〇〇三年三月）しかり。

この動きの背後に、「イギリス人とは何か」というアイデンティティをめぐる論議がある。イングランドとの合同三〇〇周年となる二〇〇七年へのカウントダウンが進むなか、EU（ヨーロッパ連合）という「新しいヨーロッパ」の台頭は、スコットランドの人びとに「連合王国の一員であること」の意味とメリットを考え直す重要な機会となった。一九九九年に再び独自の議会を持ったスコットランドでは、独立を唱える民族党が勢いを増している。さらには、二〇〇五年七月のロンドン同時爆破テロの実行犯、パキスタン系イギリス人の青年が、同じ「イギリス人」を無差別に殺そうとした事実がイギリス社会の苦悩を深めた。「イギリス人」とはいったい何なのか。その一体感を取り戻すにはどうすればいいのか。アイデンティティ・クライシスのなかで浮上してきたのが、連合王国をつないだ確かな過去、大英帝国の存在であった。

ある失敗

二〇〇三年早々、イギリスのテレビ局チャンネル4は、六回シリーズで『帝国』という番組を放映した。そこでは、「イギリス人」が築いた帝国の貢献が次のように、余すところなく示された。イギリスの帝国支配が世界じゅうに議会制民主主義を根づかせた。インドでは、エリート校、大学、官僚、陸軍、メディアなどは、すべてイギリス・モデルである。自由貿易を通じてモノや人、資本の流動性をもたらし、奴隷制度を廃止して自由な労働力を創出した。郵便や海底ケーブルなど近代通信ネットワークを構築した。さらには最大の輸出品、英語が共通言語となった。小さな戦争はあったけれど、それとは比較にならないグローバルな平和を世界にもたらした――。だからこそ、番組監修にあたった歴史家ニオール・ファーガソンは、世界秩序の安定のためにはかつて大英帝国が果たした責務を遂行する必要があるとして、「現代の帝国」アメリカにもっと「帝国的」であることを求めたのである。

二〇〇四年五月初旬、ワシントンの外交問題評議会（雑誌『フォーリン・アフェアーズ』で知られる国際問題の専門組織）に招かれた彼は、「イラク戦争はアメリカ帝国への第一歩にすぎない」と話しはじめた。そんな彼に、聴衆（保守・自由両陣営の政治家、シンクタンクやジャーナリストら）はまず冷笑し、ついで激しいブーイングを送ったのである。

その最大の理由は、この委員会の直前に全世界をかけめぐったニュースにあった。イラクの首都バグダードの西、アブグレイブ刑務所におけるイラク人捕虜に対するアメリカ軍（そしてイギリス軍）の虐待が暴露されたのである。内部告発で発覚したこの事件の第一報をアメリカのCBSが報道したのは、〇四年四月二八日のこと。その三日後には、雑誌『ニューヨーカー』がアメリカ国防総省の内部調査報告書を掲載し、虐待が組織ぐるみであったことを暴いた。報告書は全六〇〇〇頁にもわたって、おぞましくも残虐な捕虜への虐待（性的なものを含む）を綴っていた。マスコミへの公開はわずか五三頁だったが、それでも「帝国は良きもの」というファーガソンの帝国論から説得力を奪うには十分であった。テレビやインターネット上で公開された数枚の写真が、この刑務所でサダム・フセイン元大統領がおこなった反政府勢力への拷問や処刑の記憶を（一時的にせよ）忘れさせてしまうほど、「帝国」は愚かさを見せつけたのである。

このタイミングでの講演。しかも、暴露された捕虜虐待に対してコメントを求められたファーガソンはこう答えた。「アブグレイブ刑務所の兵士や軍事警察の警官がイラク人捕虜にしたことは、新兵に対するアメリカ軍の通常の扱いと大差はない」――講演は打ち切られた。

帝国を語るということ

今なおイギリス社会で続くアイデンティティ論議だが、それはイギリス人にとって初めての経験ではない。この島国が海の彼方に活路を見いだして以来、帝国再編のプロセスで幾度となく繰り返されてきた作業である。アメリカ喪失の時、アフリカやインドを胎内に収めた時、白人入植地である自治領が自立傾向を強めた時、非白人植民地の独立が相次いだ時。一九九七年の香港で英国旗が下ろされた時にも、「帝国喪失によってわれわれは何を失うのか」が問われた。海の向こうの出来事は、イギリス人に「イギリスらしさ」の修正を絶えず迫ってきたのである。言い換えれば、帝国の中心にいる「イギリス人」は、植民地で起こった出来事を手元の鏡に映しながら、いわば彼らを「他者」として、「自己」像を結んできたといえる。

このことは、植民地の実態や統治の現実とは別に、大英帝国が想像やイメージの問題でもあったことを気づかせてくれる。手元の鏡に何がどう映るのか、それは鏡を持つ人次第だ。帝国だった過去を「イギリス人の経験」として捉える意味はここにある。掲げた鏡に何を見て何を考えたのか、その経験の詳細に目を向け、耳を傾けて具体的に語ること、そしてその経験の意味を、同じ帝国が提供した（であろう）別の経験と比較しながら、その違いを考えること。今のわれわれにできることはそれくらいのものだろう。そして、それがもっとも大切であることは、奴隷貿易の過去をめぐる昨今の「謝罪」状況が示してくれる。異なる経験を対話させてみれば、イギリスを「奴隷貿易を廃止した博愛主義の帝国」とのみ語ることはもはやできない。だからこそ、二〇〇六年一一月末、ブレア首相はこの国が果たした奴隷貿易の過去への「遺憾の意」を口にしたのだった。だが、何に対する「遺憾の意」なのか。国民の困惑は深まるばかりだ。

問題はどこから何をどのように語るかなのだが、それは大英帝国のみならず、あらゆる帝国に共通する問題である。この同じ課題を共有しているがゆえに、帝国を比較し対話する意味も、一国史では捉えきれないものを帝国史が捉える可能性も生まれる。その対話のなかでこそ、帝国を超える試みもはじまると、私は信じている。

あとがき

インターネットの検索サイトに「ヴィクトリア女王（Queen Victoria）」「像（statue）」の三つの英単語を入れてみる。すると、瞬時に世界各地の地名が浮かんでくる。「像」を町や通り、公園に代えても同じことだ。世界じゅうにヴィクトリア女王の名が刻み込まれている。それが、彼女の治世に全盛期を迎えた大英帝国のひとつのかたちである。

そんな「帝国の物語」をどう書けばいいのだろうか。すでに大英帝国には数えきれない研究蓄積があり、今なお新しい成果が重ねられている。とりわけ、「帝国」という言葉が氾濫《はんらん》する昨今、帝国史研究は勢いを増すばかり。そのすべてを四〇〇頁ほどの本にまとめることなどできるはずもない。では私は何を書くべきか……。

「帝国という経験」なる発想を後押ししたのは、現代イギリスを悩ませ続けるアイデンティティ・クライシスだった。自分が何者かを決めるのはその人の経験である。だからこそ、自分が何者かの意識は固定したものではなく、流動的である。そこに、島国から帝国への拡大は何をどう刻印したのだろうか。少し何かが見えてきたところに、イラク戦争の是非をめぐって溝を深めるブレア首相とイギリス国民の姿が重なった。さらには、二〇〇五年七月のロンドン同時爆破テロの衝撃——帝国だった過去に迷いながら、それでもそこに失った何かを見いだそうとする今のイギリスが、私の「帝国の物語」に輪郭を与えてくれたといえば、かっこよすぎるだろうか。

こうして紡ぎはじめた「帝国の物語」のなかで、私も今のイギリスがこだわる「イギリスらしさ」にこだわってみた。女王、紅茶、万博、大英博物館、ボーイスカウト……。「アメリカを手放す経験」も、奴隷貿易廃止運動も、そしてあれほど多くのレディ・トラベラーが世界各地に出ていったのも、大英帝国ならではの出来事だろう。連合王国の今の「亀裂」を意識して、アメリカ喪失と連合王国再編との関係も考えさせられた。一九世紀後半から二〇世紀初頭にかけて（ちょうど明治日本の時代）を専門とする私には、植民地を手放す二〇世紀の経験をどう描くかが難問だったが、それもまた、イラク戦争後の混乱とアイデンティティ論議が背中を押すかたちとなった。

本書の校正中におもしろいニュースが飛びこんできた。「イギリス人とは何か」の論議を打開する先頭に学校教育こそが立たねばならないとして、イギリス教育相ジョンソンが、一六歳以下の生徒に「イギリスらしさ」を教えることを義務化する考えを明らかにしたという。ごく最近まで全国共通のカリキュラムもなかったイギリスが――。学校で学ぶ価値観が「国のかたち」を決めるという教育相の発言は、どこかの国の愛国心論争を彷彿《ほうふつ》とさせる。いずこも迷いは同じなのか。

草稿段階で助言をくれた友人たちの名を逐一あげることは控えるが、帝国を見る目を鍛えてくれた多くの先輩や友人、そして後輩たちに心から感謝している。彼らを含めて、たくさんの「帝国の物語」とその書き手との対話がこれからの私の大切な仕事である。そして、本書を手にした読者が、私の「帝国の物語」と対話したいと感じてくれたならば、これ以上うれしいことはない。

二〇〇七年一月

井野瀬久美惠

学術文庫版へのあとがき

二〇〇七年、「なぜ今われわれは『帝国』を語りたがるのか」という問いで本書「おわりに」を締めくくってから一〇年が過ぎた。この問いのゆくえを含めて、まずはこの一〇年をふり返ってみたい。

アイデンティティ・クライシスからブレグジットへ

本書で述べたように、「帝国だった過去」は、連合王国の再編に絡みつきながら、「イギリス国民」の創造、再創造に常に寄り添ってきた。とりわけ、本書を執筆した二一世紀初頭、イギリスは国民としてのアイデンティティの危機の真っただ中にあった。「自分はいったい何者か」が問われるなか、「統合されない連合王国」に暮らす人びとを緩やかに結びつけていたのが、この島国が「帝国だった過去」にほかならない。本書第六章、ヴィクトリア女王の即位五〇周年や六〇周年記念式典で見たように、かつてイギリス王室に新たな「伝統」を与えたのも、帝国との結びつきであった。今のイギリスが多民族・多文化・多宗教に揺れつづけているのは、この過去ゆえである。

「自分はいったい何者か」の答えを、人は自らの経験に求める。そのとき、過去は現在を映し出す「鏡」となる。そこに何を映すかは、鏡を持つ今の自分次第。取り巻く現実が変われば、過去を見る目も変わってくる。だから、アイデンティティは固定的なものではなく、流動的である。

近代以降のイギリスの場合、人びとは植民地の出来事を手元の鏡に映しながら、それを「他者」として「自己像」を結んできた。アメリカ喪失によって移民の流れが変わるときも、南アフリカ戦争に熱狂したときも、人びとはこの双方向性のなかに「自分は何者か」の答えを模索した。だからこそ、植民地の実態や帝国統治の現実だけではなく、それをもとに紡ぎ出される想像の帝国もまた、「大英帝国という経験」の重要な要素でありつづけてきた。

執筆から一〇年のうちに、国民としての自己像が描きづらい連合王国内部の分断状況は、より鮮明になっている。二〇一四年九月のスコットランド住民投票では、僅差で連合王国の分裂は食い止められたが、二〇一六年六月のヨーロッパ連合（EU）離脱の賛否を問う国民投票では、（これまた）僅差ながらも離脱賛成が上回り、世界に衝撃を与えた。

と同時に、「ブレグジット（Brexit）」に向かうイギリス社会内部で進む新たな「階級対立」も鮮明になりつつある。

たとえば、二一世紀に入って人口に膾炙《かいしゃ》した「チャヴ（chav）」という言葉をご存じだろうか。労働者階級に対する蔑称、差別用語である。彼らを嫌悪する「チャヴヘイト」なる現象がイギリスで広まったのも、この一〇年余りのことだ。この現象を分析したオーウェン・ジョーンズの著作、その名も*Chavs*の副題は、*The Demonization of the Working Class*。

demon（悪魔、鬼）から派生したdemonization（極悪非道の悪者として示すこと）を掲げて、エリートや中産階級の労働者階級に対する嫌悪の深さを表現した。二〇一一年に刊行され、ベストセラーとなった同書からは、分断と亀裂、誤解と情報操作に満ちあふれ、「ポピュリズム」という言葉では回収しきれないイギリス格差社会の今が伝わってくる。

薄れゆく？「帝国だった過去」

アイデンティティの危機の果てのブレグジット――ＥＵ離脱交渉に四苦八苦する今のイギリスで、「帝国だった過去」はどのような意味を持っているのだろうか。

二〇〇七年以降、この過去との関わりで加筆すべき出来事はブレグジットだけではない。二〇一三年の王位継承法改正により、男子優先から男女問わず長子優先へと、王権におけるジェンダー平等が達成された。本書執筆時には先が見えなかったスリランカの内戦は、二〇〇九年五月、「タミル・イーラム解放の虎」とスリランカ政府との間で終結宣言が出された。もっとも、二八万人を超える国内避難民の問題に加えて、政府や軍、警察によるタミルへの暴力や迫害の現状はさほど変わっていない。イラク戦争の「口実」となった大量破壊兵器はけっきょく見つからず、二〇一一年一二月、アメリカ・オバマ大統領による米軍完全撤収で、イラク戦争に正式な終結宣言が出された。この年、中東で起こった市民による非暴力の民主化運動、「アラブの春」の行き着く先は、未だ不透明である。

多文化社会イギリスの再定義を試みたスチュアート・ホールは二〇一四年に亡くなり、同じ年、すなわち第一次世界大戦勃発一〇〇年目には、サイクス＝ピコ協定（一九一六年）への反発を「口実」として、過激派組織「ＩＳ（イスラム国）」が生まれた。それに与《くみ》するイスラム過激派のテロ行為は世界各地に拡散し、シリア難民が押し寄せるヨーロッパ各国では移民排斥の動きが顕著である。二〇一〇年前後から、それまでの極右政党「イギリス国民党（ＢＮＰ）」に代わり、ＥＵ離脱を叫ぶ「連合王国独立党（ＵＫＩＰ）」が急速に台頭し、ヨーロッパ議会選挙で国内第一党となったのも二〇一四年のことであった。

こうした動きのなか、「帝国を語りたがる」空気はイギリス内外で変化し、国民のアイデンティティをつなぐどころか、分断の一助となっているように思われる。「ＥＵの外、世界はわれわれのもの、コモンウェルスはその華」と謳うＵＫＩＰは、ブレグジット支持の根底にある帝国への郷愁を露わにし、それに対してＥＵ残留派は強い抵抗を示した。ブレグジットも移民排斥も、テロを含む暴力に満ちた今の世界も、「帝国だった過去」に遡って考える必要のない「現代の問題」と見る向きもある。ならば、連合王国を構成する多様な「国民」にとって、あるいはブレグジットに冷ややかな目を向ける旧植民地、とりわけアフリカやカリブ海域の人びとにとっても、「大英帝国という経験」は薄れゆく過去の記憶でしかないのだろうか。

「戦争国家」が鳴らす「知の軍事化」への警鐘

どうもそうではないようだ。その大きな理由は、この一〇年間に進んだ「二〇世紀の歴史化」にある。巻末の参考文献に追加したイギリスとその帝国関連の著作を参照いただきたい。

「二〇世紀の歴史化」は、二つの世界大戦の記憶――二〇一四年に勃発一〇〇年を迎えた第一次世界大戦（一九一四〜一九一八）と二〇一五年に終結七〇年を迎えた第二次世界大戦（一九三九〜一九四五）――を大きな駆動力としながら、「帝国だった過去」にも新たなメスを入れた。第一次世界大戦については、顕彰行事とともに、多国籍の兵士から成る西部戦線の実態を含めて、新たな事実が続々と掘り起こされた。この戦争が大きな特徴とした「総動員体制」の実態と機能、その深刻な顛末も、多面的、多層的に明らかにされつつある。特に、第一次世界大戦で本格的に展開された科学・技術の軍事利用が、その後国家権力との関係をさらに強め、第二次世界大戦では戦場以外でも多くの犠牲者をもたらしたことは、開発に当たった科学者への断罪とともに、テレビのドキュメンタリー番組で幾度も取り上げられた。

イギリスは二つの世界大戦ともに帝国総動員体制で臨んだが、この体制が何を残したかについても、従来とは異なる目が向けられている。たとえば、これまで衰退に悩む福祉国家(welfare state) として語られてきた二〇世紀のイギリスが、産官学連携で軍事・科学技術開発に突き進んだ戦争国家 (warfare state) でもあった事実が暴かれたことで、「イギリスはドイツとは違う」というイギリス人の自負はこっぱみじんに吹き飛んでしまった。科学・技術の総動員体制は、アメリカの軍事的傘のもとで（見えると見えざるとにかかわらず）進められつつある現代日本の「知の軍事化」とも無関係ではない。

軍事的論理をはらむ巨大科学の暴走に警鐘を鳴らすのは、「3・11」という経験を持つ日本の使命であろう。それは、歴史学が担うべき役どころでもあるはずだ。だが、歴史学を含む人文学や社会科学は、「社会的ニーズ（役に立つ・立たない）」の点からグローバルな圧力に晒され、科学・技術との対話はなかなかに進まない。

遺骨が呼び覚ます「帝国だった過去」

その一方で、本書第四章で見たように、DNA鑑定技術の進歩は、奴隷制度をめぐる「大英帝国という経験」に大きな影響を与えた。今では、DNA簡易キット一式あれば、自分の祖先がアフリカのどの港から何という名の奴隷船に乗せられ、西インド諸島のどの港にいつ到着したのかまでわかるという。それは、自分たちの意に反して勝手に、あるいは強制的に奪われた祖先の遺骨や遺品、民具などの文化的遺産の返還を求める世界各地の運動とも共鳴しながら、声なき声をすくい上げる動きを後押ししている。

また、博物学的情熱から世界各地のモノや事物を追いかけ、入手したコレクションをつぎつぎと運び入れたヨーロッパ諸国には、それらを収め、展示する場がたくさん存在する。イギリス各地の博物館や大学にも、今なお、南アフリカのズールー、ケニアのキクユ、オーストラリアのアボリジニなど、「帝国の過去」と関わる多くの遺骨や身体の一部が所蔵されている。「科学的研究・調査」の対象として、何の疑問も抱かれず「そこ」に在ったこれら遺骨や身体が問題視されるようになったのは、ごく最近のことでしかない。たとえば、南アフリカ政府とフランス政府の交渉の末、「ホッテントット・ヴィーナス」として一九世紀初頭のロンドンやパリで見せ物にされたコイコイ（南アフリカ先住民）の女性、サラ・バールトマンの身体（の一部や骨格標本）が故郷東ケープの村に返還、埋葬されたのは、二〇〇二年のことであった。大英博物館と自然史博物館がアボリジニの遺骨返還に同意したのは二〇〇六年であり、トレス海峡諸島（オーストラリア大陸とニューギニア島の間）の先住民族に遺骨が返還されたのは二〇一一年であった。ベルリンに運ばれたアイヌの遺骨が一三八年ぶりに返還されたばかりの日本にとっても無関心ではいられない出来事が続いている。

こうした動きを見ていると、「帝国だった過去」があちこちで覚醒しつつあるように思われてならない。しかも、その過去は、亡霊のように怖がってすむものではない。奴隷だった祖先の補償問題は現実に進められているし、奪われた遺骨や身体の返還は今後ますます、外交手段として「政治利用」されるだろう。そのいずれにも科学・技術が関わっている以上、過去との対話に科学者や技術者を引き込むことは、われわれ歴史研究者の責務でもある。もっとも、それはあとがきで論じ尽くせるような話ではない。「帝国だった過去」が二一世紀の今に突きつける課題については、私自身、手元の鏡を磨きつつ、今後じっくり考えていきたいと思っている。

文庫化により、新しい読者の皆さんとの対話が始まることを願いつつ――。

二〇一七年　一一月

井野瀬久美惠

・大田信良『帝国の文化とリベラル・イングランド――戦間期イギリスのモダニティ』慶應義塾大学出版会　2010年
・井野瀬久美惠編著『イギリス文化史』昭和堂　2010年（特に第三部）
・パニコス・パナイー『近現代イギリス移民の歴史――寛容と排除に揺れた二〇〇年の歩み』浜井祐三子・溝上宏美訳　人文書院　2016年
・デービッド・エジャトン『戦争国家イギリス――反衰退・非福祉の現代史』坂出健監訳　名古屋大学出版会　2017年
・オーウェン・ジョーンズ『チャヴ――弱者を敵視する社会』依田卓巳訳　海と月社　2017年
▼帝国を動かす知と科学
・小川眞里子『病原菌と国家――ヴィクトリア時代の衛生・科学・政治』名古屋大学出版会　2016年
・バーバラ・チェイス＝リボウ『ホッテントット・ヴィーナス――ある物語』井野瀬久美惠監訳　法政大学出版会　2012年
・キース・ブレッケンリッジ『生体認証国家――グローバルな監視政治と南アフリカの近現代』堀内隆行訳　岩波書店　2017年
・アン・ローラ・ストーラー『肉体の知識と帝国の権力――人種と植民地支配における親密なるもの』永渕康之・水谷智・吉田信訳　以文社　2010年
▼第一次世界大戦100周年と関わる以下の著作は大英帝国の相対化としても興味深い。
・山室信一他編『現代の起点 第一次世界大戦』全4巻　岩波書店　2014年

※なお、本文中に挿入した図版の出典についてはキャプションでそれぞれ示してあるが、本書で既出の場合は、著(編)者名および出版年のみをあげている。

政大学出版局　2005年
・阿部重夫『イラク建国――「不可能な国家」の原点』中公新書　2004年
▼以下は脱植民地化する20世紀のイギリスにつきまとう帝国の影を考えさせる。
・木畑洋一『支配の代償――英帝国の崩壊と「帝国意識」』東京大学出版会　1987年
・佐々木雄太『イギリス帝国とスエズ戦争――植民地主義・ナショナリズム・冷戦』名古屋大学出版会　1997年
・後藤春美『アヘンとイギリス帝国』山川出版社　2005年
・浜井祐三子『イギリスにおけるマイノリティの表象』三元社　2004年
・スチュアート・ホール他『カルチュラル・アイデンティティの諸問題――誰がアイデンティティを必要とするのか？』宇波彰他訳　大村書店　2001年
▼下記３冊は明治日本とイギリスとの関係に広がりを与えてくれる。
・松村正義『ポーツマスへの道――黄禍論とヨーロッパの末松謙澄』原書房　1987年
・川本皓嗣・松村昌家編『ヴィクトリア朝英国と東アジア』思文閣出版　2006年
・オリーヴ・チェックランド『明治日本とイギリス――出会い・技術移転・ネットワークの形成』杉山忠平・玉置紀夫訳　法政大学出版局　1996年

学術文庫版の追加

本書の原本刊行後に発表された文献のなかから、「学術文庫版へのあとがき」と関わって特に注目すべき著作を、以下３つのカテゴリーで紹介しておく。

▼帝国解体と関わる「20世紀の歴史化」を多角的に考える。
・木畑洋一『二〇世紀の歴史』岩波新書　2014年
・後藤春美『国際主義との格闘――日本、国際連盟、イギリス帝国』中公叢書　2016年
・長谷川貴彦『イギリス現代史』岩波新書　2017年
・武藤浩史他編『愛と戦いのイギリス文化史　1900-1950年』慶應義塾大学出版会　2007年
・川端康雄他編『愛と戦いのイギリス文化史　1951-2010年』慶應義塾大学出版会　2011年

・ヘンリー・メイヒュー（ジョン・キャニング編）『ロンドン路地裏の生活誌——ヴィクトリア時代』上下　植松靖夫訳　原書房　1992年
▼大英帝国全体の秩序を支えた王立海軍と外交については以下が役立つ。
・田所昌幸編『ロイヤル・ネイヴィーとパクス・ブリタニカ』有斐閣　2006年

帝国と女性（第８章）

▼女性の視点から従来の帝国史を考え直すには下記が参考になる。
・D・ミドルトン『世界を旅した女性たち——ヴィクトリア朝レディ・トラベラー物語』佐藤知津子訳　八坂書房　2002年
・マーガレット・シュトローベル『女たちは帝国を破壊したのか』井野瀬久美恵訳・解題　知泉書館　2003年
・川本静子『ガヴァネス（女家庭教師）——ヴィクトリア時代の〈余った女〉たち』中公新書　1994年
・井野瀬久美恵『女たちの大英帝国』講談社現代新書　1998年
・井野瀬久美恵『植民地経験のゆくえ——アリス・グリーンのサロンと世紀転換期の大英帝国』人文書院　2004年
▼日本語の伝記がない２人についての英語文献は次の通り。
・Janet & Geoff Benge, *Mary Slessor : Forward into Calabar* (Christian Heroes: Then & Now), Seattle:YWAM, 1999.
・Jane Robinson, *Mary Seacole: The Most Famous Black Woman of the Victorian Age*, New York: Carroll & Graf, 2004.

大英帝国の衰退と現代（第９、10章）

▼ボーア戦争を概観するには下記が役立つ。
・岡倉登志『ボーア戦争』山川出版社　2003年
▼ボーイスカウト運動について歴史的文脈を重視した分析は以下を参照。
・ウィリアム・ヒルコート『ベーデン‐パウエル——英雄の２つの生涯』安斎忠恭監訳　産業調査会　1992年
・井野瀬久美恵『子どもたちの大英帝国——世紀末、フーリガン登場』中公新書　1992年
▼下記３冊はガートルード・ベルの人生をイラク建国と結びつけて綴っている。
・ジャネット・ウォラック『砂漠の女王——イラク建国の母ガートルード・ベルの生涯』内田優香訳　ソニーマガジンズ　2006年
・田隅恒生『荒野に立つ貴婦人——ガートルード・ベルの生涯と業績』法

年
・R・D・オールティック『ロンドンの見世物』全3巻　小池滋監訳　国書刊行会　1989-1990年
・L・C・B・シーマン『ヴィクトリア時代のロンドン』社本時子・三ツ星堅三訳　創元社　1987年
・ピアーズ・ブレンドン『トマス・クック物語――近代ツーリズムの創始者』石井昭夫訳　中央公論社　1995年
・富山太佳夫『シャーロック・ホームズの世紀末』青土社　1993年
・井野瀬久美惠『大英帝国はミュージック・ホールから』朝日選書　1990年
▼下記はゴードン将軍の同時代人で、エジプトのイスラム改革とアイルランド自治に関心を寄せたヴィクトリア朝人の貴重な記録である。
・W・S・ブラント『ハルツームのゴードン――同時代人の証言』栗田禎子訳　リブロポート　1983年

ヴィクトリア女王（第6章）
▼以下の3冊をあわせて読むとヴィクトリア女王について立体的な理解が得られる。
・川本静子・松村昌家編『ヴィクトリア女王――ジェンダー・王権・表象』ミネルヴァ書房　2006年
・スタンリー・ワイントラウブ『ヴィクトリア女王』上下　平岡緑訳　中央公論社 1993年
・古賀秀男『キャロライン王妃事件――〈虐げられたイギリス王妃〉の生涯をとらえ直す』人文書院　2006年
▼サラ・フォーブズ・ボネッタについては以下の翻訳が児童書として出されている。
・ウォルター・ディーン・マイヤーズ『サラの旅路――ヴィクトリア時代を生きたアフリカの王女』宮坂宏美訳　小峰書店　2000年
▼以下は「アフリカ人の王に聖書を贈るヴィクトリア女王」というイメージについての再考である。
・井野瀬久美惠『黒人王、白人王に謁見す――ある絵画のなかの大英帝国』山川出版社　2002年
▼ヴィクトリア女王の時代の全体像をつかむには以下が参考になる。
・G・M・ヤング『ある時代の肖像――ヴィクトリア朝イングランド』松村昌家・村岡健次訳　ミネルヴァ書房　2006年
・高橋裕子・高橋達史『ヴィクトリア朝万華鏡』新潮社　1993年

▼下記は唯一成功した奴隷革命といわれるハイチ革命をフランス革命と絡めて分析している。彼らが決起した８月23日はユネスコによって国際記念日に指定された。

・Ｃ・Ｌ・Ｒ・ジェームズ『ブラック・ジャコバン——トゥサン=ルヴェルチュールとハイチ革命』（増補新版）青木芳夫監訳　大村書店　2002年

▼下記はいずれも最新資料を駆使して（ブラック・ロイヤリストを含めた）奴隷の主体性に注目しながら、奴隷貿易とその記憶をドキュメンタリー風に追っている。

・Adam Hochschild, *Bury the Chains: Prophets and Rebels in the Fight to Free an Empire's Slaves,* New York: Mariner Books, 2005.

・Simon Schama, *Rough Crossings: Britain, the Slaves and the American Revolution,* London: BBC Books, 2005.

・Elizabeth Kowaleski Wallace, *The British Slave Trade & Public Memory,* New York: Columbia University Press, 2006.

▼1788年のブリストルを舞台とするドラマの原作で、ビデオもある。

・Philippa Gregory, *A Respectable Trade,* Touchstone Books, 2007(reprint).

▼本書では触れていないが、イスラム世界のイギリス人奴隷については下記を参照。

・ジャイルズ・ミルトン『奴隷になったイギリス人の物語——イスラムに囚われた100万人の白人奴隷』仙名紀訳　アスペクト　2006年

モノと楽しみ（第５、７章）

▼大英帝国が生み出した世界商品については以下を参照されたい。

・角山榮『茶の世界史——緑茶の文化と紅茶の社会』中公新書　1980年

・臼井隆一郎『コーヒーが廻り世界史が廻る』中公新書　1992年

・川北稔『砂糖の世界史』岩波ジュニア新書　1996年

・シドニー・Ｗ・ミンツ『甘さと権力』川北稔・和田光弘訳　平凡社　1988年

・和田光弘『タバコが語る世界史』山川出版社　2004年

▼帝国からのモノと富によって様変わりしたイギリス人の生活や娯楽、世界観を考えるには以下が役立つ。

・松村昌家『水晶宮物語——ロンドン万国博覧会1851』リブロポート　1986年

・リン・バーバー『博物学の黄金時代』高山宏訳　国書刊行会　1995年

・川島昭夫『植物と市民の文化』山川出版社（世界史リブレット）1999

アメリカ喪失と連合王国再編（第１、２章）

▼「イギリス人」意識の歴史的起源を膨大な文書や図像から読み解き、現代イギリスのアイデンティティ論議の火付け役となったベストセラー。

・リンダ・コリー『イギリス国民の誕生』川北稔監訳　名古屋大学出版会　2000年

▼アメリカ独立革命にいたるイギリス帝国と連合王国の文化・思想関係が理解できる。

・P・J・マーシャル&グリンデュア・ウィリアムズ『野蛮の博物誌——18世紀イギリスが見た世界』大久保桂子訳　平凡社　1989年

・J・G・A・ポーコック『徳・商業・歴史』田中秀夫訳　みすず書房　1993年

・デイヴィッド・アーミテイジ『帝国の誕生——ブリテン帝国のイデオロギー的起源』平田雅博他訳　日本経済評論社　2005年

▼下記は18世紀の戦争遂行を可能にした財政軍事国家の誕生とその意義を分析し、重税と集権化を備えた国家概念を提示して、従来の歴史像を大きく変えた。

・ジョン・ブリュア『財政＝軍事国家の衝撃——戦争・カネ・イギリス国家、1688-1783』大久保桂子訳　名古屋大学出版会　2003年

▼独立戦争をイギリス側の視点からわかりやすく描いている。

・友清理士『アメリカ独立戦争』上下　学研M文庫　2001年

▼「もっとも忠実なる反乱者」という副題がフローラ・マクドナルドの人生を見事に言い当てている。日本でほとんど知られていない彼女の人生を読みやすく綴っている。

・Hugh Douglas, *Flora MacDonald: The Most Loyal Rebel*, Stroud (Gloucestershire): Sutton Publishing, 2003.

奴隷貿易とその記憶（第４章）

▼大西洋奴隷貿易全体の見取り図を提示し、その顚末《てんまつ》の理解を得るには下記を参照。

・エリック・ウィリアムズ『資本主義と奴隷制——経済史から見た黒人奴隷制の発生と崩壊』山本伸監訳　明石書店　2004年

・池本幸三他『近代世界と奴隷制——大西洋システムの中で』人文書院　1995年

・平田雅博『内なる帝国・内なる他者——在英黒人の歴史』晃洋書房　2004年

Britain and the Empire, 1660-1840, Cambridge UP, 2004.
・秋田茂・木村和男・佐々木雄太・北川勝彦・木畑洋一編『イギリス帝国と20世紀』全５巻　ミネルヴァ書房　2004〜2009年

帝国の地域と移民

▼本書では十分に触れられなかった諸地域についての見方や概観が得られる。

・リチャード・キレーン『図説・スコットランドの歴史』岩井淳・井藤早織訳　彩流社　2002年
・波多野裕造『物語 アイルランドの歴史』中公新書　1994年
・木村和男『カヌーとビーヴァーの帝国――カナダの毛皮交易』山川出版社　2002年
・木村和男『カナダ歴史紀行』筑摩書房　1995年
・藤川隆男『オーストラリア歴史の旅』朝日選書　1990年
・沢井淳弘『ニュージーランド植民の歴史――イギリス帝国史の一環として』昭和堂　2003年
・吉岡昭彦『インドとイギリス』岩波新書　1975年
・加藤祐三『イギリスとアジア』岩波新書　1980年
・浜渦哲雄『英国紳士の植民地統治――インド高等文官への道』中公新書　1991年
・本田毅彦『インド植民地官僚――大英帝国の超エリートたち』講談社選書メチエ　2001年
・水野祥子『イギリス帝国からみる環境史――インド支配と森林保護』岩波書店　2006年
・宮本正興・松田素二編『新書アフリカ史』講談社現代新書　1997年

▼移民関係

・山田史郎他『移民』（近世ヨーロッパの探究①）ミネルヴァ書房　1998年
・川北稔『民衆の大英帝国――近世イギリス社会とアメリカ移民』岩波書店　1990年
・カーピー・ミラー&ポール・ワグナー『アイルランドからアメリカへ――700万アイルランド人移民の物語』茂木健訳　東京創元社　1998年

※じゃがいも飢饉を背景に、農場と家族を守ろうとする４人兄弟がたどる４つの顚末《てんまつ》にアイルランドの運命を重ねたＤＶＤ: *The Hanging Gale,* 1995も観てほしい。

参考文献

大英帝国の経済、制度、国際関係などについてはすでに多くの業績があるので、ここでは主に、文化を中心とした読みやすい邦語文献を紹介する。

概説・全般

▼下記2冊は大英帝国の全体像をつかむのに役立つ。

・ジャン・モリス『パックス・ブリタニカ――大英帝国最盛期の群像』上下　椋田直子訳　講談社　2006年

・川北稔・木畑洋一編『イギリスの歴史――帝国＝コモンウェルスのあゆみ』有斐閣アルマ　2000年

▼下記3冊はいずれも、文化的視点から帝国を見る目を提示していて興味深い。

・エドワード・サイード『文化と帝国主義』全2巻　大橋洋一訳　みすず書房　1998-2001年

・デヴィッド・キャナダイン『虚飾の帝国――オリエンタリズムからオーナメンタリズムへ』平田雅博・細川道久訳　日本経済評論社　2004年

・正木恒夫『植民地幻想』みすず書房　1995年

▼下記はイギリス資本主義の本質が非工業的性格にあるとして、シティ（ロンドン）の金融・サービス業の勃興に注目し、帝国の経済に新しい見方を示している。

・P・J・ケイン＆A・G・ホプキンス『ジェントルマン資本主義の帝国』I、II　竹内幸雄他訳　名古屋大学出版会　1997年

▼下記2冊は従来のヨーロッパ帝国主義研究とその手法をわかりやすく整理している。

・アンドリュー・ポーター『帝国主義』福井憲彦訳　岩波書店　2006年

・歴史学研究会編『帝国への新たな視座――歴史研究の地平から』青木書店　2005年

▼本格的な大英帝国史研究としては以下がある。なお、オクスフォード大学版『大英帝国史』については、白人男性中心だとの批判から、ジェンダー、黒人の経験、アイルランド、伝道といったテーマについて続編（Companion Series）が刊行されている。

・William Roger Louis (general editor), *The Oxford History of the British Empire*, 5 vols. Oxford UP, 1998-99.

・Kathleen Wilson(ed.), *A New Imperial History: Culture, Identity and Modernity in*

西暦	大英帝国関連	日本および世界
1958	ノッティングヒル暴動起こる	
1960	ナイジェリアと英領ソマリランド（現ソマリア）が独立	アフリカの年（17の植民地が独立）
1961	南アフリカ共和国成立。シエラレオネ独立	
1962	連邦移民法制定（旧植民地からの自由な入国の終焉）。ジャマイカ独立	キューバ危機
1963	ケニア独立	1965年、ヴェトナム戦争、北部へ拡大（～73）
1969	北アイルランド紛争始まる	1967年、EC発足
1973	ECに正式加盟	1971年、印パ戦争
1979	サッチャー保守党内閣成立（～90）	1980年、ジンバブウェ独立
1982	フォークランド戦争起こる	
1990	メイジャー保守党内閣成立（～97）	1989年、ベルリンの壁崩壊
1991	湾岸戦争に多国籍軍として参戦	ユーゴ内戦（～95） 1993年、EU発足
1997	ブレア労働党内閣成立。香港返還。スコットランド議会とウェールズ議会の開設に関する国民投票（賛成多数）。ダイアナ元皇太子妃、事故死	1994年、南アフリカでネルソン・マンデラ大統領就任。ルワンダ内戦激化
1998	北アイルランド和平合意	
1999	オーストラリアの国民投票で立憲君主が選択される。北アイルランドで自治政府発足。ウェールズとスコットランドで地方議会発足	欧州単一通貨ユーロ誕生。ユーゴスラヴィアでコソボ紛争
2003	イラク戦争に参戦	2001年、アメリカで同時多発テロ
2005	ロンドンで同時爆破テロ事件起こる	
2011	ウィリアム王子とキャサリンの結婚	2008年、リーマン危機
2012	エリザベス女王在位60周年。ロンドン五輪	2011年、中東で民主化運動（アラブの春）
2013	王位継承法改正（男子優先から性別を問わず長子優先へ）	2014年、ISのテロ多発。シリア難民深刻化
2014	スコットランド独立の是非を問う住民投票	
2016	EU離脱の是非を問う国民投票	トランプ米大統領当選

西暦	大英帝国関連	日本および世界
	ットサルでの集会における無差別発砲。新外国人法制定	
1920	アイルランド統治法制定。イラクならびにパレスチナの委任統治領化	国際連盟発足
1921	カイロ会談。イラク王国樹立。英・アイルランド条約調印	ワシントン軍縮会議(〜22)
1922	アイルランド自由国成立	ソ連邦成立
1926	帝国会議、バルフォア報告書を採択	1923年、関東大震災
1930	インドでガンジーによる「塩の行進」開始	1929年、世界恐慌
1931	ウェストミンスタ憲章布告	満州事変
1932	オタワ帝国経済会議開催。帝国特恵(関税)制度を確立。イラク王国独立承認	1933年、ドイツでヒトラー政権成立。日本が国際連盟を脱退
1936	エドワード8世、「王冠をかけた恋」で退位。王弟ジョージ6世即位	スペイン内乱
1937	アイルランド憲法成立(国名をエールへ)	盧溝橋事件
1939	第二次世界大戦始まる(〜45)	
1941	チャーチル、ローズヴェルト米大統領と大西洋憲章を発表する	太平洋戦争(〜45)
1944	連合軍によるノルマンディー上陸作戦開始	
1945	ヤルタ会談。ポツダム会談	広島、長崎に原爆投下
1946	チャーチル、「鉄のカーテン」演説	東西冷戦の開始
1947	インド、パキスタン独立	
1948	パレスチナ戦争(第1次中東戦争)始まる(〜49)。移民船エンパイア・ウィンドラッシュ号到着。ロンドンでオリンピック開催	世界人権宣言。イスラエル建国宣言
1949	エールが英連邦を離脱。アイルランド共和国成立。北大西洋条約(NATO)創設	中華人民共和国成立 1950年、朝鮮戦争(〜53)
1952	エリザベス2世即位。ケニアでマウマウの反乱起こる	
1956	スエズ戦争(第2次中東戦争)	ハンガリー動乱
1957	ガーナ独立	

西暦	大英帝国関連	日本および世界
1889	ロンドンのドック労働者のストライキ	大日本帝国憲法発布
1893	第2次アイルランド自治法案、否決	1894年、日清戦争（～95）
1895	南アフリカでジェイムソン侵入事件起こる	1896年、アテネで第1回オリンピック大会
1897	ヴィクトリア女王即位60周年記念式典	
1898	シエラレオネで小屋税反対の反乱勃発。ファショダで仏軍と衝突	アメリカ、ハワイを併合
1899	第2次南アフリカ(ボーア)戦争開始(～1902)	
1900	南北ナイジェリア保護領成立。ロンドンで第1回パン・アフリカ会議開催	義和団事件（～01）。第1回ノーベル賞授与
1901	自治領オーストラリア連邦の成立。ヴィクトリア女王没。エドワード7世即位	
1902	日英同盟締結	
1903	チェンバレン、関税改革構想を提案	
1904	英仏協商締結	日露戦争（～05）
1905	外国人法制定	ロシアで血の日曜日事件
1907	ニュージーランドの自治領化。英露協商の締結（三国協商成立。グレート・ゲーム終焉）。第5回植民地会議（以後帝国会議に改称）	1908年、西太后没
1908	ロンドンでオリンピック開催	
1910	ロイド-ジョージの人民予算成立。ジョージ5世即位。自治領南アフリカ連邦の成立	日韓併合 1911年、中国で辛亥革命（～12）
1912	タイタニック号沈没	
1914	第一次世界大戦始まる（～18）。第3次アイルランド自治法案通過（実施は戦後に延期）。南北ナイジェリア保護領の統一	パナマ運河開通
1915	フサイン=マクマホン協定	日本、中国に二十一ヵ条要求
1916	徴兵制導入。アイルランドでイースター蜂起。サイクス=ピコ協定	
1917	バルフォア宣言	ロシア革命
1918	第4次選挙法改正。第一次世界大戦終結	日本がシベリア出兵
1919	ヴェルサイユ講和条約調印。インド、アムリ	

西暦	大英帝国関連	日本および世界
1854	クリミア戦争（1853～56）に参戦	1853年、ペリー、浦賀に来航
1856	アロー戦争始まる（～60）	
1857	インド大反乱（セポイの反乱）起こる（～59）	
1858	インド統治法により東インド会社解散。インド直接統治の開始（ムガール帝国滅亡）	
1859	スマイルズ『自助』、ダーウィン『種の起源』、J・S・ミル『自由論』刊行	1861年、イタリア王国成立。ロシアで農奴解放令公布
		1863年、アメリカで奴隷解放宣言
1867	自治領カナダ連邦発足。第2次選挙法改正。エチオピア侵攻（～68）	1868年、明治維新
1869	スエズ運河開通	アメリカ大陸横断鉄道開通
1870	アイルランド土地法制定。初等教育法制定	1871年、ドイツ帝国成立
1874	フィジーの英領化	
1875	エジプトよりスエズ運河株の買収	
1877	ヴィクトリア女王、「インド女帝」宣言	露土戦争（～78）
1878	第2次アフガン戦争始まる（～80）	
1880	第1次南アフリカ（ボーア）戦争開始（～81）	
1881	アイルランド土地法（第2次）制定。エジプトでアラービー・パシャの反乱が起こる。スーダンでムハンマド・アフマドのマフディ（導かれた者）宣言	ロシア皇帝アレクサンドル2世暗殺
1882	エジプト占領	
1884	アフリカ分割に関するベルリン会議（～85）。第3次選挙法改正	
1885	スーダンでゴードン将軍死亡。ボンベイでインド国民会議派結成。カナダ太平洋鉄道開通	
1886	アイルランド自治法案提出（否決）。トランスヴァールで金鉱発見。ビルマの英領化	
1887	ヴィクトリア女王即位50周年記念式典。第1回植民地会議が開催される	

西暦	大英帝国関連	日本および世界
1807	大英帝国内での奴隷貿易を禁止	1806年、神聖ローマ帝国消滅
1812	米英戦争始まる（～14）	
1813	東インド会社の中国以外の貿易独占権廃止。インド国内のキリスト教伝道公認	
1814	ウィーン会議（～15）。ケープ植民地、モーリシャスの英領化	
1815	ワーテルローの戦い（ナポレオン戦争終結）。穀物法制定	1816年、アルゼンチンが独立宣言
1819	ラッフルズ、シンガポール建設	
1820	ジョージ4世即位	
1823	反奴隷制度協会設立	1822年、ギリシア独立宣言
1826	海峡植民地（ペナン島、マラッカ、シンガポール）成立	
1829	カトリック解放法成立	
1830	ウィリアム4世即位。リヴァプール―マンチェスタ間に鉄道開通	フランスで七月革命 1831年、エジプト＝トルコ戦争（～33）
1832	第1次選挙法改正	
1833	大英帝国内での奴隷制度を廃止。東インド会社の対中国貿易独占の廃止	
1834	新救貧法の制定	
1837	ヴィクトリア女王即位	大塩平八郎の乱
1838	第1次アフガン戦争始まる（～42）。チャーチスト運動開始（～48）	
1840	アヘン戦争始まる（～42）。ワイタンギ条約によりニュージーランドの英領化	
1841	連合カナダ植民地の成立	
1846	穀物法廃止	1848年、ヨーロッパ各国で革命。マルクスとエンゲルスが「共産党宣言」発表
1849	航海法廃止	
1851	第1回万国博覧会開催。オーストラリアで金鉱発見	太平天国の乱（～64）

西暦	大英帝国関連	日本および世界
1765	印紙法制定。ワットが蒸気機関を改良	
1766	印紙法撤廃。宣言法制定	
1767	タウンゼンド諸法の制定。第1次マイソール戦争始まる（～69）	タイのアユタヤ朝滅亡
1770	茶条項以外のタウンゼンド諸法撤廃	
1772	サマセット事件で「イングランドにおいて奴隷制は違法」の判決	第1回ポーランド分割
1773	ボストン茶会事件。東インド会社規制法制定	
1775	アメリカ植民地で武力衝突、独立戦争へ（～83）。第1次マラータ戦争始まる（～82）	
1776	アメリカ独立宣言。スミス『諸国民の富』、ギボン『ローマ帝国衰亡史』第1巻、ペイン『コモン・センス』刊行	平賀源内がエレキテルを製作
1780	ロンドンでゴードン暴動起こる。第2次マイソール戦争始まる（～84）	
1781	ゾング号事件起こる。ヨークタウンの戦いで英軍敗北	カント『純粋理性批判』刊行
1783	パリ講和条約でアメリカ13植民地の独立承認	
1784	インド統治法（監督局の設置）制定	
1787	奴隷貿易廃止協会設立。シエラレオネ計画の始動	
1788	オーストラリア、流刑植民地として英領化	1789年、フランス革命
1790	第3次マイソール戦争始まる（～92）	
1791	カナダ法により、ケベック植民地をアッパーとロワーに分割	サンドマング（仏領）で奴隷反乱
1793	第1回対仏大同盟（～95）	
1795	ロンドン伝道協会設立	
1798	ユナイティッド・アイリッシュメンの反乱	
1799	マイソールを征服（第4次戦争）。第2回対仏大同盟（～1802）。国教会伝道協会設立	1804年、初の黒人共和国ハイチ独立。ナポレオン皇帝即位
1800	アイルランド合同法成立（翌年発効）	
1805	トラファルガー沖海戦	

西暦	大英帝国関連	日本および世界
1672	第３次英蘭戦争始まる（～74)。王立アフリカ会社による奴隷貿易独占（～98)	
1685	ジェイムズ２世即位	1682年、ロシアのピョートル大帝即位
1688	オレンジ公ウィリアムとメアリの上陸。ジェイムズ２世のフランス亡命（名誉革命)	
1689	ウィリアム３世、メアリ２世即位。権利章典制定	松尾芭蕉、「奥の細道」に旅立つ
1694	イングランド銀行創設	
1695	スコットランドでダリエン計画始動（～1701)	
1701	王位継承法の制定	
1702	アン女王即位。スペイン継承戦争（1701～13）に参戦（アン女王戦争)	赤穂浪士、吉良邸討ち入り
1707	イングランドとスコットランドの合同	
1713	ユトレヒト条約でジブラルタルを確保する	
1714	ジョージ１世即位（ハノーヴァー朝成立)	
1715	ジャコバイトの反乱起こる	
1720	南海泡沫事件	
1727	ジョージ２世即位	
1732	ジョージア植民地の建設開始。アメリカ13植民地成立	1735年、清朝の乾隆帝即位
1739	南米スペイン領で「ジェンキンズの耳」の戦争始まる（～48)	
1740	オーストリア継承戦争始まる（～48)	
1744	北米でジョージ王戦争始まる（～48)	
1745	ジャコバイトの反乱起こる（～46)	1748年、モンテスキュー『法の精神』刊行
1756	七年戦争始まる（～63)	
1757	インドでプラッシーの戦い	
1759	ケベック陥落。ウルフ将軍戦死	
1760	モントリオール陥落。ジョージ３世即位	
1763	七年戦争終結し、パリで講和条約	1762年、ルソー『社会契約論』出版
1764	アメリカ歳入法（砂糖法）制定	

年　表

西暦	大英帝国関連	日本および世界
1497	ジェノヴァ出身のカボット、ニューファンド	
	ランドに到着	
1536	ウェールズ、イングランドと合同	
1558	エリザベス1世即位	1560年、織田信長、桶
1577	ドレイク、世界周航に出発（～80）	狭間で今川義元を破る
1585	ローリーによるロアノーク島への植民	1581年、オランダ独立
1588	スペイン無敵艦隊（アルマダ）を打破	宣言
1595	ローリー、ギアナ遠征	
1600	東インド会社設立	関ヶ原の戦い
		1602年、オランダ東イ
		ンド会社設立
1603	スコットランド王ジェイムズ6世、イングラ	江戸幕府が開かれる
	ンド王ジェイムズ1世として即位（ステュア	1604年、フランス東イ
	ート朝成立）	ンド会社設立
1607	北米に最初の植民市ジェイムズタウンを建設	1608年、フランスがケ
1612	バミューダへの入植を開始	ベック建設
1619	ヴァージニア植民地議会の設立	1618年、三十年戦争
1620	ピルグリム・ファーザーズがプリマスに到着	（～48）
1623	アンボイナ事件起こる	
1625	チャールズ1世即位	
1627	バルバドス島の英領化	
1642	ピューリタン革命始まる（～49）	1637年、島原の乱
1649	チャールズ1世処刑。クロムウェル、アイル	1648年、三十年戦争が
	ランドに上陸	終結し、ウェストファ
1651	航海法制定	リア条約締結
1652	第1次英蘭戦争始まる（～54）	
1653	クロムウェル、護国卿に就任	
1655	ジャマイカ島の英領化	
1660	チャールズ2世による王政復古	1661年、フランスでル
1664	オランダからニューアムステルダムを奪い、	イ14世親政開始
	ニューヨークと改称	
1665	第2次英蘭戦争始まる（～67）	

イルランド出身のイギリス外交官、アイルランド独立運動家。ベルギー王のためにコンゴ自由国を成立（1885）させたジャーナリスト兼探検家スタンリーにあこがれ、リヴァプールの船会社に勤務してコンゴ奥地の開発に参加。1895年、東アフリカのポルトガル領ロレンソ・マルケスのイギリス領事に任命されたのを皮切りに、アフリカで外交官の経歴を積む。コンゴ奥地における現地人虐待の実態を調査した『コンゴ報告書』(1903)は、国際的人道活動に火をつけた。その後、南米ブラジル、リオ・デ・ジャネイロ総領事時代にもゴムの生産地プトマヨでの現地人虐待の現実を暴露する報告書を公表し、1911年、準男爵位を与えられた。その後、アイルランド独立運動に身を投じ、第一次世界大戦中、ドイツのアイルランド人捕虜に決起を呼びかけるがうまくいかず、1916年のイースター蜂起との関係を疑われ、国家反逆罪で処刑された。

ロバート・ベイデン-パウエル Robert Stephenson Smyth Baden-Powell（1857〜1941） ボーイスカウト運動の創始者。ロンドンに生まれ、19歳で騎兵士官候補生となる。陸軍将校としてインド、アフリカを転戦、南アフリカ戦争のマフェキング包囲戦で217日間の籠城を耐え抜き、国民的英雄となった。退役の翌1908年、ロンドンにスカウト運動の事務局を開設。『ボーイスカウト読本』は各国語に翻訳された。日英同盟の蜜月であった明治末年から大正期にかけて、東郷平八郎、乃木希典らと会見し、日本の青少年運動にも大きな影響を与えた。

マリー・ロイド Marie Lloyd（本名 Matilda Alice Victoria Wood）（1870〜1922） ミュージック・ホールの国民的人気歌手。ロンドン生まれ。父は造花職人、母は洋裁で家計を支える労働者家庭に育つ。幼い頃からホールの舞台を夢見る。「私の彼は上の桟敷席にいるわ（The Boy I Love is Up in the Gallery)」のヒットで、「ミュージック・ホールの女王」へと一気に駆けあがった。芸人の地位向上をめざす労働運動の先頭にも立ち、それが、最初の夫と別居中の私生活とともに問題視され、ミュージック・ホール史上初の御前興行（1912）に招かれず、常連の間で物議を醸《かも》した。酒でつぶした声で酔っぱらい女を歌い演じた舞台の上で倒れ、3日後に死亡。葬儀には10万人を超えるファンが列をなしたという。

された紅茶もリプトン製品だった。

ビアトリス・ポター　Beatrice Potter Webb（1858～1943）　イギリスの社会活動家。1892年に結婚した夫シドニーは後に労働党国会議員となる。夫とともにイギリスの社会主義団体、フェビアン協会の有力メンバー。豊かな上層中産階級家庭に育ち、「社会進化論」で有名なハーバート・スペンサーから強い影響を受けた。1895年、夫とともにロンドン・スクール・オヴ・エコノミクス（LSE）を設立。単著の『イギリス共同組合運動』（1891）に加えて、夫との共著で『労働組合運動史』（1894）、『産業民主制論』（1897）、『協同組合運動』（1914）など多数の著作を執筆。「救貧法に関する王立委員会」では少数派報告（1909）を手がけた。夫とともに1911年（明治44）に来日して各地を視察している。

メアリ・スレッサー　Mary Slessor（1848～1915）　スコットランド出身の宣教師。アバディーン生まれ。靴職人だった父が酒で身を持ち崩したため、ダンディーの繊維工場で働きながら、独学する。強烈な向学心、同郷の宣教師リヴィングストンへのあこがれ、そして母親の夢であった「カラバル帰還運動」（ジャマイカの黒人を彼らの故郷西アフリカに戻そうとする運動）が重なって、1876年、統一プレズビテリアン教会から西アフリカのカラバル伝道に派遣される。「マー（マザーの意味）」とよばれて現地の人びと、とりわけ子どもたちに慕われた。非公式ながらもカラバル、オコヨン地区の副領事の権限が与えられ、女性と子どもを守る独自の活動を展開した。

アリス・グリーン　Alice Stopford Green（1847～1929）　サロンの女主人であり、アイルランド史家。アイルランド、ミース州ケルズ生まれのアングロ・アイリッシュ。父はアイルランド教会大執事。『イングランド国民小史』（1874年初版）で知られる歴史家J・R・グリーンと結婚。夫の死後、彼の著作を管理する一方、ロンドンの自宅は知識人や自由党系政治家らが集うサロンとして評判となる。メアリ・キングズリを顕彰するアフリカ協会（現王立アフリカ協会）設立発起人。『アイルランドの形成と解体』（1908）はじめ、民族主義的色彩の濃い歴史書を執筆しながら、アイルランドの自立の道を模索し、その功績でアイルランド自由国成立（1922）とともに国会議員に指名された。

ロジャー・ケイスメント　Roger David Casement（1864～1916）　北ア

度協会の結成にも加わった。『奴隷貿易とその廃止によっておこりうる諸結果の概観』(1787)、『アフリカ奴隷貿易廃止史』(1807) など著作多数。弟ジョンは、ノヴァスコシアから1000人を超すブラック・ロイヤリストをシエラレオネに組織的に入植させたことで知られる。

ジョン・エヴァレット・ミレイ John Everett Millais (1829〜96) ラファエル前派の代表的画家。史上最年少でロイヤル・アカデミー付属美術学校への入学を許可され、その才能は早くから評価された。1848年、古典偏重の美術教育に異を唱える仲間とともに「ラファエル前派」を旗揚げし、代表作「オフィーリア」(1852) はじめ、歴史や文学の題材を写実的に描いて大評判となる。1853年、かつて批判の刃を向けたロイヤル・アカデミーの準会員となってグループを去り、同派解散の一因となった。同派に影響を与えた評論家ラスキンの妻との不倫騒動 (後に結婚) の後、63年にはアカデミー正会員となり、85年、画家として初の準男爵位を授与された。

デイヴィッド・リヴィングストン David Livingstone (1813〜73) スコットランド出身の宣教師。貧困の労働者家庭に育ち、苦学しながらグラスゴー大学で神学と医学を修めた後、ロンドン伝道協会から派遣されて南アフリカへ渡り、33年間にわたってアフリカ内陸部への布教と探検に努める。ヌガミ湖、ザンベジ川、カラハリ砂漠に加えて、1855年にはヴィクトリアの滝を「発見」して命名。翌年にはヨーロッパ人として初めてアフリカ大陸横断に成功。一時行方不明となり、欧米に探索の輪が広がるなか、1871年、タンガニーカ湖畔のウジジで、ニューヨーク・ヘラルド社の記者、ヘンリー・スタンリーによって無事が確認された。その時スタンリーが口にした「リヴィングストン博士でいらっしゃいますか」という言葉は一世を風靡《ふうび》した。

トマス・リプトン Thomas Johnstone Lipton (1850〜1931) スコットランド出身の紅茶商人。グラスゴーで食料雑貨店を営む家に生まれ、14歳でアメリカへ渡り、ニューヨークで経験を積む。70年に故郷に戻り、アメリカ方式の奇抜な広告を取りいれてチェーン店を拡大し、実業家として成功する。89年から紅茶販売を開始し、量と質を保証する袋入りブレンドティーを考案して評判となる。90年にはセイロン (現スリランカ) のウバで茶樹の栽培に着手し、栽培から販売までの一貫体制を確立。1902年には準男爵となり、サーの称号を与えられた。日本に初めて輸入

主要人物略伝

エドマンド・バーク　Edmund Burke（1729〜97）　ダブリン出身のアングロ・アイリッシュ（プロテスタント）の政治家、思想家、美学者。ダブリンのトリニティ・カレッジに学び、ミドル・テンプル法学院に進むが中退。1765年庶民院議員となり、アメリカ独立戦争では植民地アメリカの大義を積極的に支持して国王ジョージ３世と対峙《たいじ》するが、フランス革命に際しては『フランス革命の省察』(1790）のなかでジャコバン派を批判してイギリスの武力行使を容認した。同書は欧米で広く読まれ、明治期の政治家、金子堅太郎によって日本にも伝えられた。

ウィリアム・ウィルバーフォース　William Wilberforce（1759〜1833）イギリスの政治家。ケンブリッジ大学卒業後、地元イングランド北部の町ハル選出の国会議員となる。1783年に首相となったピット（小）との友情は有名。自身が強い影響を受けた福音主義を掲げるクラッパム派と連携して議会での奴隷反対動議をリードし、1807年に奴隷貿易廃止法案を成立させた。動物愛護や工場労働、日曜学校など幅広い社会改良活動にも関与した。25年に政界を引退。33年に奴隷制度廃止法案が議会を通過する直前に亡くなり、ウェストミンスタ大聖堂に埋葬された。

グランヴィル・シャープ　Granville Sharp（1735〜1813）　奴隷廃止運動の指導者。ダラム生まれ。祖父はヨーク大主教、父はヨーク大執事を務めた家系ながら、自身は聖職に就かなかった。ロンドンで主人から虐待されて瀕死の状態にあった黒人奴隷ジョナサン・ストロングを救い、1767年、その奴隷主を訴える裁判をおこして世間の耳目《じもく》をひくとともに、「イギリスの土を踏んだ瞬間に奴隷は解放される」という原則を定着させるために尽力した。アメリカ独立を支持する一方、ブラック・ロイヤリストの救済にも努めた。1787年、クラークソンらとともに奴隷貿易廃止協会を設立。ギリシャ語新約聖書の英訳に関する著作でも知られる。

トマス・クラークソン　Thomas Clarkson（1760〜1846）　奴隷廃止運動家。ケンブリッジ大学時代、奴隷制度をテーマとするラテン語論文懸賞で第一位となったことからこの問題に目覚め、奴隷解放運動の一翼を担う。1787年にシャープらとともに奴隷貿易廃止協会を設立し、奴隷貿易の実態調査のために全国で精力的な活動を展開した。1823年の反奴隷制

〈ワ行〉

〈マ行〉

〈ヤ行〉

〈ラ行〉

〈タ行〉

〈サ行〉

〈カ行〉

索 引

本巻全体にわたって頻出する用語は省略するか、主要な記述のあるページのみを示した。
＊を付した語は巻末の「主要人物略伝」に項目がある。

〈ア行〉

本書の原本は、二〇〇七年四月、「興亡の世界史」第16巻として
小社より刊行されました。

井野瀬久美恵（いのせ　くみえ）
1958年愛知県生まれ。京都大学大学院文学研究科博士課程単位取得退学。博士（文学）。現在，甲南大学文学部教授。専門はイギリス近現代史，大英帝国史。日本学術会議副会長はじめ，文部科学省科学技術・学術審議会，兵庫県長期ビジョン審議会，朝日放送番組審議会などの委員を歴任。主な著書に『植民地経験のゆくえ』（第19回女性史青山なを賞受賞）『黒人王，白人王に謁見す』『フーリガンと呼ばれた少年たち』『女たちの大英帝国』『大英帝国はミュージック・ホールから』『イギリス文化史』（編著）などがある。

講談社学術文庫

定価はカバーに表示してあります。

興亡の世界史
大英帝国《だいえいていこく》という経験《けいけん》
井《い》野《の》瀬《せ》久《く》美《み》恵《え》

2017年12月11日　第１刷発行
2024年５月17日　第４刷発行

発行者　森田浩章
発行所　株式会社講談社
東京都文京区音羽2-12-21　〒112-8001
電話　編集（03）5395-3512
販売（03）5395-5817
業務（03）5395-3615

装　幀　蟹江征治
印　刷　大日本印刷株式会社
製　本　株式会社国宝社

ISBN978-4-06-292469-6

「講談社学術文庫」の刊行に当たって

これは、学術をポケットに入れることをモットーとして生まれた文庫である。学術は少年の心を養い、成年の心を満たす。その学術がポケットにはいる形で、万人のものになることは、生涯教育をうたう現代の理想である。

こうした考え方は、学術を巨大な城のように見る世間の常識に反するかもしれない。また、一部の人たちからは、学術の権威をおとすものと非難されるかもしれない。しかし、それはいずれも学術の新しい在り方を解しないものといわざるをえない。

学術は、まず魔術への挑戦から始まった。やがて、いわゆる常識をつぎつぎに改めていった。学術の権威は、幾百年、幾千年にわたる、苦しい戦いの成果である。こうしてきずきあげられた城が、一見して近づきがたいものにうつるのは、そのためである。しかし、学術の権威を、その形の上だけで判断してはならない。その生成のあとをかえりみれば、その根は常に人々の生活の中にあった。学術が大きな力たりうるのはそのためであって、生活をはなれた学術は、どこにもない。

開かれた社会といわれる現代にとって、これはまったく自明である。生活と学術との間に、もし距離があるとすれば、何をおいてもこれを埋めねばならない。もしこの距離が形の上の迷信からきているとすれば、その迷信をうち破らねばならぬ。

学術文庫は、内外の迷信を打破し、学術のために新しい天地をひらく意図をもって生まれた。文庫という小さい形と、学術という壮大な城とが、完全に両立するためには、なおいくらかの時を必要とするであろう。しかし、学術をポケットにした社会が、人間の生活にとってより豊かな社会であることは、たしかである。そうした社会の実現のために、文庫の世界に新しいジャンルを加えることができれば幸いである。

一九七六年六月　　野間省一

外国の歴史・地理

森谷公俊著
興亡の世界史 アレクサンドロスの征服と神話
奇跡の大帝国を築いた大王の野望と遺産。一〇年でギリシアとペルシアにまたがる版図を実現できたのはなぜか。どうして死後に帝国がすぐ分裂したのか。栄光と挫折の生涯から、ヘレニズム世界の歴史を問い直す。

2350

森安孝夫著
興亡の世界史 シルクロードと唐帝国
従来のシルクロード観を覆し、われわれの歴史意識をゆさぶる話題作。突厥、ウイグル、チベットなど諸民族の入り乱れる舞台で大役を演じて姿を消した「ソグド人」とは何者か。唐は本当に漢民族の王朝なのか。

2351

杉山正明著
興亡の世界史 モンゴル帝国と長いその後
チンギス家の「血の権威」、超域帝国の残影はユーラシア各地に継承され、二〇世紀にいたるまで各地に息づいていた！「モンゴル時代」を人類史上最大の画期とする、日本から発信する「新たな世界史像」を提示。

2352

林 佳世子著
興亡の世界史 オスマン帝国500年の平和
中東・バルカンに長い安定を実現した大帝国。その実態は「トルコ人」による「イスラム帝国」だったのか。スルタンの下、多民族・多宗教を包みこんだメカニズムを探り、イスタンブルに花開いた文化に光をあてる。

2353

姜尚中《カンサンジュン》・玄武岩《ヒョンムアン》著
興亡の世界史 大日本・満州帝国の遺産
岸信介と朴正煕。二人は大日本帝国の「生命線」たる満州の地で権力を支える人脈を築き、戦後の日本と韓国の枠組みを作りあげた。その足跡をたどり、蜃気楼のように栄えて消えた満州国の虚実と遺産を問い直す。

2354

カルピニ、ルブルク著／護 雅夫訳
中央アジア・蒙古旅行記
一三世紀中頃、ヨーロッパから「地獄の住人」の地へとユーラシア乾燥帯を苦難と危険を道連れに歩みゆく修道士たち。モンゴル帝国で彼らは何を見、どんな宗教や風俗に触れたのか。東西交流史の一級史料。

2374

外国の歴史・地理

土肥恒之著
興亡の世界史　ロシア・ロマノフ王朝の大地
欧州とアジアの間で、皇帝たちは揺れ続けた。民衆の期待に応えて「よきツァーリ」たらんとしたロマノフ家の群像と、その継承国家・ソ連邦の七十四年間を描く。暗殺と謀略、テロと革命に彩られた権力のドラマ。

2386

栗田伸子・佐藤育子著
興亡の世界史　通商国家カルタゴ
前二千年紀、東地中海沿岸に次々と商業都市を建設したフェニキア人は、北アフリカにカルタゴを建国する。ローマが最も恐れた古代地中海の覇者は、歴史に何を残したか？　日本人研究者による、初の本格的通史。

2387

小杉　泰著
興亡の世界史　イスラーム帝国のジハード
七世紀のムハンマド以来、イスラーム共同体は後継者たちの大征服でアラビア半島の外に拡大、わずか一世紀で広大な帝国を築く。多民族、多人種、多文化の人々を包摂、宗教も融和する知恵が実現した歴史の奇跡。

2388

原　聖著
興亡の世界史　ケルトの水脈
ローマ文明やキリスト教に覆われる以前、ヨーロッパ文化の基層をなしたケルト人は、どこへ消えたのか？　巨石遺跡からアーサー王伝説、フリーメーソン、ナチス、現代の「ケルト復興」まで「幻の民」の伝承を追う。

2389

林　俊雄著
興亡の世界史　スキタイと匈奴　遊牧の文明
前七世紀前半、カフカス・黒海北方に現れたスキタイ。前三世紀末、モンゴル高原に興った匈奴。ユーラシアの東西で草原に国家を築き、独自の文明を創出した騎馬遊牧民は、定住農耕社会にとって常に脅威だった！

2390

氣《け》賀《が》澤《さわ》保《やす》規《のり》著（解説・上野　誠）
則天武后
猛女、烈女、女傑、姦婦、悪女……。その女性は何者か？　大唐帝国繁栄の礎を築いた、中国史上唯一の女帝、その冷徹にして情熱的な生涯と激動の時代を、学術的知見に基づいて平明かつ鮮やかに描き出す快著。

2395